제 2판

경제의 기초와 생활

Basic Economics & Life

이 상 직

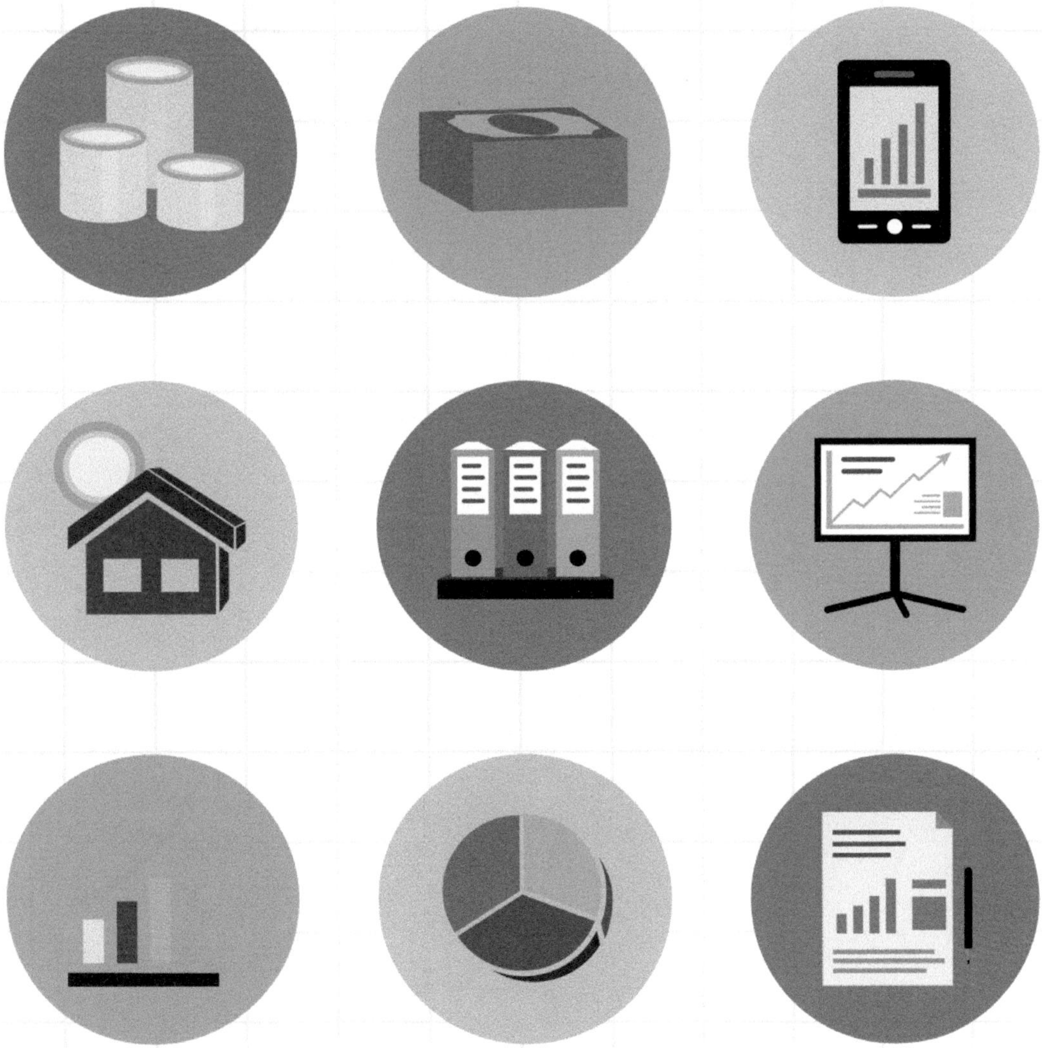

유원북스

머 리 말

학문적으로 일천했던 시절 공저로 '경제학입문', '현대경제학의 이해', 그리고 '경제학강의'를 출간한 적이 있다. '경제학입문'과 '현대경제학의 이해'는 경제학을 동문수학한 공저자들의 10여년을 결산하기 위한 작업으로 출간되었던 책이었다. 이 책들의 많은 문제점을 극복하고 또한 필자들이 경제학을 강의한 경험을 바탕으로 실제 한 학기에 강의할 수 있는 내용의 분량과 그리고 당시에 관심이 있던 내용을 합쳐 새로운 경제학 강의교과서를 출간한 것이 '경제학강의'였다.

이후 약 15년이 흘렀다. 그 사이 우리 사회는 'IMF 구제금융위기'와 '미국발 금융위기' 등의 사태를 경험하면서 대학도 실용학문을 중시하는 쪽으로 바뀌게 된다. 즉, 경제에 대한 인식은 높아졌지만 '경제학원론'이 어렵다는 쪽으로 학생들이 인식하면서 수강을 회피하게 된 것이 현실이다. 그래서 학생들이 좀 더 경제학을 쉽게 공부하고 생활에 필요한 쪽으로 책을 만들어야겠다는 생각이 들었다. 이런 목적을 달성하기 위하여 기존에 출간한 책들을 바탕으로 교양도서로 책을 새로 만들게 되었다. 이 책의 내용은 다음과 같이 구성되어 있다.

첫째, 필자가 25년간 경제학을 대학에서 강의한 내용을 바탕으로 한 학기에 강의할 수 있는 분량을 중심으로 교양교재를 꾸몄다. 그러다 보니 기초적 내용을 중심으로 거의 모든 지면을 채우게 되었다. 그런 관계로 기존 경제학원론에서 볼 수 있는 각종 그래프와 수식은 최소화하였다. 또한 쉽게 강의할 수 있도록 14개장으로 구성하였다.

둘째, 경제이론과 더불어 꼭 알아야 할 부분을 보충하기 위하여 보론 형식의 내용을 책 중간중간에 포함하였다. 그 부분은 교양과목으로 강의할 때 상당히 중요하다고 필자는 생각한다. 그 내용들은 산업혁명, 객관적 가치설과 주관적 가치설, 뉴딜정책, 오일쇼크, 아담 스미스와 국부론, 맬더스와 인구론, 마르크스와 자본론, 케인즈와 일반이론, 마샬, 슘페터, 리스트, 국세와 지방세 등이다.

셋째, 경제의 기초내용과 생활에 관한 내용들을 중간중간에 포함하기 위하여 특히 가격결정이론의 응용, 시장의 실패와 정부의 실패, 화폐시장과 금융, 경기변동론, 환율부분은 특별히 보완하였다. 또한 각 장마다 수강생들의 이해를 돕기 위하여 객관식문제를 덧붙였다. 객관식문제의 내용은 본 책에서 설명한 내용을 중심으로 하였고 그 수준은 아주 기초적인 내용으로 하였다.

마지막으로 경제학 전공자이든 비전공자이든 그리고 경제학에 많은 관심을 가지고 있는 분들에게 알려 드릴 것은 이 책은 단순히 수강하는 사람들의 기초지식의 향상을 위한 교재라는 사실이다. 그리고 앞으로 좀 더 보충하여 이 책이 교양도서로서 다른 책과 비교하여 손색이 없도록 필자는 계속 노력할 예정이니 독자들의 많은 지적을 바란다.

아무튼 이 책이 출간되어 독자들에게 읽힌다고 생각하니 기쁘기 한이 없으나 이 책에도 이미 출간된 책과 마찬가지로 많은 오류가 있으리라 생각된다. 필자는 이러한 잘못을 최소화하려고 많은 노력을 하였지만 학문의 일천함과 부주의로 인하여 상당한 오류가 있을 것으로 보인다. 이러한 잘못을 극복하기 위하여 이 책이 출간된 후에도 끊임없이 노력할 것을 여러 독자와 대학에서 강의하고 있는 분들에게 새삼 약속한다. 아울러 책의 오류의 책임은 저자에게 있음을 밝혀두고 여러분들의 세심한 지적을 바란다. 끝으로 이 책이 나오기까지 아낌없이 성원해 주신 분들에게 감사드리며 이 글을 맺을까 한다.

2019년 2월

이상직

차 례

제 3 장 수요와 공급이론

제 4 장 수요와 공급의 탄력성

제 5 장 가격결정이론의 응용

제11장 화폐시장과 금융

제12장 인플레이션과 실업

제13장 경기변동 · 경제성장 · 경제발전론

제 1 장

경제와 경제문제

제 1 절 희소성과 경제학

인간은 살아가는 데 있어서 의식주, 여가 그리고 문화생활 등과 불가분의 관계를 가지고 있다. 이러한 의식주, 여가 그리고 문화생활 등의 문제를 해결하기 위해서는 재화(goods)나 용역[1](services)을 소비해야 한다. 이렇게 의식주, 여가나 문화생활 등 모든 경제문제의 궁극적인 근원이 인간의 욕구와 뗄 수 없는 관계를 갖고 있기 때문이다.

현대의 사람들은 자기가 필요로 하는 재화나 용역을 혼자 모두 생산할 수가 없으므로 분업하여 일부 품목만 생산하게 된다. 물론 분업으로 생산하는 경우에도 보통 자기 혼자 생산하는 것이 아니라 협업하여 생산한다. 그리고 현대인은 다른 재화와 용역을 획득하기 위해 각자의 생산물을 교환해야 하고, 사람들이 협업하여 생산하기 때문에 생산물을 분배해야 한다. 이처럼 재화와 용역을 생산하고 교환하고 분배하고 소비하는 행위를 경제행위 혹은 경제활동이라 한다. 이러한 경제행위와 관련되어 일어나는 현상을 경제현상이라 한다.

그런데 현실세계에서의 경제행위에는 여러 가지 문제들이 발생한다. 예컨대 어떤 재화와 용역을 누가 얼마나, 어떻게 생산하고, 어떻게 분배하고 나아가 언제 소비해야 하는가하는 문제가 일어난다. 경제행위에 수반되는 문제들을 우리는 경제문제라 한다. 인류역사가 진행되어 오는 동안 무수히 많은 재화와 용역은 계속해서 다양하게 증가해 왔다. 그러나 모든 사람들이 각종 재화와 용역을 만족할 만큼 생산해 내기에는 자원이 상대적으로 항상 부족하였다. 이와 같이 우리들의 욕구에 비해 그 충족수단인 재화와 용역이 상대적으로 부족한 현상을 '희소성(scarcity)'이라고 한다. 경제문제는 일반적으로 자원의 '희소성' 때문에 발생한다. 즉 재화

1) 이 책에서는 용역을 서비스란 용어와 혼재해서 사용한다.

와 용역을 모든 사람이 충분히 만족할 수 있을 만큼 생산할 자원이 상대적으로 부족하다는 것이다.

자원이 '희소'하지 않을 경우 사회의 구성원들의 욕망을 얼마든지 충족시켜 줄 정도로 많은 재화와 용역을 생산할 수가 있기 때문에 생산, 교환, 분배, 소비 등의 어떤 문제도 발생하지 않는다. 즉 경제문제가 일어나지 않는다. 그러나 불행하게도 현실세계에는 '희소성'이 지배하여 경제문제가 끊임없이 일어난다. 경제학(economics)은 경제문제를 푸는 것이 임무이며, 경제학의 출발점은 바로 '희소성'이다.

먼저 경제학의 논의 대상이 되는 경제의 객체인 재화와 용역에 대해 간단히 정의하자. 재화란 의복, 음식, 건물, 스마트폰, 선풍기, 책, 기계 등과 같이 사람에게 쓸모가 있는 물건을 말한다. 재화는 여러 가지 기준에 의해 분류된다. 먼저 돈이나 노력을 지불해야 하는가의 여하에 따라 자유재(free goods)와 경제재(economic goods)로 나눌 수 있다. 자유재의 대표적 예는 일광, 공기, 해수 등이다. 반면 우리가 사용하고 있는 거의 대부분의 재화는 비용을 지불해야 얻을 수 있는 경제재이다. 경제학 교과서에서 다루는 재화는 경제재를 그 대상으로 한다.

재화는 용도에 따라 소비자재(consumer's goods)와 생산자재(producer's goods)로 구분된다. 소비자재는 소비에 사용되는 재화를 말하고, 생산자재는 생산자가 생산에 사용하기 위한 재화이다. 재화는 용도에 따라 소비자재가 되기도 하고 생산자재가 되기도 한다. 예를 들어, 커피는 소비자가 커피를 끓여 마실 때는 소비자재가 되지만 캔커피회사에서 캔커피를 만드는 원료로 사용하면 생산자재가 된다.

용역은 의사의 진료, 교수의 강의, 음악가의 연주, 노동자의 노동, 상인의 도소매 활동 등과 같이 재화의 생산, 교환, 분배, 소비와 관련된 사람의 유용한 행위를 말한다. 재화가 구체적인 물건임에 대해 용역은 물건이 아닌 사람에게 쓸모 있는 무형의(intangible) 것을 말한다. 용역 역시 경제재이므로 비용을 지불해야만 획득할 수 있다. 〈표 1-1〉은 이와 같은 재화와 용역을 구체적으로 분류하고 있다.

표 1-1 재화와 용역의 분류

- 재
  - 경제재 (유상재)
    - 재화 (유형재)
      - 소비자재
        - 단용소비자재 : 식료품, 연료 등
        - 내용소비자재 : 가구, 주택, 자동차 등
      - 생산자재
        - 단용생산자재 : 원료, 연료 등
        - 내용생산자재 : 기계, 공장 등
    - 용역 (무형재)
      - 직접용역 : 의료, 교육 등 재화와 무관하게 생산되고 소비되는 용역
      - 간접용역 : 교통, 운수, 상업, 통신 등 특정 재화에 부착되어 발생하는 용역
  - 자유재 (무상재)
    - 절대적 자유재 : 일광, 공기, 해수 등
    - 상대적 자유재 : 모래, 물, 자갈 등

제 2 절 경제주체

그러면 경제행위의 대상이 되는 재화와 용역에 대해 비용을 지불하고 조달하는 주체는 누구일까? 우리는 이러한 경제행위를 하는 이들을 경제주체라고 한다. 경제주체는 경제행위를 수행하는 개인이나 집단과 같이 인간이 경제행위를 영위함에 있어서 주된 역할을 담당하는 경제단위 또는 개별경제를 말한다. 경제주체는 가계, 기업, 정부, 해외경제로 구분된다. 가계는 소비의 주체이고 기업은 생산의 주체이다. 가계와 기업으로 구성된 경제를 민간경제 혹은 사경제(private economy)라 한다. 민간경제를 조정 및 규제하는 경제정책의 주체는 정부이고 정부가 주체인 경제를 공공경제(public economy)라 한다. 정부는 국방, 치안, 교육, 소방 등

의 용역과 도로, 항만, 전기 등의 사회간접자본(SOC: social overhead capital)을 생산하기도 하고 이러한 행정활동을 하면서 소비하기도 한다. 민간경제와 공공경제를 합하여 국민경제(national economy)라 한다. 해외경제는 한 국민경제가 다른 나라와 거래할 경우 다른 나라의 국민경제를 포괄하여 사용하는 개념이다. 한 국민경제가 다른 국민경제와 거래를 하지 않을 경우 그 국민경제를 폐쇄경제(closed economy)라 하고 다른 국민경제와 거래를 할 경우 개방경제(open economy)라 한다. 경제주체는 〈표 1-2〉와 같이 분류할 수 있다.

표 1-2 경제주체의 분류와 경제의 범위

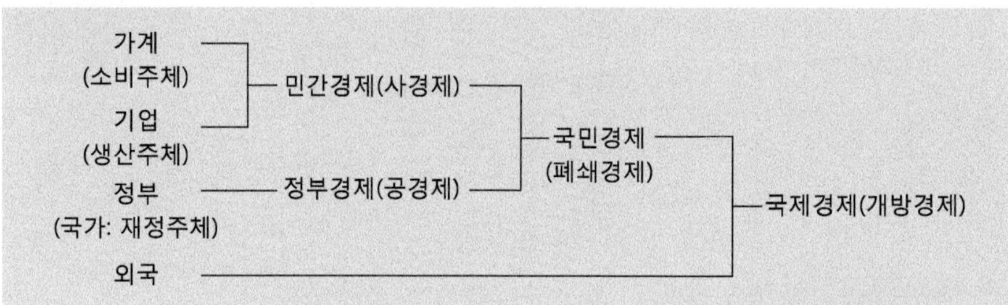

제 3 절 기회비용

경제학에서는 합리적 선택의 기준을 기회비용으로 평가한다. 기회비용은 자원의 '희소성'으로 인하여 선택을 해야만 할 경우 그 선택에 대한 대가를 말한다. 우리가 어떠한 선택을 하였다는 것은 동시에 그 선택 때문에 다른 어떤 선택을 포기하였다는 것을 의미한다. 어떤 것을 선택하게 되면 다른 어떤 것을 동시에 할 수가 없으므로 결과적으로 대안(alternatives)

들을 포기한다는 것을 뜻한다. 이렇게 어떤 것을 행하는 데 치르는 대가를 '기회비용(opportunity cost)'이라고 한다. 따라서 선택에는 다른 기회를 포기하는 데 따르는 비용이 수반하게 된다. 어떤 것을 행한다는 것은, 그에 소요되는 자원을 가지고 할 수 있는 여러 대안들 중에서 가장 가치 있는 최선의 대안을 포기하는 것과 같을 것이다. 결국 어떤 활동의 기회비용이란 것은 그 활동을 함으로써 포기하여야 하는 여러 활동들 중에서 최선의 활동의 가치로 정의할 수 있다.

그럼 기회비용의 개념을 예를 들어서 설명하기로 하자.

예를 들면 기회비용은 어떤 재화의 여러 가지 용도 중 한 가지를 선택하였을 때 나머지 포기한 용도에서 얻을 수 있는 이익의 평가액을 말한다. 즉, 어떤 기업가가 특정한 선택을 하여 특정한 물건을 생산하였다고 하자. 만약 이 기업가가 기업에 투자한 돈을 은행에 예금했다면 이자를 받을 수 있는데 이 이자가 이 기업가에게는 기회비용이 될 것이다. 기업가의 경우 자기 기업에 투자해 얻는 이윤은 기회비용인 이자보다 많아야 한다. 그렇지 않을 경우 기업가는 은행에 예금하는 것이 유리할 것이다. 경제학에서는 항상 회계학적 비용(accounting cost)뿐 아니라 기회비용을 고려한다.

좀 더 구체적인 예를 들어 기회비용을 설명하여 보자.

예컨대 A가 연리 5%의 이자를 포기하고 저축한 돈 1억원을 투자하여 설립한 기업에서 자기가 직접 노동하면서 연봉 2천만원을 주고 B를 고용하였다고 하자. 그리고 A가 다른 기업에 취직할 경우 연봉은 6천만원이라고 하면 기업주 A의 기회비용은 얼마일까? 단 원료를 사용하지 않는다고 가정하자. A의 연간 현금지출은 2천만원이지만 기회비용은 다음과 같다. 첫째, 자기자본 1억원을 투자함으로써 기업주 A는 연리 5%로 다른 곳에 돈을 빌려줄 수 있는 기회를 포기하게 된다. 둘째, A는 자기 기업에서 직접 일하게 되므로 타기업에서 얻을 수 있는 연봉 6천만원의 노동소득을 포기할 것이다. 그러므로 A의 현금지출은 B의 연봉 2천만원이지만, 이자수입 5백만원, 노동소득 6천만원, B의 연봉 2천만원을 합한 8천 5백만원이 A의 기회비용이 된다. 기업가 A의 경우 자기 기업에 투자해 얻는 이윤은 기회비용 8천 5백만원보다 많아야 한다. 기회비용은 대체로 암묵적 비용[2](implicit cost)과 명시적 비용[3](explicit cost) 또는 회계학적 비용을 포함하여 표시한다.

제 4 절 경제의 기본문제

소비자는 한정된 소득으로 언제, 얼마나 소비해야 하는가를 결정해야 한다. 이를 위해 소비자는 직업선택의 문제와 재산활용의 문제를 결정하여야 한다.

미국의 경제학자 새무엘슨(P. A. Samuelson)은 생산자에 초점을 맞추어 어떤 나라든 다음과 같은 세 가지 경제문제를 가지고 있다고 하였다. 그것은 첫째, 무엇(What)을 얼마나 생산할 것인가, 즉 생산물의 종류와 양의 문제, 둘째, 어떻게(How) 생산할 것인가, 즉 생산방법의 문제, 셋째, 누구(For Whom)를 위하여 생산할 것인가, 즉 분배의 문제라는 세 가지 문제에 봉착하게 된다는 것이다. 물론 그 근본 원인은 자원의 '희소성' 때문이다. 희소성이 존재하는 현실세계에서 우리들은 희소자원의 사용과 재화의 분배와 관련하여 항상 이해와 갈등에 반드시 직면하게 된다. 그것이 소비이든 생산이든 자원이 희소하면 이러한 "갈등 내지는 경

---

2) 암묵적 비용이란 눈에 보이지 않는 비용을 말한다. 즉, 자신이 선택하지 않고 포기하는 다른 기회의 잠재적 비용을 말한다. 예를 들어 A라는 일과 B라는 일, 둘 중 A라는 일을 선택한 사람은 B라는 일을 하면서 얻을 수 있는 수입을 포기해야 한다. 이것을 가리켜 암묵적 비용이라 하는 것이다.

3) 손익계산서에 표시되는 임금 · 원재료비 · 임대료 · 세금 등 다른 사람들이 가진 생산요소를 사용하는 대가로 지불하는 비용으로서 회계학적 비용이라고도 한다.

쟁"이 생기게 마련이고 이것을 피할 수가 없다는 점에서 불행하다. 이와 같이 우리 인간들은 희소성으로 인해 자원이용의 경합성 그리고 소비의 경합성에 직면하게 된다. 그 결과 자원의 사용과 재화의 분배와 관련된 위의 세 가지 문제에 반드시 직면하게 되고 또한 그러한 문제를 해결해야만 하는 것이다.

궁극적으로 우리들은 희소성을 벗어날 수 없기 때문에 경쟁을 할 수밖에 없는데, 다만 우리들이 해결해야 하는 문제는 경쟁을 없애는 것이 아니라 "어떤 경쟁형태를 선택할 것인가?" 하는 것이다. 물론 경쟁을 없애려고 최선을 다 하겠지만 그것은 어려운 일이다. 어떤 경쟁형태를 선택할 것인가 하는 것에 대해 어느 누구도 답할 수는 없다. 단지 그 사회 구성원들이 어떤 결과를 원하느냐에 따라 어느 경쟁형태가 상대적으로 더 나은지를 결정해야 되기 때문이다. 지금까지 우리 나름대로 진전시켜 온 경쟁형태에 따른 사회적 결과들을 살펴보기 위해 지금까지 인류가 만들어 온 경제체제를 통해 그 해결방법을 찾아 보기로 하자.

보론 1 산업혁명(Industrial Revolution)

아놀드 토인비

산업혁명이라는 용어는 영국의 경제학자이자 사회개혁가인 토인비(Arnold Toynbee)가 그의 저서 『산업혁명(The Industrial Revolution)』을 1884년에 출간하면서 널리 사용되었다. 그는 1760~1840년 사이 영국의 공장제 공업의 성립과 관련된 경제적 변혁과정을 정치적 혁명에 비견하는 산업상의 대변화라 하여 산업혁명이라 불렀다. 토인비가 산업혁명이란 단어를 사용한 이후 이 용어는 단지 18세기 말 영국에만 한정된 것이 아니라 19세기의 유럽 더 나아가 20세기 전세계의 개발도상국까지 포함한 변화를 나타내는 용어로 확대되었다. 그러나 오늘날 산업혁명이라 할 때에는 영국의 산업혁명을 지칭한다.

영국은 이 시기에 기계가 등장하면서 종래의 수공업적 소규모 생산으로부터 대량생산의 공장제 기계공업으로 전환된 산업상의 일대 변혁을 경험하게 된다. 기계의 사용은 면방직 생산업에서 처음 적용되었다. 1760년대에는 하그리브스(J. Hargreaves)의 제니방적기, 아크라이트(R. Arkwright)의 수력방적기가 출현하고, 1779년에는 크럼프턴(S. Crompton)의 뮬(mule)방적기가 발명되었다. 1712년 뉴커먼(T. Newcomen)의 대기압 증기기관발명, 1782년 와트(J. Watt)의 복동식회전기관의 발명과 1785년 뉴커먼의 기술을 발전시킨 증기기관의 발명으로 기계제 생산의 확산이 이루어졌다. 또한 산업혁명이 활발히 추진된 배경에는 철 생산의 기술 진보가 중요한 역할을 했다. 우선 1709년 다비(A. Darby)의 용선법 개발은 양질의 철을 생산할 수 있는 기술적 바탕을 마련하였으며, 1740년대 헌츠먼(B. Huntsman)이 도가니 제강법을 창안하여 저렴한 강철을 짧은 시간에 생산가능하게 하였다. 헨리 코트(Henry Cort)는 1783년에 압연기를 개발하였고 1784년에는 새로운 정련기술을 창안했다. 헨리 코트는 지속적으로 철 생산과 관련된 주요 기술을 개발하여 산업혁명의 진행에 중요한 역할을 한다. 18세기 내내 지속된 철강산업의 기술진보는 산업혁명이 진행되는 큰 밑거름이 되었던 것이다.

기술의 변혁은 여러 분야로 계속 파급되었고 또 금속공업과 탄광업의 기술적 발전을 바탕으로 공작기계와 원동기를 생산하게 되었다. 또 기관차와 철도를 제작하는 등 주요 생산부문에 기술 혁신이 확산되어 대규모생산 내지 공장제를 성립시켰을 뿐 아니라 농업부문까지 기계 공급을 촉진시켜 자본제 대농경영을 이룩하게 되었다.

이러한 일련의 과정으로 분업이 진전되었고 상업교통망도 급속한 변화에 직면하게 된다. 근대적 형태의 시장조직이 만들어졌으며, 철도망의 확산은 상품의 대량유통과 생산수단을 대규모화하는 데 중요한 요인으로 작용하였다. 이러한 결과로 농업에서도 자본제적 기계농업의 성립이 확립되었다. 결국 공업뿐 아니라 농업분야에서도 소생산자와 매뉴팩처[4](manufacture)를 해산시키고 임노동자가 되어버린다. 이러한 과정을 거친 산업혁명으로 영국은 산업자본이 전사회적 규모로 확산되고 공장입법의 본격화로 자본-임노동의 관계가 국민적 규모로 일반화된다.

영국에서의 산업혁명은 기술의 변화뿐 아니라 사회적 · 경제적 · 문화적 변화가 동시에 진행되었다. 산업혁명 이전에 이미 농업혁명이 진행되어 농산물 생산의 급증으로 인구의 급속한 증가를 이룩하였다. 또한 인구증가로 싼 노동력의 공급과 함께 안정된 상품의 수요층을 확보하게 되었다. 특히 산업혁명이 지속적으로 진행되면서 새로운 기술개발, 혁신적 공정 고안 및 개선이 이루어졌으며, 영국에서는 합리적인 지주와 자본가들의 기업가정신도 사회혁신을 위해 커다란 역할을 했다. 이외에도 영국의 팽창과 더불어 교역이 꾸준히 확산되었다. 특히 기술혁신으로 상품의 가격인하에 따른 수

---

4) 산업 자본가가 임금 노동자들을 고용하여 도구, 작업장, 원재료 따위의 생산수단을 제공하고 그들의 수공 기술을 이용하여 생산을 하였던 제도를 말한다. 기계 공업의 전 단계로 16세기 중엽부터 산업혁명 때까지 서구 자본주의 사회에서 흔히 볼 수 있었으며 공장제 수공업이라고도 한다.

요증가로 직물 수요가 폭발적으로 증가하게 된다. 더욱이 신업혁명기에 지속된 전쟁은 영국의 경제발전을 촉진시키는 중요한 요인으로 작용하기도 했다.

결론적으로 철을 사용한 새로운 소재의 활용, 증기기관과 같은 새로운 동력원의 발명과 사용, 방적기 · 역직기와 같은 기계의 발명, 공장제라는 분업의 활용, 증기기관차와 증기선과 같은 새로운 운송수단의 발전 그리고 다양한 과학기술의 응용으로 산업상의 대변화를 이룩한 것이 산업혁명이다.

보론 2 아담 스미스(Adam Smith, 1723~1790)

아담 스미스

아담 스미스는 영국의 정치경제학자이고 도덕철학자로 고전경제학의 창시자이다. 영국 스코틀랜드의 커콜디(Kirkcaldy)에서 유복자로 태어나 평생 독신으로 살았다. 1737년 글래스고대학에 입학하여 도덕철학 교수인 허치슨으로부터 많은 영향을 받았다. 1740~47년 옥스퍼드대학에서 수학한 후 1751년 글래스고대학에서 윤리학 · 도덕철학을 강의하는 교수가 되었다. 처음에 도덕철학과목의 교수였던 아담 스미스는 1759년에 『도덕감정론(TheTheory of Moral Sentiments)』을 발표하였고, 그 후 경제학에 전념하여 1776년에 『국부론(An Inquiry into the Nature and Causes of the Wealth of Nations)』이란 유명한 저서를 남겼다. 아담 스미스는 자연법 사상을 논의하는데 동감(sympathy)에 그 기본 바탕을 두고 출발한다. '동감'은 타인과 쾌락이나 고통을 함께하는 본능적이고 자연적인 '같은 종류의 감정'을 말한다. 즉, 스미스의 자연법은 이성이 아닌 인간의 자유로운 주체적 감정인 '동감'에서 구한다. 행위자와 관찰자의 '동일한 종류의 감정'의 상호작용이 사회적 가치형성에 중요하며, 여기에 성립하는 사회적 중립의 감정이 『국부론』의 가치론, 정책론 그리고 국가론의 핵심적 내용이다.

1790년 스미스가 사망한 후 글래스고대학에서 1763년의 스미스의 강의 범위가 도덕철학 · 법학 · 경제학 분야를 총망라하였음을 보여주는 『글래스고대학 강의(Lectures on Justice, Police, Revenue and Arms)』가 1798년에 출간되었다.

아담 스미스는 그의 생애 3개의 큰 역사적 사건을 경험한다. 첫째는 국부론이 출간되는 해인 1776년에 경험한 미국의 독립선언이다. 이것은 영국의 중상주의체제의 붕괴와 자본주의의 시작을 의미한다. 둘째는 1789년에 시작된 프랑스 대혁명으로 봉건제의 탈피가 세계사적 추세임을 보여주는 사건이었다. 셋째는 영국의 산업혁명이다. 이는 국부론의 시작일 뿐 아니라 자유자본주의의 출발을 의미한다.

아담 스미스의 『국부론』은 자본주의 역사상 최초로 경제학을 이론 · 역사 · 정치화한 도입한 저서이다. 이 책을 통하여 중상주의를 비판하였고, 국제 분업을 통한 자유무역정책을 주장하였으며, 그리고 당시 각국 정부가 자국의 산업을 보호하기 위한 보호 관세를 부과하여 무역을 제한하는 것은 자연 법칙에 어긋나는 일이라고 비난하였다. 또한 그는 국가는 개인의 경제활동을 간섭해서는 안 된다는 입장을 표명하였고, 국가의 기능을 최소화하여 정부의 역할을 소극적인 경찰관의 지위로까지 낮춘 야경국가론을 펼쳤다. 그는 부의 증대는 단순히 금 · 은의 획득만이 아니라 모든 생산물까지 확대하여 규정하였다. 즉, 스미스는 노동생산성 향상이 국부의 증대라고 보고 생산에서 특히 분업을 중시하였다. 결국 아담 스미스는 '경제학의 아버지'로 불리게 되었으며, 특히 마르크스 경제학은 그의 『국부론』의 비판으로부터 출발한다.

그리고 아담 스미스는 인간의 이기심을 경제행위의 동기로 보았으며, 모든 경제행위는 각 개인이 자신의 이익을 추구하도록 내버려두면 '보이지 않는 손(invisible hand)'에 의해 궁극적으로 조정되어 사회의 이익과 진보에 공헌한다고 생각하였다. 스미스가 경제행위의 동기를 이기심에 근거한 것은 도덕의 기초를 동감에 기본 바탕을 두고 있는 것과 배치되는 것으로 보일 수 있다. 그러나 경제행위의 원리로서 이기심은 동감의 원리에 의해서 인정되는 것이지 부정되는 것이 아니다. 그는 생산과 분배에는 자연적 질서가 작동하여 스스로 조화를 이루어간다고 하는 자연법에 근거한 예정조화설을 주장하였다.

이러한 아담 스미스의 사상은 영국 중산층의 사상을 잘 나타낼 뿐만 아니라 17세기 라이프니츠의 사상인 존재론적 형이상학과 잘 어울려 근대시민사회의 방향성을 구체적으로 제시한 것이라고 볼 수 있다.

보론 3 국부론

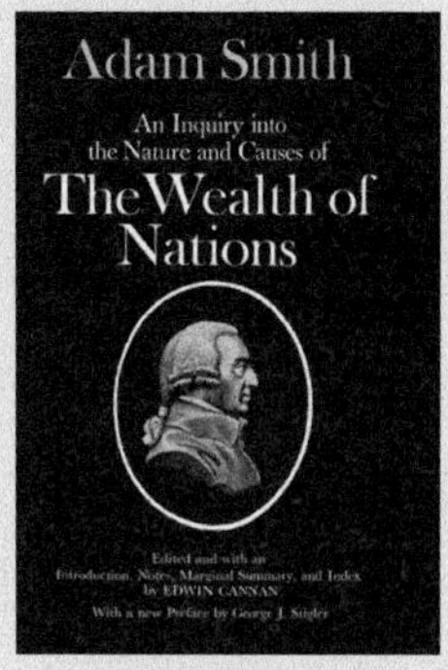

국부론

총 5편 32장으로 구성된 국부론의 정식명칭은 『국가의 부의 성질과 원인에 관한 고찰(An Inquiry into the Nature and Causes of the Wealth of Nations)』이다. 아담 스미스는 1759년의 『도덕감정론(The Theory of Moral Sentiments)』의 제4부인 「경제학」을 발전시켜 국부론을 완성한 것으로 알려져 있다. 국부론의 5편은 대체로 다음과 같이 구성되어 있다. 제1편과 제2편은 오늘날 고전학파 경제학의 경제이론의 내용을 설명하고 있다. 제1편에서는 노동생산력 개선의 여러 원인과 노동생산물이 여러 계급 사이에 자연적으로 분배되는 내용에 대하여 설명하고 있다. 즉, 분업론, 화폐론, 가치론 및 가격론 그리고 분배론으로 구성되어 있다. 제2편은 자본의 성질, 축적 및 사용에 대한 설명을 하고 있다. 즉, 자본의 분류, 화폐이론, 자본의 축적과 생산적 · 비생산적 노동과의 관계, 이자론, 자본의 용도 등이다. 제3편은 로마의 멸망 이후 유럽의 경제사에 해당하는 내용이다. 제4편은 경제학의 여러 체계를 설명하고 있는데, 즉 중상주의와 중농주의 학파의 견해 및 정책체계에 대한 비판이다. 제5편은 재정학에 대한 내용이다. 즉, 경비론, 조세론, 공채론으로 구성되어 있다.

아담 스미스는 10년간의 집필과정을 거쳐 완성한 대저서에서 부의 근본은 노동이고, 부를 증진시키기 위해서는 노동생산성을 향상함으로써 가능하다고 주장하였으며, 생산의 기초를 분업이라고 하였다. 또한 자본축적을 하여야만 분업과 기계의 사용이 가능하며, 자본축적은 자유경쟁을 통해야만 국부 증진이 이루어진다고 주장하였다. 또한 중세에서는 천한 것으로 여겼던 이기심은 인간의 행복 실현을 위해 신이 준 수단으로서 각종 모순을 제거하는 유일한 요소이며 국부의 원동력으로 보았다.

국부론의 의의는 첫째, 자본주의체제는 가격을 매개로 하여 질서를 형성한다고 주장함으로써 자본주의 경제학을 처음으로 성립시켰고, 둘째, 자연법과 예정조화론에 근거한 고전 경제학의 대표적인 작품이자 이후의 경제학과 경제사상의 출발점이 되었으며, 셋째, 중상주의나 중농주의에 대해서 산업혁명 초기의 영국 산업자본의 입장을 이론화하였고, 넷째, 산업자본이 요구하는 자유경쟁이 '보이지 않는 손'을 통해 사회의 이익과 국부를 증진시킨다고 주장하여 자유방임을 정당화한 점 등이다.

보론 4 맬더스와 인구론

■ 맬더스(Thomas Robert Malthus, 1766~1834)

맬더스

맬더스는 영국의 고전학파 경제학자로 스미스(A. Smith), 리카도(D. Ricardo) 등과 함께 고전학파를 대표하는 학자이다. 케임브리지대학에서 역사와 문학을 수학한 후 영국 국교회의 목사보가 되었다. 목사보로 재임하면서 공상적 사회주의자인 고드윈(W. Godwin)에 반대하여 1798년에 『인구론(An Essay on the Principle of Population, as it affects the Future Improvement of Society, with remarks on the Speculations of Mr. Godwin, M. Condorcet and Other Writers)』을 발표하였다. 맬더스는 1805년 동인도회사의 동인도학교의 근대사 및 경제학 교수로 재임하였으며 교수 재직 중 갑자기 사망하였다. 그는 18세기 후반 유럽의 빠른 인구증가를 보고 『인구론』을 저술함으로써 경제와 인구의 관계를 이론화하여 인구문제를 기반 위에 올려놓은 최초의 경제학자이다. 『인구론』의 저술 목적은 고드윈의 무정부주의 사상을 반박하는 데 있었다. 즉, 고드윈은 당시 하층민의 빈곤과 악덕은 정치제도와 사유재산제도에 그 원인이 있다고 보고 그 제도의 철폐를 주장하였다. 반면 맬더스는 식량은 산술급수적으로 증가하는 데 반해 인구는 기하급수적으로 늘어나므로 자연의 법칙에 따른다면 과잉인구로 인한 식량부족은 필연적이며 그 결과 빈곤과 악덕은 피할 수 없다고 주장하였다. 결과론적으로 빈곤과 악덕은 끊어질 날이 없고 인간사회의 개선은 어려워져 유토피아는 하나의 꿈이라고 하였다.

■ 인구론(population theory)

인구론의 출발은 맬더스의 저서 『인구론』에서 시작한다. 맬더스는 인구는 식량생산과 정(+)의 관계에 있으며 질병과 사망에 의한 자연조절 및 혼인과 금욕에 의한 예방적인 조처에 따라 인구의 수준이 결정된다고 보았다. 후학들은 식량생산에 모든 자원을 포함하는 방향으로 포괄화하였다. 하지만 인구를 결정하는 주요 요인은 출산율, 사망률, 이주율보다 여전히 식량과 경제적 요인이 중요하다고 본다.

마르크스(K. Marx)는 맬더스의 주장을 비판적이었다. 맬더스가 빈곤한 과잉인구를 식량과 연계하여 보았지만 마르크스는 빈곤을 자본주의의 구조적 속성에서 그 원인을 찾았다. 마르크스는 자본주의에 있어 가변자본을 제약하는 고정자본이 증가하는 경향은 일반적이므로 이에 따라 노동력에 대한 수요가 감소하므로 빈곤이 존재한다고 보았다. 고전경제학자들 역시 맬더스의 주장을 반박하였다. 고전파 경제학자들은 생계를 유지하기 위한 압력이 되는 수확체감의 법칙이 제조업에는 반드시 작동되는 것이 아니라고 하였으며 인구증가가 빈곤의 원인이 되는 것이 아니라고 주장하였다. 이 후 케인즈(J. M. Keynes)를 포함한 경제학자들은 이러한 연구를 지속하였지만 인구에 대한 통합된 새로운 이론을 만들지는 못했다.

도덕적 자제에 의해서 인구증가의 억제를 주장하는 것을 맬더스주의(Malthusianism)라고 하는 반면 예방적 인구 둔화를 강조하는 것이 신맬더스주의(Neo-Malthusianism)이다. 즉, 신맬더스주의는 19세기 후반에 도덕적 자제에 의한 인구 억제가 현실성이 없음을 알게 되고 빈곤에서 해방하기 위해서는 '수태조절을 행하는 조혼이 좋다'라고 주장하는 인위적 산아제한을 제창한다.

그러나 산업혁명 이후 자본주의는 맬더스의 예측과는 다른 길을 걸어왔다. 식량생산과 인구는 모두 기하급수적으로 증가하였다. 맬더스의 이론을 신봉한 학자들은 자본주의의 미래에 대하여 예측하는 데 실패하였다. 그 대표적 예가 1908년 독일의 프리츠 하바(F. Haber)의 연구의 결과물인 질소비료의 발명이다. 질소비료는 카를 보슈(C. Bosch)에 의해 대량생산되었다. 즉 질소비료의 발명으로 기하급수적인 증가가 가능하게 되었다. 즉, 맬더스를 신봉한 경제학자들은 기술진보의 발전을 과소평가했음을 알 수 있다. 산업혁명 이래 인류의 기술진보는 현재 진행형이다.

연 | 습 | 문 | 제

1. 다음 중 경제재에 해당되지 않는 것은?

① 빵 ② 컴퓨터
③ 공기 ④ 경제학 교과서

2. 「보이지 않는 손(invisible hand)」이란 다음 중 무엇을 의미하는가?

① 법과 관습 ② 경쟁 상태의 시장가격기구
③ 법치국가 ④ 독점적 가격기구

3. 「경제학의 아버지」일 뿐 아니라 아직 그의 이론이 경제학의 지침서가 되어 있는 경제학자는?

① 마르크스 ② 리카도
③ 케인즈 ④ 스미스

4. 다음 중 아담 스미스와 관계없는 용어는?

① 분업 ② 국부론
③ 뉴딜정책 ④ 자유방임

5. 인구론과 연관된 경제학자는?

① 케인즈 ② 마샬
③ 제본스 ④ 맬더스

6. 다음 용어 중 국부론에서 가장 관심을 많이 가졌던 것은?

① 생산 ② 물가
③ 분배 ④ 판매

7. "무엇을, 얼마나, 어떻게, 그리고 누구를 위하여"라는 내용을 중심으로 재화는 생산이 될 것이라고 주장한 경제학자는?

① 새무엘슨(P. A. Samuelson) ② 힉스(J. R. Hicks)
③ 피구(A. C. Pigou) ④ 멩거(C. Menger)

8. 경제재란 무엇을 의미하는가?

① 경제적 판매의 가치가 있는 재화
② 국제적 거래가 이루어질 수 있는 재화
③ 희소성의 원칙이 지배하는 재화
④ 인간생활에 꼭 필요한 재화

9. 다음 중 경제객체로 가장 알맞는 것은?

① 자유재 ② 가계
③ 경제재 ④ 기업

10. 「인간의 욕망은 무한한데 이를 충족시켜주는 수단은 한정적이다」라는 사실과 관계있는 것은?

① 희소성의 원칙 ② 경제적 원칙
③ 욕망극소화의 원칙 ④ 욕망극대화의 원칙

11. 다음 중 경제의 주체가 될 수 없는 대상은 어느 것인가?

① 회사법인 ② 경제담당자
③ 자연인 ④ 사채업자

12. 개방경제의 주체가 되는 것은?

① 가계＋기업 ② 기업＋정부
③ 민간＋정부 ④ 국민＋해외

13. 경제객체란 다음 중 무엇을 의미하는가?

① 기업 ② 정부

③ 재화와 용역 ④ 자유재

14. 아담 스미스(A. Smith)의 국부론의 내용으로 맞는 것은?

① 국가란 경제적 지배권을 가지고 있는 계급이 다른 계급을 억압하기 위하여 만든 기관이다.
② 경제활동에 대한 국가의 간섭을 배제하고, 개인의 자유스러운 경제활동에 맡기는 것이 필요하다고 주장하였다.
③ 학문은 어디까지나 가치판단에서 자유이어야 한다고 하여 경험과학으로서의 논리적 반성을 하게 하였다.
④ 경제학의 임무는 여러 가지 변동요인의 변화를 탐구하는 것이 아니라 변동요인이 변동한 결과로서 경제체계에 생긴 경제의 수동적 적응의 본질을 밝히는 데 있다고 하여 수량분석의 분야를 확대하고 정적 균형의 개념에 도달하였다.

15. 산업혁명이라는 용어를 처음으로 사용한 학자는 누구인가?

① 콜(D. H. Cole) ② 프리드만(M. Friedman)
③ 한센(A. H. Hansen) ④ 토인비(A. Toynbee)

16. 다음은 아담 스미스(A. Smith)가 이야기한 것이다. ( )안에 알맞은 말은?

> 그는 개인의 자유로운 영리추구를 절대적 우위에 두고 이것만을 추구하여 개인이 행동을 하면 스스로 ( )에 의하여 전체로서의 사회복지에 기여할 수 있다고 하였다.

① 감성 ② 이성
③ 보이지 않는 손 ④ 이기심

17. 다음 중 경제적 여건으로 보기 힘든 것은 어느 것인가?

① 자본 ② 국토의 크기
③ 노동력 ④ 기술수준

18. 자본주의의 출현과 관련된 역사적 계기는?

① 프랑스 시민혁명 ② 산업혁명
③ 종교혁명 ④ 미국독립전쟁

19. 산업혁명의 결과로 볼 수 없는 것은?

① 자본가의 등장 ② 공장제 생산제도
③ 실업보험의 등장 ④ 자본주의의 등장

20. 다음 내용 중 고전학파의 경제이론 내용과 상치되는 것은?

① 자유경쟁 ② 국가의 간섭 강화
③ 자유무역주의 ④ 값싼 정부

21. 자본주의에서 모든 경제문제를 규제하는 주체적 기능을 하고 있는 기구는?

① 생산기구 ② 시장기구
③ 소비기구 ④ 경제활동기구

22. 경제의 최종적 목적은?

① 화폐의 보유확장 ② 재산보유의 확장
③ 기술발전 ④ 물질생산의 확장

23. 아담 스미스(A. Smith)가 국부론에서 말하는 분업의 의미는?

① 국제생산에 있어 분업 ② 기술적 관계에 있어 분업
③ 지역적 관계의 분업 ④ 직업적 분업

24. 국부론에서 말하는 분업은 무엇을 전제하여 이루어져야 한다고 했는가?

① 생산 ② 교환
③ 화폐 ④ 소비

25. 다음 중 기업의 기회비용에 해당하는 내용은?

① 노동자의 임금 ② 대출한 자본에 대한 이자

③ 기계의 운전자본 ④ 자기자본의 대출 후 이자획득

26. 아담 스미스(A. Smith)는 “개인의 자유로운 영리추구를 절대적 우위에 두고, 이것만을 추구하기 위하여 개인이 행동하면 스스로 보이지 않는 손에 인도되어 전체로서의 사회적 복지에 기여한다”고 했다. 여기서 보이지 않는 손(invisible hand)이 의미하는 것은?

① 가치 ② 균형
③ 불균형 ④ 가격

27. 시장경제에 있어 가격의 조정, 경제의 안정, 분배의 왜곡방지 등을 담당하는 것은?

① 경제계획 ② 가격기구
③ 가격통제 ④ 통제제도

28. “공급은 그 스스로의 수요를 창출한다”고 주장한 학자는?

① 스미스(A. Smith) ② 마르크스(K. Marx)
③ 리카도(D. Ricardo) ④ 세이(Say)

29. 다음 중 전(前)자본주의적 성격을 가진 학파가 아닌 것은?

① 스콜라주의 ② 중상주의
③ 고전학파 ④ 중농주의

30. 고전학파에 대한 설명이다. 틀린 것은?

① 18세기 후반부터 19세기 중반까지 영국을 지배한 경제학파이다.
② 고전학파는 자본주의경제를 자율성을 갖춘 재생산체계로 파악하고 그 구조와 법칙을 규명한 학파이다.
③ 리카도(D. Ricardo)는 분배론을 통하여 인도적 혹은 역사적인 관점에서 노동자 계급의 입장을 대변한 학자이다.
④ 영국 자본주의 현실에 입각하여 그 결론인 자유주의의 현실적 정책에 효과적인 이론적 무기를 제공하였다는 데 역사적·실천적

의미가 있다.

31. 아담 스미스(A. Smith)의 사상을 설명한 내용이 아닌 것은?

① 시장기구는 자율적인 자연질서이며 가격제도가 사람의 행동을 자동적으로 조절해 준다고 생각하였다.

② 정부는 자유로운 경제활동이 이루어지는 틀과 준칙만을 마련해 주고 경제는 간섭하지 말아야 된다고 생각하였다.

③ 무역에서도 보호주의를 배격하고 자유무역을 옹호하였다.

④ 중상주의 국부관을 중시하고 중농주의의 국부개념은 거부하였다.

32. 다음 중 자유재란?

① 모양과 상품의 질을 자유롭게 변환시킬 수 있는 재화

② 비용을 지불하지 않고 무상으로 사용하는 재화

③ 노동을 투입하면서 자유롭게 사용가능한 재화

④ 자유롭게 거래할 수 있는 재화

33. 다음 중 성격이 다른 것은?

① 도로 ② 항만

③ 전기 ④ 국방

34. 다음 중 산업 자본가가 임금 노동자들을 고용하여 도구, 작업장, 원재료 등의 생산수단을 제공하고 그들의 수공 기술을 이용하여 생산하였던 제도는?

① 매뉴팩처 ② 포드시스템

③ 가내수공업 ④ 다품종 소량생산

해설 포드시스템: 포드자동차에서 실시된 대량생산시스템, 다품종소량생산: 동일한 생산시설을 이용해서 많은 품종을 각각 소량씩 생산하는 방식으로 주문에 의한 생산체계의 전형적 방식임

35. 다음 중 성격이 다른 것은?

① 산업혁명 ② 증기기관

③ 토인비 ④ 포드시스템

36. 다음 중 아담 스미스와 관련이 없는 것은?

① 도덕감정론 ② 글래스고대학강의
③ 인구론 ④ 보이지 않는 손

37. 다음 중 국부론의 의의가 아닌 것은?

① 자본주의체제는 가격을 매개로 하여 질서를 형성한다고 주장
② 자연법과 예정조화론에 근거한 고전 경제학의 대표적 작품이자 이후의 경제학과 경제사상의 출발점이 되었음
③ 산업자본이 요구하는 자유경쟁이 '보이지 않는 손'을 통해 사회의 이익과 국부를 증진시킨다고 주장하여 자유방임을 정당화한 점
④ 산업혁명 초기의 영국 산업자본의 입장을 이론화하는 데는 실패하였음

38. 맬더스의 인구론 발표의 근거가 된 사상은?

① 아담 스미스의 자유방임 사상 ② 고드윈의 무정부주의 사상
③ 마르크스의 공산주의 사상 ④ 슘페터의 창조적 파괴 사상

39. 빈곤을 자본주의의 구조적 속성에서 그 원인을 찾은 사람은?

① 아담 스미스 ② 마르크스
③ 맬더스 ④ 토인비

40. 산업혁명 이후 자본주의의 예측과는 다른 길을 걸어 왔는데 그 대표적 이유는?

① 하그리브스의 제니방적기 ② 아크라이트의 수력방적기
③ 제임스 와트의 증기기관 ④ 프리츠 하버의 질소비료

41. 다음 중 아담 스미스(A. Smith)와 관련이 없는 것은?

① 공산당선언 ② 노동생산성
③ 분업 ④ 인간의 이기심

42. 다음 중 아담 스미스(A. Smith)의 이론과 관련이 없는 내용은?

① 국부론은 자본주의 역사상 최초로 경제학을 이론·역사·정책화한 저서이다.

② 국가는 개인의 경제활동을 간섭해서는 안 된다는 입장을 표명하였고, 국가의 기능을 최소화하여 정부의 역할을 소극적인 야경국가론을 주장하였다.

③ 국부론에서는 각국 정부가 자국의 산업을 보호하기 위한 보호 관세를 부과하여 무역을 제한하는 것은 자연법칙에 합당하다고 하였다.

④ 노동생산성 향상이 국부의 증대라고 보고 생산에서 특히 분업을 중시하였다.

제2장

경 제 체 제

제1절 자본주의경제
제2절 사회주의경제
제3절 혼합경제체제

인간은 사회적 동물이기 때문에 모든 경제활동은 사회 속에서 이루어진다. 따라서 인간이 사회생활에서 필연적으로 빚는 마찰과 충돌을 막기 위한 일정한 사회제도가 필요하다. 인류가 집단생활을 시작한 이래 지구상에는 수많은 이념과 체제가 존재하여 왔다. 경제체제(economic system)는 생산, 소비, 유통, 자원의 활용 등 인간의 경제생활을 규정하기 위한 경제적 질서체계이다. 그러나 경제체제는 경제활동에 의해서만 규정되는 것이 아니고 국가의 이념과 사상 등에서도 많은 영향을 받는다. 사회생활의 과정에서 인간의 이상과 관념이 그 역사적·환경적 상황에 따라 변함으로써 세계에는 많은 이념이 탄생되었고, 그 이념을 구현하기 위한 여러 가지 경제체제 모형의 실현을 위한 시도들이 실제로 있었다. 지금까지 지구상에 출현한 경제체제 중 가장 대표적인 경제체제는 자본주의와 사회주의이다.

표 2-1 자본주의체제와 사회주의체제의 비교

구 분	자본주의	사회주의
분배주체	민간 중심의 시장경제	국가 중심의 계획경제
분배기준	생산성	인위성
생산설비	개인소유 원칙	공동소유 원칙
수급방법	시장 중심, 보이지 않는 손	국가 중심, 보이는 손
운영메커니즘	가격 경쟁	국가 중심의 명령
의사결정	분산화	집중화
사유재산	인정	부정
정부 크기	작은 정부	큰 정부

제 1 절 자본주의경제

1. 자본주의의 정의

자본주의(capitalism)의 개념은 근대사회의 구조와 그의 운동법칙을 해명하려던 학자들이 일찍부터 명명한 것이다.[1)]

자본주의를 한마디로 정의하기 어렵다. 근대경제학에서는 자본주의를 시장경제체제라고 정의하거나 사적 소유와 경제적 자유가 보장되는 제도로 정의하고 있다. 반면 정치경제학에서는 자본주의를 자본주의적 생산관계, 즉 자본가는 생산수단을 소유하고 노동자는 생산수단을 소유하지 못하며 노동력이 상품이 되는 관계로 정의하고 있다. 이와 같이 자본주의에 대한 기본적인 인식에서 근대경제학과 정치경제학은 뚜렷한 차이를 보이고 있는 것이다.

이런 이유로 여러 학자들의 자본주의에 대한 생각들을 정리해보기로 한다.

마르크스(K. Marx)는 자본주의의 특징을 '이윤획득을 목적으로 상품생산이 이루어진다는 점, 노동력이 상품화된다는 점, 생산이 무계획적으로 이루어진다는 점' 등으로 보았다.

좀바르트(W. Sombart)는 자본주의체제란 '서로 다른 두 인구군, 즉 생산수단의 소유자와 생산수단을 소유하지 않은 노동자가 시장에서 결합되어 함께 활동하고 그리고 영리주의와 경제적 합리주의에 의해서 지배되는 하나의 유통경제적 조직이다'라고 정의하였다.

---

1) 마르크스는 최초로 자본주의란 명칭을 19세기의 시장 중심적인 사기업 산업경제에 적용했다. 그는 자본의 소유자와 노동자는 서로 다른 경제적 기능을 수행하며 따라서 서로 대립적인 이해관계를 지닌 별개의 사회계급을 구성하고 있다는 사실을 강조하기 위해 그 말을 선택했던 것이다. 그는 경제에 있어서 자본가계급의 지배와 자본축적의 결정적인 중요성을 지적하기 위해 그러한 경제를 자본주의라 불렀다.

베버(M. Weber)는 근대자본주의란 '직업으로서 합법적 이윤을 조직적·합리적으로 추구하는 정신적 태도'라고 정의하였다. 즉, 그에 의하면 자본주의란 상품생산에 의해서 이윤을 획득하려고 하는 정신적 태도를 말한다. 자본주의체제 또는 자본주의경제란, 이와 같은 태도하에서 상품생산이 이루어지는 유통경제조직을 말한다.

2. 자본주의의 특징

자본주의에 대한 여러 개념 규정을 볼 때 자본주의는 다음과 같은 몇 가지의 특징을 갖는다.

(1) 사유재산제도의 보장

자본주의에 있어서는 소비재나 생산재 할 것 없이 모든 재산 내지 생산수단은 사적 소유로 되어 있으며, 자유처분의 원칙을 인정하고 있는 것이 큰 특징이다. 때로는 국가의 목적이나 공공이익의 증진을 위하여 부분적으로 국유 또는 공유제도를 인정하고 있으나 큰 비중을 차지하지는 않는다.

(2) 자유경쟁의 원칙

자본주의하에서는 생산이나 소비도 시장가격기구를 통한 자유경쟁의 원칙이 적용되고 있다. 자유경쟁이 적용되고 있다는 것은 경제활동의 자유가 보장되어 있다는 것과 상통하고, 이에 따라 개인은 소비선택의 자유와 직업선택의 자유가 보장되어 있다.

자유경쟁의 원칙에 따라 자본주의 사회에서는 재화와 용역은 시장에서 매매 내지 교환되고 거기에서 가격이 성립된다. 이 가격을 매개로 경제문제, 즉 상품의 생산량, 생산방법 및 분배양식이 객관적으로 결정된다. 이것을 가격기구의 자동조절기능이라 한다.

(3) 노동력의 상품화

자본주의는 자본가계급과 노동자계급으로 구성된 계급사회이므로 생산수단을 갖지 않은 노동자는 노동을 하지 않으면 살아갈 수 없다. 봉건사회에서 자본주의로 넘어 오면서 노동자는 이중적 의미로 해방되어 있다고 볼 수 있다. 하나는 생산수단(토지)으로부터의 해방, 즉 생산수단의 무소유자라는 것이다. 다른 하나는 봉건적·신분적 예속관계로부터의 해방, 즉 노동력을 마음대로 판매할 수 있다는 것이다.

(4) 사적 이윤 추구의 원리

자본주의 사회에 있어서 모든 생산수단의 소유자인 자본가는 사적 이윤추구의 원리에 의해 상품을 생산하며 그 이윤은 모두 자본가에게 귀속된다.

(5) 교환경제 또는 시장경제

사유재산제도를 기본으로 하여 모든 재화와 용역은 상품으로 생산되어 이윤획득을 목적으로 시장에서 교환되고 그에 따라 재화의 가격이 결정되는 것이다. 따라서 모든 경제활동은 이 시장에서 결정된 가격을 중심으로 이루어지고 있다. 이것은 자본주의 경제체제 내에서 각 경제활동에 있어 가격이 매개변수적 기능(parametric function of price)을 하기 때문이다.

이외에도 자본주의 운영원리는 생산성에 의한 분배, 의사결정 분산화, 작은 정부 지향 등이다.

3. 자본주의의 발전

자본주의는 약 250년 전에 성립하여 오늘날까지 발전하고 있다. 이를 발전단계로 구분하면 상업자본주의 혹은 중상주의, 산업자본주의, 독점자본주의, 국가독점자본주의, 복지국가[2] 등 다섯 단계로 분류하는 것이 보통이다.

(1) 상업자본주의

상업자본주의(commercial capitalism)는 초기자본주의시대를 가리키는 말이며, 중앙집권적 민족국가 내지 절대주의국가(전제군주국가)의 중상주의정책에 의해서 상업자본이 보호·육성되어 축적된 시기를 말한다. 서구사회는 15세기 말 지리상의 발견시대 이후 신항로의 개척, 신개척지로부터의 원료획득, 금·은의 유입, 판로의 확대 등으로 활발하게 발전하여 16세기 이래 새로운 기풍을 조성하였다. 당시 절대왕조가 중상주의 경제정책의 비호하에 원료의 독점과 자금대부를 통해서 국내생산업자를 지배한 강력한 시기이다. 따라서 절대주의 국가는 정치적으로 보면 지방분권적 봉건국가로부터 중앙집권적 국민국가로 발전해 나오는 과도기이다. 경제적으로는 자급자족경제 내지 부분적 화폐경제로부터 전면적 화폐경제 혹은 상품생산사회로 발전해 나가는 자본의 본원적 축적이 본격적으로 이루어진 시기이다.

(2) 산업자본주의

산업혁명(industrial revolution)을 거쳐 산업자본이 확립된 산업자본주의 시대로 상업자본 대신에 산업자본이 그 주도권을 장악한 시기다. 즉

---

2) 복지국가를 국가독점자본주의에 포함하는 경우도 있으나 이 책에서는 복지국가를 따로 정리한다.

개인의 부와 국부가 유통과정이 아니라 생산과정에서 창출된다는 것을 인식하였다. 이 시기는 가내수공업형태에서 공장제수공업(manufacture)으로 바뀌어 국내외의 시장을 통하여 판매될 것을 예측하고 상품생산이 이루어졌고, 제조업이 자본축적과 경제발전의 원동력이 되었다. 산업자본주의의 생산조직 및 경제체제는 자유주의원칙에 입각하였고 어떤 경우에도 국가가 간섭하지 않는 것을 원칙으로 하였다. 시민혁명을 근간으로 사유재산제도와 경제적 자유를 바탕으로 산업자본주의가 완성되었다. 절대주의에 대신하여 야경국가[3](night-watch state)와 값싼 정부[4](cheap government)가 시대의 요구로 나타난 시기이기도 하다.

(3) 독점자본주의

독점자본주의시대는 19세기 말 이후 20세기 초에 이르는 시기를 말한다. 이 단계에 있어서 자본주의는 빠른 경제발전이 가능하였으며 또한 경제생활도 크게 향상하였다는 것은 부정할 수 없는 일이었다. 그러나 이러한 이점 이외에 계급간의 대립이 격화되고, 과잉생산에 따른 공황, 만성적 실업, 자본의 유휴시설, 빈부의 격차 확대 등의 사회문제가 생겨나게 되었다. 이 시기는 자유경쟁 속에서 이를 부정하는 독점자본이 형성되어 산업자본주의는 19세기 말에서 20세기 초로 들어오면서 독점자본주의(monopolistic capitalism)로 발전하였고 금융자본주의라고도 한다. 즉,

---

3) '야경국가(Nachtwächterstaat)'라는 용어는 독일의 사회운동가인 라살레(F. Lassalle)가 아담 스미스(A. Smith), 리카도(D. Ricardo) 등의 자유주의 국가관이 노동자의 복지는 소홀히 하며 자본가의 특수한 계급적 이익만을 대변한다고 비판하면서 사용한 데서 시작되었다. 그리고 국가는 시장에 대한 개입을 최소화하고 국방, 외교, 치안 등의 질서유지만 하여야 한다고 보았던 자유방임주의 국가관이다.

4) 고전파 경제학에서 주장한 정부의 형태로 현실과 이상의 양면에서 경비가 가능한 한 축소되고 거기에 대응하여 세금 역시 최소한도로 경감된 재정상태를 '값싼 정부'라고 한다. 현실적으로는 1840~60년대의 영국에서 잠깐 그 전형적인 상태가 보였을 뿐 다른 나라에서는 단순한 이상이나 요망에 그쳤다.

독점자본주의는 대기업만이 생존경쟁에서 잔존하여 대기업간의 경쟁으로 나타나고 그 경쟁이 격심해져 마침내 이를 피하고 서로의 이윤확보를 위해 상호독점을 결성하게 되었다. 독점자본이 산업계와 금융계를 지배하게 된 대표적 형태가 카르텔[5](cartel), 트러스트[6](trust), 콘체른[7](Konzern) 등이다.

(4) 국가독점자본주의

1930년대 세계 대공황이 발생하자 유효수요[8](effective demand)의 부족을 국가정책에 의해서 시정하여 대불황을 극복하려는 국가통제가 강화되면서 자본주의가 국가독점자본주의(state-monopolistic capitalism)의 양상을 띠기 시작하였다. 당시 유효수요의 과부족을 조절하여 완전고용, 경제안정, 경제성장을 기하자는 보정적 재정정책[9](compensatory fiscal policy)이 강조되었다. 그러므로 국가독점자본주의는 독점자본이 국가권력과 결탁하여 독점자본의 지배체제를 유지 강화하는 상태로부터 기타 여러 가지의 경제적 모순을 해소하고 전체로서의 조화를 유지하면서 경제문제를 해결하려는 새로운 단계의 자본주의라 하겠다.

마침내 자본주의는 그 자체 내에서 많은 사회적인 문제점을 노출하

---

5) 기업 상호간의 경쟁의 제한이나 완화를 목적으로 동종 또는 유사산업 분야의 기업간에 결성되는 기업담합형태이다.

6) 기업합동 혹은 기업합병이라고도 하며 동일산업 부문에서의 자본의 결합을 축으로 한 독점적 기업결합을 말한다.

7) 기업결합이라고도 하며 법률적으로 독립하고 있는 몇 개의 기업이 출자 등의 자본제휴를 기초로 하는 지배·종속 관계에 의해 형성되는 기업결합체를 말한다.

8) 재화와 용역을 구입하기 위한 금전적 지출을 수반한 수요이다.

9) 재정수지의 조정을 경기조절의 수단으로 활용하여 경제의 안정화를 도모하려는 정책으로 적자재정과 흑자재정을 결합하는 보정적 재정정책은 높은 국민소득수준을 유지함으로써 높은 고용수준을 달성하려고 노력한다. 그것은 바람직한 균형을 이루기 위하여 과세와 지출을 사용하여 조정한다. 보정적 재정정책은 주로 민간투자의 변동을 상쇄하는 데 목적을 둔 것이다.

게 되어 가격의 자동조절 기능은 약화되었으며 국가가 간섭하여 자유화 원칙에 대하여 통제를 하거나 계획화를 실시하게 된다. 그래서 현재의 자본주의는 그 변모를 인식하는 관점에 따라 수정자본주의(modified capitalism) 혹은 혼합경제(mixed economy) 등으로 부른다. 그러나 현대자본주의는 정통적 자본주의에 입각한 산업자본주의에 대해서는 큰 변동을 의미하나 자본주의 자체를 부정하는 것은 아니다.

(5) 복지국가

복지국가[10)]의 일반적 특징으로 경제가 고도로 발전한 단계로 봄으로써 이를 국가독점자본주의로 볼 수도 있으나 여기에서는 선발자본주의와 후발자본주의 국가를 구분한다는 의미에서 복지국가란 용어를 사용하기로 한다.

복지국가의 공통된 특징은 ① 경제가 고도의 발전단계에 있으며, ② 민주주의가 잘 발달되어 있고, ③ 특히 국민전체의 복지향상을 목표로 사회보장정책과 완전고용정책 등이 잘 시행되고 있으며, 또한 ④ 이의 실현을 위하여 국가가 적극적으로 정책을 개발·실행한다는 점 등이다.

복지국가를 에스핑 앤더슨(Esping-Andersen)[11)]과 안드레 사피르(André Sapir)분류[12)]를 혼합하여 나누면 북유럽 국가형, 유럽대륙 국가형, 영미권 국가형 그리고 지중해권 국가형 등으로 나눌 수 있다. ① 북유럽

---

10) 현대 복지국가라는 용어는 1961년 부르스(M. Bruce)가 그의 저서에서 1930년대 지멘(A. Zimmern)이 사용한 파시스트 독재의 무력국가(Power State)에 대응하는 개념으로 처음 사용하였다. 다음으로 1941년 영국의 주교 템플(W. Temple)이 시민과 성직자(Citizen and Churchman)라는 책에서 나치의 전쟁국가(Warfare State)와 다른 차원에서 국민의 복지향상을 국가 최고의 목표로 하는 국가 즉 복지국가를 역설하면서 사용되었다.

11) G. Esping-Andersen, The Three Worlds of Welfare Capitalism, Princeton: Princeton University Press, 1990.

12) André Sapir, “Globalization and the Reform of European Social Models,” JCMS, Volume 44, Number 2, 2006, pp. 369~390.

국가형은 국가경쟁력에 중점을 두는 동시에 높은 수준의 복지를 유지하고 있고, ② 유럽대륙 국가형은 국가경쟁력을 강조하는 동시에 제한된 복지를 제공하고 있고, ③ 영미권 국가형은 국가경쟁력에 중점을 두면서 낮은 복지를 제공하고 있고, ④ 지중해권 국가형은 국가경쟁력보다는 상대적으로 복지를 더 중시하여 사회복지가 관대하게 제공되고 있는 복지국가 형태이다. 가장 대표적인 복지국가의 형태는 북유럽 국가형과 유럽대륙 국가형이다. 북유럽 국가형은 전국민을 대상으로 사회보험과 국민부조제도를 통한 국민최저생활 수준을 보장해주는 형태이고, 유럽대륙 국가형은 직장별 사회보장제도를 통한 사회적 최저생활수준을 보장해주는 형태이다. 그러나 현존 복지국가들은 위 두 유형의 장단점을 상호 보완하여 하나의 정책으로 시행하고 있는 실정이다.

복지국가의 한계는 분배의 평등화나 국민생활의 안정화 추구로 인해 경제성장에 장애가 발생할 수 있으며, 이러한 국가가 소수 선진자본주의 국가에 한정되어 있어 저개발국가와의 격차를 심화시키고 있다는 것이다.

제 2 절 사회주의경제[13)]

1. 사회주의의 성립

자본주의는 인간의 노동력까지도 상품화하는 전면적 상품생산과 화폐관계를 통하여 일찍이 어떠한 사회도 달성한 바 없는 비약적인 물질적 발전을 이룩하였고 이를 통해 인류를 이전의 궁핍, 기아 그리고 질병으

13) 사회주의란 용어는 프랑스의 개혁자이며 저널리스트인 르루(P. Leroux)에 의해 처음 사용되었으며, 그는 이 말이 개인주의(individualism)에 대립적인 것으로 생각했으나 나중에 이데올로기와 사회운동의 일반적인 명칭이 되었는데, 이는 그가 원래 의도했던 바는 아니었다.

로부터 해방시켰다.

그러나 자본주의의 생산력 발전은 점차 사회적 성격을 강화해 감으로써 그 생산관계의 사적 성격, 특히 소유 및 영유(appropriation)에 있어서 사적 성격을 지속적으로 강화할 수 없게 된다.

자본주의의 초기 산업혁명을 주도했던 소비재 경공업이 점차 생산재 중공업으로 자본주의 발전의 주도권을 넘겨주면서 소요자본의 규모가 커졌다. 이러한 대규모의 자본조달을 위하여 주식회사와 투자은행이 생겨났다. 이와 더불어 경쟁적 자본주의가 독점자본주의로 이행되고, 국내의 생산 및 시장을 독점한 선진자본주의 국가의 독점 대자본이 식민지로 진출하여 제국주의적인 자본주의 세계체제가 등장하게 되었던 것이다. 그리하여 인류에게 비약적인 물질적 해방을 안겨 주었던 자본주의의 역사적 진보성이 서서히 인류역사의 더 이상의 발전에 일정한 문제로 작용하게 되었다.

중세 봉건제사회에서는 장원을 중심으로 분산적이고 폐쇄적인 경제생활이 전개되었으나 자본주의는 그 발전에 따라 일국의 영토경계를 넘어 세계체제를 형성함으로써 그 생산력 발전이 미치는 파급효과가 일국의 범위를 훨씬 벗어나게 된다. 그럼에도 불구하고, 이러한 생산력의 관리는 자본가의 사적 이윤 동기에 의해 규정받는다. 그리하여 생산력 발전의 사회적 성격과 생산관계의 사적 성격 사이의 이러한 갈등은 인류의 더 이상의 생산력 발전에 장애로서 작용하게 된다. 그러므로 생산력 발전의 사회적 성격에 맞도록 생산관계를 사회화하는 것 특히 생산관계의 기본축인 생산수단의 사적 소유를 폐기하고 사회적 소유로 전환하는 것이 인류의 더 높은 생산력 발전의 방향이 될 것이라고 주장하는 자들이 있다.

이렇게 해서 성립하는 사회를 사회주의라 부른다. 즉, 사회주의란 자본주의의 발전과정에서 나타나는 자본주의의 모순, 즉 생산력 발전의 사회적 성격과 생산관계의 사적 성격과의 모순을 극복하는 과정에서 성립하는 사회라고 사회주의자들은 말한다.

일반적으로 자본주의의 모든 모순이 완전히 극복된 사회를 흔히 공산주의라고 부르고, 그러한 모순이 극복되는 과정 중의 사회를 사회주의 혹은 낮은 단계의 공산주의라고 사회주의자들은 말한다.

2. 사회주의 경제운영의 원리

자본주의와 대응하는 측면에서의 사회주의의 성격을 살펴보면 일반적으로 다음과 같다. 그러나 이러한 내용들이 현존하고 있는 사회주의국가들의 현 운영원리와 그 맥을 같이 한다고 보기는 어렵다. 하나의 분석도구 틀로서 운영원리를 살펴보는 데 그 의의가 있지 자본주의의 위기와 사회주의의 위기를 두고 논쟁을 하는 것은 이제 무의미하다는 것은 모두가 잘 아는 사실이다. 여기의 내용들은 정치경제학자들의 주장들을 정리한 것이다. 즉, 현실사회에서 보면 허구일 수 있는 시각이 존재할 수 있다.

(1) 사회주의적 생산양식

자본주의의 생산력 진보는 노동자들을 물질적·정신적으로 진일보시키는 것보다 때때로 대량의 실업을 창출한다고 정치경제학자들은 주장한다. 한편에서는 과잉생산, 과잉의 유휴화폐자본, 과잉생산수단이 존재하면서 다른 한편에서는 대량의 실업자가 존재한다는 것은 자본주의적 생산관계가 생산력의 발전을 저해하며 생산력을 낭비하는 체제라고 보는 것이 사회주의적 생각이다. 노동자 및 모든 개인들을 물질적 궁핍으로부터 자유롭게 할 수 있는 물질적 수단을 구비하고 있으면서도 이를 자본가들의 이윤추구의 수단만으로 삼고 있는 체제가 바로 자본주의 체제라고 보는 것이 사회주의적 시각이다. 노동자를 임노동의 상태로부터 자유롭게 완전히 성숙한 사회적 인간으로 승화시키는 방법은 자본-임노동 관계를 해체하는 길뿐이라고 사회주의자들은 주장한다.

노동과 자본의 대립적 관계가 없어지면 모든 개인은 공동체의 구성원으로서 공동체를 통하여 인간으로서의 능력을 최고도로 발휘할 수 있다고 보는 것이 사회주의적 시각이다. 모든 개인이 생산·교환·분배·소비에 관한 모든 결정에 참가하여 그것을 계획하며 또한 육체적 노동을 집단적으로 수행한다면 분업에 따른 단순한 부분노동의 문제도 사라지며 정신노동과 육체노동의 분리도 사라지게 된다는 것이다. 이러한 분업과 기술혁신은 인간성의 회복과 발전에 기여하는 방향으로 진전하게 된다는 것이 그들의 주장이다.

사회주의적 생산양식은 공동소유와 공동참여를 통하여 착취적 관계가 철폐되고 인간성을 해방시키는 생산양식이라고 사회주의자들은 말한다. 사회주의적 생산양식은 결코 공상의 산물이 아니라 자본주의적 생산양식의 각종 모순을 해결하는 과정이 궁극적으로 도달하게 되는 사회형태로 사회주의자들은 보고 있다. 그러나 이러한 생산양식은 오늘날까지 결코 현실화된 적이 없다.

(2) 생산수단의 공유

사회주의적 생산양식에서는 생산수단이 자본가에 의하여 독점화되는 것이 아니라 사회구성원 모두에 의하여 공유된다고 보고 있다. 현실적으로 자본주의적 생산양식에서 민간 신용제도의 발달과 국가 신용의 확대는 생산수단의 사적 소유의 측면을 약화시키고 그것의 사회적 소유의 측면을 강화시키고 있는 실정이다. 자본주의에서 은행이 기업에 대부하는 화폐자본이나 증권시장을 통해 주식회사가 조달하는 화폐자본은 모두 사회 전체의 유휴자금을 동원한 것이고, 국가가 각종 사업에 제공하는 지원금융은 모든 국민들로부터 징수한 세금에 의거하고 있다. 과학기술의 발달에 의한 생산규모의 거대화는 개별자본가들의 자본소유 한도를 능가

하는 규모의 자본을 필요로 하기 때문에 자본가적 기업은 점점 사회 전체의 자금에 의존하지 않을 수 없게 된 것이다.

지금의 자본가 특히 소수의 대자본가는 사회적 자금으로 개인적 재산을 증식시키는 것에 불과하다는 것이 사회주의적 시각이다. 그래서 사회주의자는 모든 생산수단은 그 진정한 소유자인 사회구성원 모두에게 귀속되고 모든 생산수단은 사회구성원 모두의 복지를 위하여 사용되어야만 한다는 것이다. 생산수단의 공유는 이처럼 자본주의적 생산양식의 모순적 경향이 해결되는 형태에 불과한 것으로 사회주의자들은 보고 있다.

(3) 계획경제

생산수단이 자본가의 이윤추구에 사용되고 있는 자본주의적 생산양식에서는 생산은 이윤과 이윤율에 의하여 결정될 것이다. 불황기에 우리들은 각종의 생산요소들을 대규모로 유휴하고 낭비하게 된다. 이것은 결국 이러한 생산요소들을 구입하여 생산활동을 계속하면 손실을 입게 된다는 것이 자본가의 생각이기 때문이라고 사회주의자들은 보고 있다. 소수의 독점적 대자본가들의 이윤 때문에 다수의 국민들이 실업과 빈곤과 좌절감을 경험해야 한다는 것은 결코 민주주의가 아니며 자본가의 독재라는 것이 사회주의자들의 생각이다. 자본주의적 생산양식에서의 생산의 기본 목적과 기본 동인이 이윤추구이기 때문에 자본가의 이윤동기를 충족시키지 못하는 모든 생산요소들은 과잉상태에 빠지지 않을 수 없는 것이 자본주의 현실인 것은 사실이다.

사회주의자들은 사회주의적 생산양식에서는 생산수단의 공유를 기초로 모든 생산수단을 사회구성원의 복지와 인격향상을 위하여 사용하게 된다고 본다. 이들은 무정부적인 생산에서 나타나는 생산요소의 낭비를 극복하기 위하여 사회구성원의 필요에 적합하게끔 생산수단의 부문별 배분을 계획한다. 사적 노동이 상품의 유통을 통해서만 사회적 인정을 받아 사회적 노동으로 되는 것이 아니라 사회적 노동의 필요량을 각각의 사회구성원에게 분담시키기 때문에 사적 노동은 처음부터 사회적 노동의 일부를 구성하게 되는 것이다. 각 산업간 및 동일 산업내의 부문간 상호 의존관계가 사회 전체적으로 정확히 파악되며, 생산·교환·분배·소비 사이의 균형이 집중적 계획에 의하여 보증될 수 있다.

과학기술의 발달과 기술혁신은 노동자들의 필요노동시간의 단축과 잉여노동의 확대를 위한 것이 아니라 노동자들의 총노동시간 그 자체를 단축시켜 노동자들의 여가시간을 증가시키는 데 기여하게 될 것이라고 사회주의자들은 생각한다. 자본주의적 생산양식에서 발달한 생산력을 계획적이고 합리적으로 이용한다면 생산력의 더욱 큰 발달을 이룩할 수 있다는 것이 사회주의자들의 근본 생각이다. 이것은 사회구성원의 정신적·물질적 필요를 충족시켜 사회구성원의 다양한 능력을 개발함으로써 새로운 수준의 생산력의 발달과 문화의 창달을 달성할 수 있게 한다고 사회주의자들은 생각한다.

앞에서 설명한 사회주의 경제운영원리는 사유재산 부정, 의사결정의 집중화, 큰 정부의 추구, 정부의 명령에 의한 메커니즘 등이 포함된다. 사회주의자들의 이러한 이상적인 생각에도 불구하고 현실의 사회주의는 비효율적으로 국가를 운영하여 지속적으로 어려움에 직면하고 있으며 그에 따라 변화를 거듭하고 있다.

제 3 절 혼합경제체제

오늘날 자본주의국가들은 사유재산제도와 시장경제의 골격을 유지하면서 경제안정과 분배구조개선을 위하여 정부간섭과 경제통제를 행하고 있다. 한편 사회주의국가들은 계획경제의 틀을 유지하면서 유인제도

(incentive system)와 사유재산제도를 부분적으로 도입하여 경제적 효율을 높이려고 노력하고 있다.

개인주의를 기본 이념으로 하는 자본주의체제는 이 체제가 개인의 자유, 인권, 정치적 민주주의 등을 확산시킨다고 주장한다. 반면에 사회적 균형과 조화를 기본 이념으로 하는 사회주의체제는 소득분배의 균형, 사회적 목적의 달성, 고용과 경제안정을 이 체제의 중요한 성과로 간주한다. 그런데 양체제는 나름대로의 비효율과 비정의의 측면을 가진다.

마르크스의 주장대로라면 기존의 자본주의 경제체제를 유지하던 국가들 중에는 순수한 역사적 과정을 거쳐 사회주의체제로 이행한 나라가 있어야 했으나 그러한 나라는 없는 실정이다. 오히려 사회주의를 거쳐 공산주의사회를 건설할 수 있다고 주장하던 국가들이 현재 자본주의체제로 속속 전환하고 있다. 특히 1990년대 들어 사회주의 종주국이라 할 구소련의 붕괴와 중국의 시장경제의 도입은 이를 뒷받침한다. 중국은 아직도 많은 면에서 정부의 통제가 강한 것은 사실이나 국영기업의 민영화, 능력에 따른 소득의 달성, 시장에서의 가격의 결정 그리고 개인의 부의 축적 등과 같은 자본주의의 문제로 지적하였던 것을 지속적으로 도입하고 있는 실정이다.

한편 부익부 빈익빈의 자본의 논리가 철저하게 적용되던 자본주의 사회에서도 사회보장제도 등의 사회주의적 요소를 도입한 지 오래이다. 자유경쟁시장원리가 최선이 아니며 최적의 자원배분을 가져오지 못한다는 것도 이미 지적한 바 있다. 이를 해결하기 위해서 정부의 시장개입이 불가피하게 받아들여진 지 오래이다.

"인류의 정치적 문제는 경제적 효율, 사회적 정의, 개인의 자유 세 가지를 조합하는 것"이라고 케인즈(J. M. Keynes)는 말하였다. 지구상에 수많은 이념과 제도가 존재해 왔던 이유는 이러한 문제에 대한 견해와 그것을 해결하는 방도가 서로 다르게 이해되었기 때문이다. 시장경제를 도입한 사회주의와 사회주의적 요소를 도입한 자본주의를 모두 혼합경제

(mixed economy)라 한다. 오늘날 자유시장경제라고 불리는 선진자본주의 경제는 자본주의를 주축으로 하고 정부의 규제·조정기능을 보완적으로 활용하는 혼합경제이다. 반면 동구권과 구소련, 즉 러시아 등은 사회주의 경제에서 자본주의경제로 전환하고 있는 나라이기 때문에 체제전환국(country in transition)이라 할 수 있다. 또한 사회주의국가 중 중국과 베트남은 개혁과 개방을 통해 '사회주의 시장경제'를 내세워 사회주의 하에서 자본주의를 지속적으로 확산시켜가고 있다. 그런 측면에서 이들 국가들도 혼합경제체제를 통한 체제전환국으로도 볼 수 있다. 최근 미얀마와 라오스도 체제변화를 시도하고 있기 때문에 나머지 남은 북한과 쿠바의 변화도 얼마 남지 않았다고 볼 수 있다. 이런 측면에서 혼합경제란 자본주의경제의 모순을 보완하는 시장경제로 볼 수 있다.

그러나 자본주의와 사회주의 양체제는 과정상의 문제를 수정하면서 현실에 접근해야 한다. 어느 체제이든 가장 중요하게 여길 것은 이념이나 사상이 아니라 그 시대를 살아가는 사람들에게 상향되고 안정된 삶을 추구할 수 있는 방향을 제시함과 동시에 그것을 실천하여야 한다는 것이다.

보론 5 마르크스(Karl Heinrich Marx, 1818~1883)

칼 마르크스

마르크스는 독일의 경제학자이며 정치학자로 변증법적 유물론 및 과학적 경제학의 정립자이다. 그는 헤겔(Georg Wilhelm Friedrich Hegel)의 영향을 받아 무신론적 급진 자유주의자가 되었다. 엥겔스(Friedrich Engels)와 경제학 연구를 같이 하며 집필한 저서 『독일 이데올로기(The German Ideology, Die deutsche Ideologie)』에서 유물사관을 정립하였고, 『공산당선언(Manifesto of the Communist Party, Manifest der Kommunistischen Partei)』을 발표하여 사회주의 혁명을 주도하였다. 그는 주요 저서로 『정치경제학비판 요강(Grundrisse der Kritik der politischen Ökonomie)』, 『자본론(Capital, Das Kapital)』 등을 남겼다.

마르크스는 독일 라인주의 트리에(Trier)에서 유태인 프로테스탄트 가정에서 태어났다. 그의 아버지는 변호사였고 어머니는 네덜란드 귀족 출신이었다. 마르크스는 본 및 베를린 대학에서 수학하였으며 전공은 법률학이었지만 헤겔의 관념론에 머물면서 철학과 역사에 많은 관심을 가졌다. 1841년 예나대학에서 「에피쿠로스(Epikouros)의 철학」에 관한 논문으로 박사학위를 받고 본으로 갔으나 청년헤겔파의 활동가인 바우어(Bruno Bauer)가 대학에서 해직되는 것과 당시 시대적 상황을 보고 대학 교수의 꿈을 포기하였다. 마르크스는 1842년 「라인신문」에서 편집을 한 뒤 주필로 활동하였다. 그리고 이 신문을 혁명적 민주주의의 기관지로 바꾸어 놓았다.

마르크스는 관념론적 헤겔과 무신론적 급진자유주의 청년헤겔파로부터 이탈하여 포이에르바하(Ludwig Feuerbach)의 유물론으로 현실에 관한 경제 연구로 나아갔다. 그는 혁명적 민주주의에서 프롤레타리아(무산계급, proletariat) 공산주의로 사상을 옮겨 노동자 계급의 입장으로 혁명적 변화를 수행하게 된다. 사상의 변화를 하게 되는 배경은 프롤레타리아 계급투쟁의 진전, 프로이센에서 섬유 노동자의 투쟁 그리고 파리에서의 경험을 중심으로 마르크스 자신의 혁명적 투쟁에의 참가가 커다란 원인으로 작용한 것 같다.

1843년 「라인신문」이 폐간된 후 마르크스는 프로이센 귀족의 딸인 예니(Jenny Marx)와 결혼한 후 파리로 옮겨 경제학과 프랑스 사회주의를 연구하였다. 1842년에 처음 만났던 엥겔스와 파리에서 재회하였고 그의 조언에 따라 영국 경제 연구의 중요성을 인식하게 된다. 마르크스와 엥겔스 두 사람은 새로운 세계관을 창조하며 집필도 같이 하곤 한다. 이후 마르크스는 다양한 집필활동을 통해 프롤레타리아의 역사적 역할, 사회혁명의 필연성 그리고 노동운동과 과학적 세계관의 결합의 필요성을 강조하였다.

이러한 과정을 거쳐 마르크스주의는 종합적인 과학으로서 통일적으로 나타나게 된다. 1845년 독일의 요청에 의하여 파리에서 추방된 마르크스는 브뤼셀로 가게 되고 독일국적을 포기한다. 1847년에 마르크스는 비밀결사인 '공산주의자동맹'의 기틀을 잡고 공산주의자동맹 제2차 대회에서 적극적으로 활동했다. 드디어 1848년 유명한 『공산당선언』을 발표한다. 마르크스는 독일혁명기인 1848~49년 「신라인신문」의 주필로 활동하고 혁명 전선에 참여하지만 독일혁명은 실패로 끝난다. 그는 독일에서 추방당한 후 런던에서 망명 후 생활하다가 사망한다. 마르크스의 삶의 마지막 10년은 만성적인 정신적 침체에 빠져 있었고 최후의 수년간은 많은 시간을 휴양지에서 보낸다. 1881년 아내의 죽음과 1883년 딸의 죽음으로 충격을 받고 1883년 런던에서 엥겔스가 지켜보는 가운데 64세로 일생을 마쳤다.

마르크스는 독일에서 추방된 뒤에도 노동운동을 계속하고 1864년에 제1인터내셔널을 창립하였다. 이 조직을 중심으로 여러 나라에서 노동운동 세력을 결합하고 사회주의자들을 통일시켜 사회운동을 지속적으로 하였을 뿐만 아니라 그 이론의 제공을 통해 이론의 발전까지 이룩하였다. 이 때 주로 집필한 내용들은 1850년 『프랑스에서의 계급투쟁』, 1852년 『루이 보나파르트의 브뤼메르 18일』, 1871년 『프랑스에서의 내전』 그리고 1875년 『고타(Gotha)강령 비판』 등이다.

마르크스는 전 생애에 걸쳐 『자본론』의 집필에 전념했다. 『자본론』은 사회과학에 있어 한 획을 긋는 책일 뿐만 아니라 변증법과 유물론에 있어 그 어느 것과도 비교할 수 없을 정도의 철학적 의의를 지닌다. 이러한 마르크스의 성과는 그 동료 엥겔스와 함께 이후 역사 발전에 큰 공헌을 하고 있다.

보론 6 자본론(Das Kapital, Kritik der politischen Ökonomie)

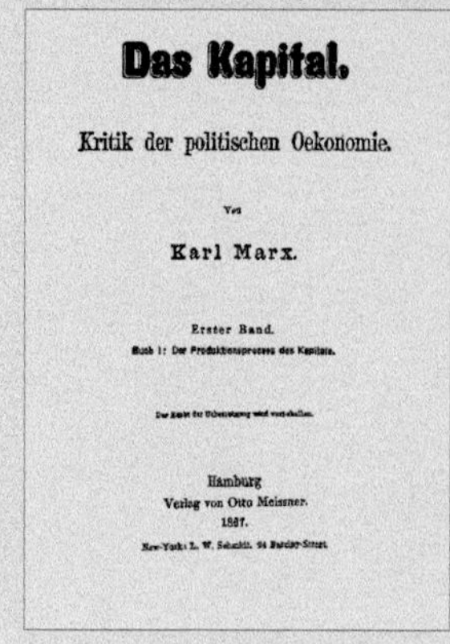

자본론

『자본론』은 1860년대 초반부터 1880년대 초반까지 마르크스(Karl Heinrich Marx)에 의해서 집필된 총 3권의 경제학 저서이다. 총 3권 중 제1권은 1867년에 마르크스가 직접 출판하였고 제2권과 제3권은 마르크스 사후 엥겔스(Friedrich Engels)가 1885년과 1894년에 각각 출판하였다. 현재 『자본론』은 이상의 총 3권이다. 제4권에 해당하는 『잉여가치학설사(Theorien über den Mehrwert)』는 1900년대 초 카우츠키(Karl Johann Kautsky)가 편집하여 출판하였다. 그리고 1900년대 중반 마르크스 · 레닌주의 연구소에서 『자본론 속편』을 새로 편집하여 간행하였다. 마르크스는 『자본론』을 통해 부르주아(유산계급, bourgeoisie) 사회의 생산과정은 고전파의 생각과 다를 뿐만 아니라 자연적 질서가 아닌 역사적 결정체이며 변혁 가능한 대상이라는 것을 이론적으로 증명하려고 하였다. 즉, 공산주의의 과학적 근거를 제시하려는 것이 『자본론』의 과제였다. 결국 마르크스는 자본주의의 생성 · 발전 · 소멸의 여러 과정을 역사적으로 파악하고 자본주의에서 공산주의로의 이행의 필연성을 논증함으로써 엥겔스와 함께 과학적 방법론을 확립하려 했다. 이러한 과정을 설명하기 위하여 마르크스는 변증법적 논리를 통해 전체 책을 쓴 것이 큰 특징이다. 『자본론』은 자본주의 사회의 경제적 운동법칙을 명확히 하기 위하여 그것을 가장 간단하게 설명하였을 뿐 아니라 모순의 출발점이라고 생각한 상품분석에서부터 시작한다. 그리고 그는 자본을 자본가와 임금노동자가 생산과정에서 맺는 사회적 관계라고 정의하고 잉여가치의 의미를 해석하고 잉여가치가 자본으로 전환하는 과정을 분석했다. 여기에서는 이를 설명한 『자본론』의 총 3권의 구성만 간략히 살펴본다.

『자본론』의 제1권 자본의 생산과정은 상품 · 화폐 · 자본 · 잉여가치의 생산과정과 자본주의적 축적을 설명하고 있다. 즉, 제1권에서는 생산과정에 투입된 자본이 잉여가치를 생산하는 방법, 자본 축적이 이루어지는 방법 그리고 자본주의적 생산관계가 형성되어 유지되고 있는 방법을 분석적이고 역사적 도구를 통해 규명하고 있다. 제2권 자본의 유통과정은 자본순환의 제형태, 자본의 회전 그리고 사회총자본의 재생산과정을 분석하고 있다. 즉, 제2권에서는 다음의 내용들을 설명하고 있다. 먼저, '자본의 제형태와 순환'에서는 자본이 화폐자본, 생산자본, 상품자본의 형태로 변화하면서 순환하는 여러 과정들을 분석하고 설명하고 있다. 둘째, '자본의 회전'을 설명하기 위하여 자본의 순환이 반복되는 과정인 자본의 회전을 통해서 자본의 회전수와 회전기간이 잉여가치에 미치는 영향을 규명하고 있다. 셋째, '사회적 총자본의 재생산과 유통'에서는 개별 자본의 총합인 총자본의 운동과정을 탐구를 통해 I부문(생산수단의 생산 부문)과 II부문(소비수단의 생산 부문)의 연계관계를 고찰한다. 제3권 자본주의적 생산의 총과정은 생산가격 · 이윤 · 이자 · 지대를 통한 잉여가치의 분배법칙과 자본주의사회의 제계급 등으로 구성되어 있다. 제3권에서는 다음의 내용으로 분석하고 있다. 먼저, 자본가가 잉여가치나 잉여가치율보다 이윤이나 이윤율에 더 많은 관심을 갖는 이유를 설명하고 이윤의 원천이 잉여가치임을 재강조한다. 그리고 '이윤의 평균이윤으로 전환'에서 자본간의 경쟁을 통해 각 부문들간에 평균이윤율이 만들어지는 과정을 설명한다. 둘째, '이윤율 저하경향의 법칙'의 분석을 통해 자본축적이 진행되면 이윤율이 저하하는 경향을 설명하면서 이를 상쇄하는 측면도 규명하고 있다. 그리고 자본주의의 모순은 이윤율 저하경향 때문에 더욱 심화되고 있다는 것도 설명한다. 셋째, 상업 자본이 획득하는 상업 이윤의 원천은 산업 자본의 이윤이 되고, 이자의 원천이 산업 자본의 이윤이 되고 그리고 지대나 차액 지대의 원천이 산업 자본의 이윤이 됨을 설명한다. 그러나 이들 이윤들은 궁극적으로 생산과정에서 투입된 노동력에서 나온 것이라고 설명한다. 마르크스는 결국 '수입과 그 원천'의 내용의 분석을 통해서 이윤, 지대, 임금의 주요 원천이 노동력임을 다시 설명한다.

연 | 습 | 문 | 제

1. 다음 중 현대자본주의의 특징이 될 수 없는 것은?

① 정부의 경제적 개입의 증대 ② 물가 상승의 감소
③ 완전경쟁시장 ④ 경영과 소유의 분리

2. 마르크스와 관련이 없는 용어는?

① 자본론 ② 일반이론
③ 노동가치설 ④ 잉여가치설

3. 다음 중 자본주의와 관련이 없는 용어는?

① 생산수단의 사회화 ② 자유경쟁체제
③ 국가간섭의 최소화 ④ 분권화

4. 자본주의체제란 "서로 다른 두 인구군, 즉 생산수단의 소유자와 생산수단을 소유하지 않은 노동자가 시장에서 결합되어 함께 활동하고 그리고 영리주의와 경제적 합리주의에 의해서 지배되는 하나의 유통경제적 조직이다"라고 정의한 학자는?

① 마르크스 ② 스미스
③ 리카도 ④ 좀바르트

5. 다음 중 자본주의 특징과 관련이 없는 용어는?

① 사유재산제도의 보장 ② 자유경쟁의 원칙
③ 사적 이윤추구의 원리 ④ 큰 정부 구현

6. '혼합경제체제'와 관련이 있는 학자는?

① 케인즈 ② 맬더스
③ 스미스 ④ 마르크스

7. 자본주의 발전단계로 구분하는 순서 중 맞는 것은?

① 상업자본주의-산업자본주의-독점자본주의-국가독점자본주의-복지국가
② 산업자본주의-상업자본주의-독점자본주의-국가독점자본주의-복지국가
③ 산업자본주의-복지국가-상업자본주의-독점자본주의-국가독점자본주의
④ 상업자본주의-복지국가-산업자본주의-독점자본주의-국가독점자본주의

8. 다음 용어 중 '기업결합이라고도 하며 법률적으로 독립하고 있는 몇 개의 기업이 출자 등의 자본제휴를 기초로 하는 지배·종속 관계에 의해 형성되는 기업결합체'를 의미하는 용어는?

① 카르텔　　② 트러스트
③ 콘체른　　④ 셔먼법

해설 반트러스트법: 1890년 미국연방의회에서 각주간 또는 국제거래에서 독점 및 거래제한을 금지하기 위하여 제정된 법률

9. 다음 ( )안에 알맞은 용어는?

재화와 용역을 구입하기 위한 금전적 지출을 수반한 것을 ( )라 한다.

① 수요　　② 유효공급
③ 분배　　④ 유효수요

10. 다음 사람 중 마르크스와 직접 연관성이 없는 사람은?

① 포이에르바하　　② 리카도
③ 엥겔스　　④ 헤겔

11. 다음 중 생산수단과 가장 가까운 것은?

① 노동　　② 자본

③ 기술 ④ 화폐

12. 다음 중 자본주의의 특징이 아닌 것은?

① 임금노동자의 존재 ② 자본의 존재 여부
③ 재산의 사유화 ④ 생산의 무계획성

13. 현대의 생산이 우회생산으로 된 원인은 다음 중 어느 것인가?

① 기술이 발달 ② 분업의 발달
③ 인구의 증가 ④ 노동자의 숙련도 증가

14. 마르크스(K. Marx)가 연구한 사회는?

① 사회주의 ② 공산주의
③ 자본주의 ④ 봉건주의

15. 마르크스(K. Marx)와 관련이 없는 용어는?

① 방법론적 개인주의 ② 이윤율 저하법칙
③ 자본의 유기적 구성의 고도화 ④ 산업예비군의 발생

해설 자본의 유기적 구성의 고도화: 산업발달에 따라 노동(가변자본)은 기계(불변자본)에 의하여 대체되므로 가변자본에 대한 불변자본의 비율 $\left(\frac{\text{가변자본}}{\text{불변자본}}\right)$이 높아져가는 현상

16. 다음 ( )안에 알맞는 용어는?

> 마르크스는 자본주의의 생성·발전·소멸의 필연적 과정을 ( )으로 설명하면서 자본주의의 필연적 몰락을 예언하였고, 또한 노동가치학설에서 ( )의 발생을 설명하고 이를 중심으로 하여 자본주의의 제모순에 관한 내용들을 유도해 내었다.

① (변증법적 유물론, 잉여가치) ② (관념적 유물론, 이윤)
③ (변증법적 유물론, 이윤) ④ (관념적 유물론, 잉여가치)

17. 자본주의의 특징을 '이윤획득을 목적으로 상품생산이 이루어진다는 점, 노동력이 상품화된다는 점, 생산이 무계획적으로 이루어진다는 점' 등으로 본 사람은?

① 좀바르트　② 마르크스
③ 아담 스미스　④ 막스 베버

18. 근대자본주의를 '직업으로서 합법적 이윤을 조직적·합리적으로 추구하는 정신적 태도'라고 정의한 사람은?

① 좀바르트　② 마르크스
③ 아담 스미스　④ 막스 베버

19. 다음 중 자본주의의 특징이 아닌 것은?

① 사유재산제도의 보장　② 자유경쟁의 원칙
③ 시장경제의 원칙　④ 공적 이윤 추구의 원칙

20. 산업혁명을 거쳐 산업자본이 확립된 초기 산업자본주의와 관련이 없는 용어는?

① 유휴수요　② 공장제수공업
③ 값싼 정부　④ 야경국가

21. 다음 용어 중 '기업 상호간의 경쟁의 제한이나 완화를 목적으로 동종 또는 유사산업 분야의 기업간에 결성되는 기업담합형태'를 의미하는 용어는?

① 카르텔　② 트러스트
③ 콘체른　④ 셔먼법

22. 다음 용어 중 '기업합동 혹은 기업합병이라고도 하며 동일산업 부문에서의 자본의 결합을 축으로 한 독점적 기업결합'을 의미하는 용어는?

① 카르텔　② 트러스트
③ 콘체른　④ 셔먼법

23. 다음 중 전국민을 대상으로 사회보험과 국민부조제도를 통해 국민최저생활 수준을 최대한 보장해주는 고부담-고복지를 해주는 복지국가의 형태는?

① 북유럽 국가형 ② 유럽대륙 국가형
③ 영미권 국가형 ④ 지중해권 국가형

24. 다음 중 직장별 사회보장제도를 통한 사회적 최저생활수준을 보장해주는 중부담-중복지를 해주는 복지국가의 형태는?

① 북유럽 국가형 ② 유럽대륙 국가형
③ 영미권 국가형 ④ 지중해권 국가형

25. 다음 중 사회주의체제와 관련이 없는 특징은?

① 국가 중심의 계획경제 ② 공동소유의 원칙
③ 의사결정의 분산화 ④ 큰 정부를 지향

26. 다음 내용 중 관련이 없는 것은?

① 공산당선언 ② 자본론
③ 변증법적 유물론 ④ 값싼 정부

27. 다음 내용 중 자본론과 관련이 없는 내용은?

① 자본주의 생산과정을 자연적 질서가 아닌 역사적 결정체이며 변혁 가능한 대상이라는 것을 이론적으로 증명하려고 하였음
② 자본론은 1860년대 초반부터 1880년대 초반까지 마르크스에 의해서 집필된 경제학 저서이다.
③ 총3권 중 제1권은 1867년에 마르크스가 직접 출판하였고 제2권과 제3권은 마르크스 사후 엥겔스가 1885년과 1894년에 각각 출판하였다.
④ 마르크스는 자본을 경영자와 임금노동자가 생산과정에서 맺는 사회적 관계라고 정의하고 잉여가치의 의미를 해석하고 잉여가치가 자본으로 전환하는 과정을 분석하였다.

제3장

수요와 공급이론

제 1 절 수요이론

1. 수요의 개념

수요(demand)란 소비자가 일정 기간에 재화나 용역을 구매하고자 하는 의욕이나 욕구를 말한다. 수요량(quantity demanded)은 소비자가 구매하고자 하는 재화나 용역의 양을 나타낸다. 이러한 의미에서 두 개념은 다음과 같은 중요한 성질을 갖는다.

먼저 수요란 소비자들이 구매하려고 하는 의도를 나타낸다. 따라서 수요량 역시 주어진 조건에서 소비자가 재화를 얼마나 구매하려고 하는가를 나타내는 의도된 양이지 결코 소비자가 실제로 구매하는 양을 지칭하는 것은 아니다. 바꾸어 말하면 수요량이란 용어는 의도된 구매량을 지칭하는 것이며, 그 재화의 존재량 또는 실제 구매량과 직접적인 관계는 없는 것이다.

둘째, 수요는 일정 시점에서의 구매를 의미하는 저량(stock)이 아니라 일정 기간의 구매 흐름 즉 유량(flow)을 의미한다. 그러므로 수요는 일정 기간 당 얼마라는 식으로 표현되어야 한다.

수요는 개별수요(individual demand)와 시장수요(market demand)로 구분된다. 개별수요란 개인 또는 개별기업의 수요를 의미하고, 시장수요는 각 개별수요들을 수평으로 합계한 것을 말한다.

2. 수요함수의 구성

수요함수(demand function)는 특정 재화의 수요량에 영향을 주는 요인들과 그 재화에 대한 수요량과의 일정한 수학적인 관계를 의미한다. 일반적으로 어떤 재화 또는 용역에 대한 수요에 비교적 강한 영향력을 미치는 요인들로서는 ① 그 재화의 시장가격, ② 타재화의 가격, ③ 소비자의 소득수준, ④ 소비자의 기호 및 선호의 변화, ⑤ 인구의 크기와 인구구성, ⑥ 소비자들간의 소득 분포, ⑦ 광고, ⑧ 생산기술의 변화 등이 있다. 이 요인들을 다음과 같은 함수 형태로 나타낼 수 있다.

$$D_n = f(P_n,\ Y,\ N,\ T,\ P_1 \cdots\ P_{n-1},\ A,\ E,\ \cdots) \qquad (3\text{-}1)$$

여기서 D_n은 n재화의 수요량, P_n은 n재화의 가격, Y는 소비자의 소득, N은 인구, T는 소비자의 기호 및 선호, $P_1 \cdots P_{n-1}$은 타재화의 가격, A는 광고, E는 소비자의 예상 등의 요인들을 나타내 준다.

그러나 수요에 영향을 미치는 여러 요인들을 모두 분석하는 것은 대단히 어렵기 때문에 흔히 '다른 조건은 일정불변이다(ceteris paribus)'라 가정하고, 수요함수를 다음과 같이 간단히 표현할 수 있다.

$$D_n = f(P_n) \qquad (3\text{-}2)$$

이 식은 수요에 가장 큰 영향을 미치는 해당 재화의 가격과 수요량 간의 관계를 나타내 준다.

3. 수요곡선

일정 기간에 있어서 어떤 재화의 시장가격과 그 재화의 수요량 사이에 존재하는 어떤 확정된 관계를 수치로 표시한 것을 수요표(demand schedule)라 한다. 그리고 이 수요표 위에 있는 가격과 수요량과의 각 조합을 평면좌표 상에 표시하면 우하향하는 수요곡선(demand curve)을 얻을 수 있다.

[그림 3-1]에서는 수요표를 통해서 수요곡선을 도출하고 있다. 수평축에는 재화의 수요량(Q)을 수직축에는 재화의 가격(P)을 나타내고 있다. 수요곡선상의 b점이 c점으로 변하면, 즉 가격이 4단위에서 3단위로

표 3-1 수요표

조 합 점	단위 가격	수 요 량
a	5	35
b	4	45
c	3	60
e	2	80
f	1	110

내리면 해당 수요량은 45단위에서 60단위로 늘어난다. 반대로 수요곡선상의 *e*점이 *c*점으로 변하면, 즉 가격이 2단위에서 3단위로 오르면 수요량이 80단위에서 60단위로 줄어듦을 볼 수 있다. 재화의 가격이 오르면 그 재화의 수요량이 줄어들고, 반대로 재화의 가격이 내리면 그 재화의 수요량이 늘어난다는 일반적인 사실을 [그림 3-1]에서 잘 나타내 주고 있다.

이 그림에서 한가지 염두에 두어야 할 것은 일반 수학에서처럼 독립변수를 수평축에 종속변수를 수직축에 나타내지 않는다는 것이다. 경제학에서는 논의의 편의를 위해 독립적으로 변하는 변수를 수직축에 종속

그림 3-1 수요곡선과 수요량의 변화

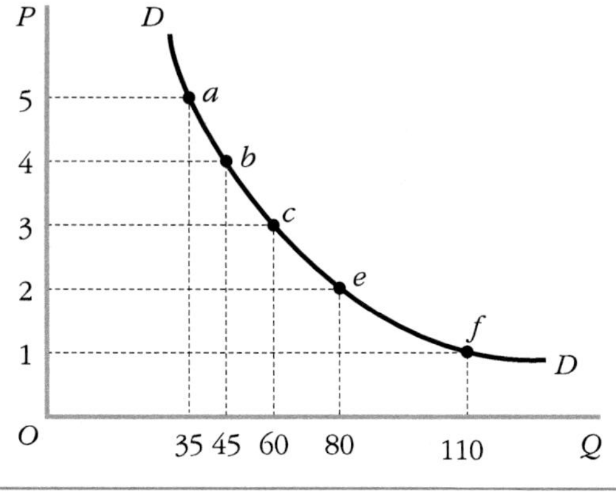

적으로 변하는 변수를 수평축에 위치시킨다. 식 (3-1)과 (3-2)에서 보았듯이 수요량은 가격의 변화에 따라서 변한다. 따라서 [그림 3-1]에서는 수평축에는 종속변수인 재화의 수요량을 나타내고 수직축에는 독립변수인 재화의 가격을 나타내고 있다.

[그림 3-1]의 *DD*곡선과 같이 수요곡선이 우하향한다는 것은 가격이 높으면 높을수록 사람들이 보다 적게 구입하려 하고 가격이 낮으면 낮을수록 보다 많이 구입하려고 한다는 사실을 나타내 주는 것이다. 이러한 사실을 수요의 법칙(law of demand)이라 한다.

4. 수요량의 변화와 수요의 변화

수요곡선은 다른 재화의 가격이나 소득이 일정하다는 가정 하에서 그 재화의 가격이 변할 때 수요량이 어떻게 변하는가를 나타내고 있다. 그렇기 때문에 일정하다고 가정한 다른 재화의 가격이나 소득이 변한다면 수요곡선의 모양 자체가 달라져야 할 것이다.

여기서 수요곡선상의 이동과 수요곡선 자체의 이동을 구별할 필요가 있다. [그림 3-2]에서 수요곡선 위에서의 이동, 즉 *DD*곡선 위에서의 이동은 다른 조건이 일정하다고 할 때 해당 재화의 가격이 변한 경우에 발생한다. [그림 3-2]에서처럼 가격이 P_e에서 P_2로 상승한 경우 수요량은 Q_e에서 Q_2로 줄어들고, 반대로 가격이 P_e에서 P_1으로 하락한 경우 수요량은 Q_e에서 Q_1으로 늘어난다는 것이다. 이와 같이 가격이 변화함에 따라 동일 수요곡선 위에서 이동하는 것을 수요량의 변화라 한다. 수요의 변화란 [그림 3-2]에서 수요곡선이 *DD*에서 $D'D'$로 이동하는 것을 의미하는 것으로, 이는 소득의 변화와 같이 수요의 법칙 이외의 요인에 의한 수요량의 변화가 일어난 경우에 발생한다. 결국 수요량의 변화란 어느 한 수요곡선 위에서 이동하는 것을 의미하며 수요의 변화란 수요곡선 자체가 이동하는 것을 의미한다.

그림 3-2 수요량의 변화와 수요의 변화

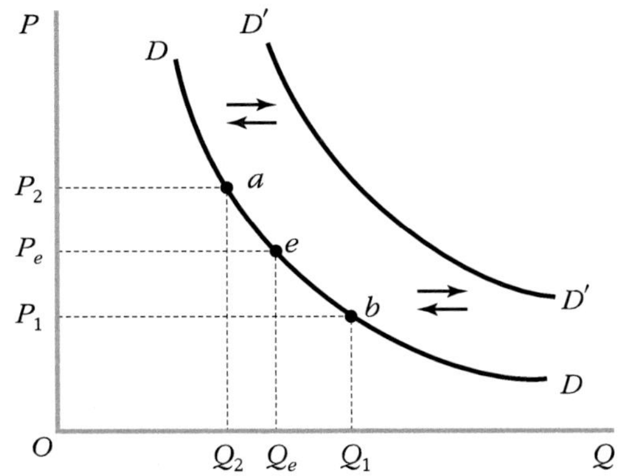

그러면 왜 가격의 변화는 수요곡선상에서 이동을 가져오는데 소득의 변화는 수요곡선 자체의 이동을 가져오는가? 그것은 소득이 일정하다고 가정하고 [그림 3-2]에서처럼 가격이 P_e에서 P_2로 상승한 경우 수요량은 Q_e에서 가격의 변화에 따른 수요의 변화만을 관찰해서 수요곡선을 그렸기 때문이다. 소득뿐만 아니라 그 재화의 가격 이외 요인의 변동에 따른 경우에 수요곡선 자체의 이동이 일어난다. 이와 같이 수요곡선 자체의 이동(shift)을 가져다주는 요인은 다음과 같은 것이 있다.

(1) 소득의 변화

가계소득이 증가하였을 때에는 정상적인 재화의 경우에는 재화에 대한 수요는 증가한다. 즉, 가계소득이 증가하면 각 가격수준에서 수요되는 수요량이 증가하므로 수요곡선은 [그림 3-2]에서 보는 바와 같이 수요곡선은 DD에서 $D'D'$로 우측 이동(shift)한다. 반대로 가계소득이 하락하면 각 가격수준에서 수요되는 수요량이 감소하므로 수요곡선은 좌측으로 이동한다.

소득의 증가에 따라 수요가 증가하는 상품을 정상재(normal goods)

또는 상급재(superior goods)라 한다. 반면 소득의 증가에 따라 수요가 감소하는 상품을 열등재 또는 하급재(inferior goods)라고 한다. 그 예로는 쇠고기와 돼지고기, 쌀과 보리쌀, 운동화와 고무신 등을 들 수 있다.

(2) 타재화가격의 변화

이것은 재화간의 관계가 보완재 혹은 대체재의 관계에 있는가에 따라 그 영향이 달라진다. 한 재화의 가격이 상승하게 될 때 그 재화의 수요량은 감소할 것이고 이에 따라 특정 재화의 수요량이 그 가격수준에서 감소하면 두 재화는 보완관계에 있다고 하고 두 재화를 보완재(complementary goods)라 한다. 그 예로는 커피와 설탕, 자동차와 휘발유, 시계와 시계줄 등이다. 반대로 한 재화의 가격상승이 타재화의 수요를 증가시킬 경우 이 두 재화를 대체재(substitute goods)라 하고, 대체재 상호간에는 대체관계에 있다고 한다. 즉, 한 재화가격의 상승은 대체재의 수요곡선을 우측으로 이동시켜 수요량을 증가시킨다. 그 예로는 인삼차와 홍차, 콜라와 사이다, 돼지고기와 닭고기 등이다.

(3) 기호의 변화

어떤 재화에 대한 소비자들의 선호를 증가시키는 방향으로 기호가 변화되었을 때, 그 재화에 대한 수요는 증가되어 그 재화의 수요곡선은 우측으로 이동하게 된다. 반대로 어떤 재화에 대한 선호를 감소시키는 방향으로 기호가 변화되었을 때, 그 재화에 대한 수요는 감소되어 그 재화의 수요곡선은 좌측으로 이동하게 된다.

(4) 인구 및 인구구성의 변화

인구가 증가하면 각 재화에 대한 수요가 증가하기 때문에 수요곡선은 우측으로 이동하게 된다. 반대로 인구가 감소하면 수요곡선은 좌측으로 이동할 것이다. 또한 인구구성이 변화하면 인구구성에서 차지하는 비중이 크게 된 인구 층이 선호하는 재화의 수요는 증가하고 그 반대인 경우는 수요가 감소하여 수요곡선을 각각 우측과 좌측으로 이동시킨다.

제 2 절 공급이론

1. 공급의 개념

공급(supply)이란 일정 기간 어떤 판매자가 재화나 용역을 판매하려는 의욕이나 욕구를 의미한다. 공급량(quantity supplied)이란 실제로 판매한 양을 나타내는 것이 아니라 판매하려고 욕구하는 양을 의미한다. 여기에서 공급은 저량(stock)이 아니라 유량(flow)으로서 측정된 일정 기간의 판매흐름을 의미한다.

2. 공급함수

특정 재화의 공급량과 그 공급량에 영향을 주는 요인들과의 함수관계를 그 재화의 공급함수(supply function)라 한다. 일반적으로 재화의 공급에 영향을 주는 주요 요인으로는 ① 그 재화의 가격, ② 타 재화의 가격, ③ 원료나 노동 등과 같은 생산요소의 가격변화, ④ 기술수준, ⑤ 기업들간의 경쟁상태, ⑥ 기후 등이다. 이러한 사실들을 다음과 같은 함수형태로 나타낼 수 있다.

$$S_n = g(P_n,\ P_1 \cdots P_{n-1},\ F_1 \cdots F_n,\ t,\ C_n, \cdots) \qquad (3\text{-}3)$$

여기에서 S_n은 n재에 대한 공급량, P_n은 n재의 가격, $P_1 \cdots P_{n-1}$은 타 재화의 가격, $F_1 \cdots F_n$은 각 생산요소의 가격, t는 기술수준, C_n은 n재화를 생산하는 기업간의 경쟁상태를 표시한다. 그런데 단기적으로 보아 n재의 공급에 가장 크게 영향력을 미치는 것은 역시 n재의 가격이다.

그러나 공급에 영향을 미치는 여러 요인들을 동시에 분석하는 것은 대단히 어렵기 때문에 흔히 '다른 조건은 일정불변이다(ceteris paribus)'라 가정하고 공급함수를 다음과 같이 간단히 표현할 수 있다.

$$S_n = g(P_n) \tag{3-4}$$

이 식은 공급에 가장 큰 영향을 미치는 해당 재화의 가격과 공급량 간의 관계를 나타내 준다.

3. 공급곡선

특정 기간에 있어서의 어떤 재화의 시장가격과 그 재화의 공급량 간에 존재하는 어떤 확정된 관계를 수치로 표시한 것을 공급표(supply schedule)라 한다. 이와 같은 공급표를 평면좌표에 그린 것을 공급곡선(supply curve)이라 한다. 일반적으로 재화의 공급곡선은 우상향하는 형태를 취한다. 이는 가격이 오르면 공급량이 증가하고 가격이 내리면 공급량이 감소한다는 공급의 법칙(law of supply)을 나타내는 것이다.

[그림 3-3]에서는 공급표를 통해서 공급곡선을 도출하고 있다. 수평축에는 재화의 공급량(Q)을 수직축에는 재화의 가격(P)을 나타내고 있다.

공급곡선상의 h점이 i점으로 변하면, 즉 가격이 4단위에서 3단위로 내리면 해당 공급량은 70단위에서 60단위로 줄어든다. 반대로 공급곡선상의 j점이 i점으로 변하면, 즉 가격이 2단위에서 3단위로 오르면 공급량

표 3-2 공급표

조 합 점	단위 가격	공 급 량
g	5	75
h	4	70
i	3	60
j	2	40
k	1	10

그림 3-3 공급곡선과 공급량의 변화

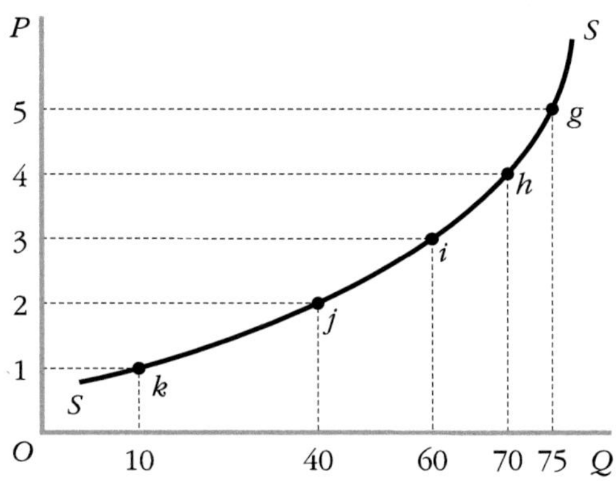

이 40단위에서 60단위로 늘어남을 볼 수 있다.

4. 공급량의 변화와 공급의 변화

여기서 수요에 관한 분석에서와 마찬가지로, 공급곡선상의 이동과 공급곡선 자체의 이동을 구별할 필요가 있다. [그림 3-4]에서 공급곡선상에서의 이동, 즉 *SS*곡선상에서의 이동은 다른 조건이 일정하다고 할 때, 해당 재화의 가격이 변한 경우에 발생한다. [그림 3-4]에서처럼 가격

그림 3-4 **공급량의 변화와 공급의 변화**

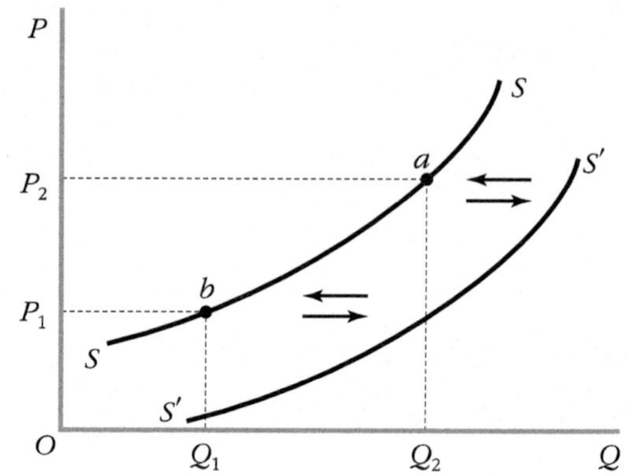

이 P_1에서 P_2로 상승한 경우 공급량은 Q_1에서 Q_2로 늘어나고, 반대로 가격이 P_2에서 P_1으로 하락한 경우 공급량은 Q_2에서 Q_1으로 줄어든다는 것이다. 이와 같이 가격이 변화함에 따라 동일 공급곡선 위에서 이동하는 것을 공급량의 변화라 한다.

공급의 변화란 [그림 3-4]에서처럼 공급곡선이 SS에서 $S'S'$로 이동하는 것을 의미하는 것이다. 그 원인은 타 재화가격의 변화와 같이 공급의 법칙 이외의 요인에 의한 공급량의 변화가 일어난 경우에 발생하게 된다. 결국 공급량의 변화란 어느 한 공급곡선 위에서 이동하는 것을 의미하며 공급의 변화란 공급곡선 자체가 이동하는 것을 의미한다.

공급의 변화를 일으키는 요인들로서는 타재화가격의 변화, 생산요소가격의 변화, 기술수준의 변화, 기업들 간의 경쟁 등이 있다.

(1) 타재화가격의 변화

일반적으로 특정 재화의 공급은 다른 재화의 가격이 하락하면 증가하고 다른 재화의 가격이 상승하면 감소한다. 즉 공급면에서 대체관계에 있는 X재와 Y재의 경우 X재의 가격이 상승(하락)하면 Y재의 공급이 감소(증가)한다.

(2) 생산요소가격의 변화

일반적으로 특정 재화의 생산에 중요한 역할을 하는 생산요소가격의 하락은 생산비를 절감시키므로 그 재화의 공급을 증가시킨다. 그 결과 그 재화의 공급곡선을 우측으로 이동시킨다. 반대로 이러한 생산요소의 가격의 상승은 공급을 감소시켜 그 재화의 공급곡선을 좌측으로 이동시킨다.

(3) 기술수준의 변화

어떤 특정 재화의 생산기술이 진보하게 되면 전술한 바와 같이 공급이 증가한다.

제 3 절 균형가격의 결정

1. 수요·공급의 법칙과 균형가격

다른 조건이 일정불변이라면 한 재화의 수요량 및 공급량의 크기는 모두 그 재화의 시장가격에 의해서 결정된다. 그러면 재화의 수요량과 공급량의 크기를 결정하는 시장가격은 어떻게 결정되는가?

수요와 공급의 분석에서와 마찬가지로 수요·공급표를 통해서 수요와 공급의 균형을 찾을 수 있다. 〈표 3-3〉의 수요·공급표는 앞 절에서 제시된 〈표 3-1〉과 〈표 3-2〉를 합친 것이다. 이 표를 근거로 수요·공급곡선을 하나의 평면에 나타내면 [그림 3-5]와 같다. 그림에서 수요곡선

표 3-3 수요와 공급표

단위 가격	수 요 량	공 급 량
5	35	75
4	45	70
3	60	60
2	80	40
1	110	10

그림 3-5 수요와 공급의 결정

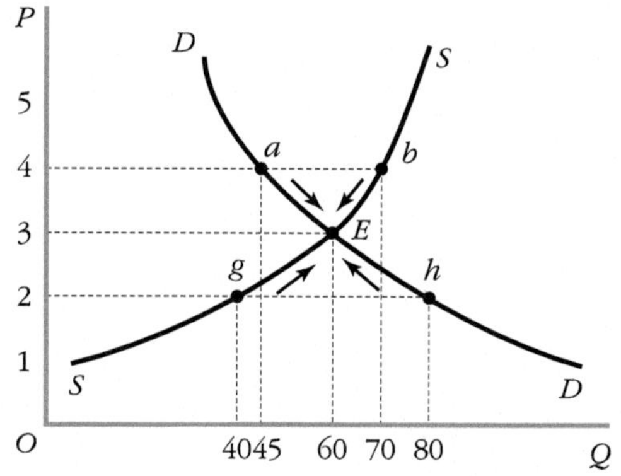

은 *DD*로 나타내고, 공급곡선은 *SS*로 나타낸다. 이 두 곡선이 만나는 점인 *E*점이 시장가격이 결정되는 균형점(equilibrium point)이다.

완전경쟁시장의 경우 시장가격은 수요측 요인과 공급측 요인의 상호작용에 의하여 수요와 공급이 균등해지는 점에서 결정된다. 이러한 가격을 균형가격(equilibrium price)이라 하며, 이 균형가격에 대응하는 수요와 공급량을 균형수급량이라 한다. 이와 같이 수요와 공급이 일치하는 점에서 가격이 결정되는 관계를 수요·공급 균등의 법칙 또는 수요·공급의 법칙(the law of demand and supply)이라 한다. 즉 [그림 3-5]에서 보는 바와 같이 수요곡선(*DD*)과 공급곡선(*SS*)이 교차하는 점(*E*)에서 가격과 수급량이 결정된다는 관계가 수요·공급의 법칙이다.

[그림 3-5]에서 보듯이 가격이 4단위라면 *ab*량(수요·공급표에서 25단위)의 초과공급이 발생한다. 이 경우 시장에서는 공급자들은 재고를 처리하기 위해 가격을 인하시킬 것이고, 이에 맞춰 소비자들은 수요량을 늘려 가게 된다. 이러한 과정이 균형가격수준인 *E*점까지 계속되어 가격은 균형가격인 3단위 가격으로 떨어져 균형이 달성된다.

그리고 가격이 2단위라면 *gh*(수요·공급표에서 40단위)만큼의 초과수요가 발생하게 된다. 이 경우 소비자들은 시장에서 재화 부족으로 해당 재화의 구매 욕구가 높아지게 되어 높은 가격을 주고라도 재화를 구매하려고 하게 되고, 공급자들은 가격에 부응하여 공급량을 늘리게 된다. 이러한 과정은 역시 균형가격수준인 *E*점까지 계속되어 가격은 균형가격인 3단위로 올라가 균형이 달성된다. 이를 종합하여 볼 때 결국에는 균형가격 3단위에 대응하는 균형수급량이 60단위로 결정된다.

2. 균형가격의 변화

균형가격과 균형수급량은 다른 조건이 변화하지 않는 이상 균형상태는 일정불변인데, 가정했던 변수들이 변하게 되면 수요곡선도 이동하고 공급곡선도 이동한다. 그 결과 균형가격과 균형수급량도 변한다. 수요의 증가는 균형가격의 상승과 균형수급량의 증가를 가져오게 하고, 공급의 증가는 균형가격의 하락과 균형수급량의 증가를 가져오게 한다. 그리하여 새로운 수요곡선과 공급곡선이 일치하는 점에서 새로운 균형가격과 균형수급량이 결정된다.

우선 공급은 일정한데 수요가 변하는 경우를 살펴보자.

[그림 3-6]에서 보는 바와 같이 수요곡선 *DD*와 공급곡선 *SS*가 교차하는 *E*점에서 최초의 균형은 P_0와 Q_0으로 이루어진다. 수요를 결정하는 요인 중 일정불변이라고 가정했던 변수들의 변화가 일어나면 수요곡선은

그림 3-6 **수요의 변화와 새로운 균형**

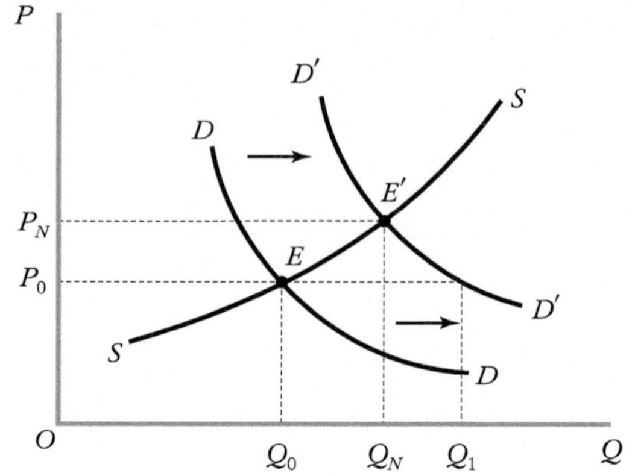

DD에서 $D'D'$로 이동(shift)하게 된다. 이것은 수요의 증가를 나타내는 것으로, 공급곡선이 일정하다면, 균형가격은 P_0에서 P_N으로 인상되고 균형수급량은 Q_0에서 Q_N으로 증가하게 된다.

그럼 수요가 일정할 때 공급이 변화하는 경우를 살펴보자.

[그림 3-7]에서는 수요곡선 DD와 공급곡선 SS가 교차하는 E점에서 최근의 균형은 가격 P_0와 수급량 Q_0으로 이루어진다. 이제 일정불변이라던 공급을 결정하는 변수의 변화로 공급이 증가된다면, 공급곡선은 $S'S'$로 이동(shift)하게 된다. 따라서 새로운 균형점은 DD와 $S'S'$가 만나는 P_N과 Q_N으로 결정되게 된다. 공급의 증가에 따른 새로운 균형에서는 가격이 P_0P_N만큼 하락하고 수급량은 Q_0Q_N만큼 늘어나게 된다. 즉, 수요곡선이 일정할 때, 공급의 증가는 균형가격의 하락과 수급량의 증가를 가져오게 된다.

이상의 논의는 다음과 같이 네 가지 경우로 나누어 설명할 수 있다.

첫째, 공급이 일정하고 수요가 증가하는 경우는 가격이 상승하고 거래량이 증가한다. 둘째, 공급이 일정하고 수요가 감소할 경우는 가격이 하락하고 거래량이 감소한다. 셋째, 수요가 일정하고 공급이 증가할 경우

그림 3-7 공급의 변화와 새로운 균형

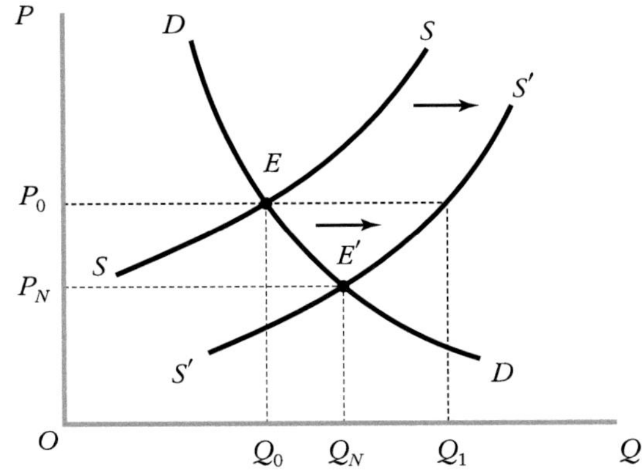

는 가격이 하락하고 거래량이 증가한다. 넷째, 수요가 일정하고 공급이 감소할 경우는 가격이 상승하고 거래량이 감소한다.

이 네 가지 관계는 여러 가지 경제현상을 설명하는 데 아주 중요하게 사용되므로 반드시 이해하고 있어야 한다.

제 4 절 수요·공급법칙의 예외

지금까지 전통적인 소비자선택이론에서는 합리적인 소비자를 가정하였다. 따라서 가격과 소득이 변할 때 선호관계의 구조는 변하지 않는다고 가정하였다. 그러나 선호관계의 구조가 변화할 경우 수요는 어떻게 변할 것인가? 소비자의 선호관계의 구조가 다른 경제주체의 행동에 의하여 영향을 받는 경우를 총칭하여 소비외부성(consumption externalities)이라 한다. 이러한 소비외부성의 예로는 광고와 유행을 들 수 있어 현실적으로 소비자들은 그렇게 합리적이지 못하며, 특히 상품을 수요함에 있어 상호간에 많은 영향을 주고받는다.

위와 같은 선호관계의 변화에 있어서 자기 자신의 소비행위에 의해서만 전적으로 만족도가 결정되는 선호를 이기적 선호(selfish preference)라고 하고, 다른 소비자의 소비행위에 의하여 소비자의 선호가 영향을 받게 될 때 이러한 선호를 비이기적 선호(non-selfish preference)라고 한다.

따라서 선호관계의 변화는 소비자 상호간에 영향을 주고 받게 되며, 그 양상에 따라서 편승효과, 백로효과, 베블렌효과 등으로 분류할 수 있다.

(1) 편승효과(bandwagon effect: 밴드웨곤 효과)

현실 세계에서는 단순히 다른 소비자들이 어떤 상품을 많이 소비하고 있다는 이유만으로 그 상품을 덩달아 소비하는 경우가 많다. 이와 같이 한 소비자의 수요가 다른 소비자들의 소비에 편승하여 이루어지는 경우를 편승효과라 한다. 우리 속담의 "남이 장에 가니까 거름지고 장에 간다"는 것을 설명하고 있는 것이다. 특정 의상이 유행할 때 유행에 따라 그 의상을 모두 수요하는 것이 편승효과의 대표적 예이다.

(2) 백로효과(snob effect: 스노브 효과)

백로효과는 편승효과와는 정반대되는 것으로서 다른 사람들이 어떤 상품을 많이 소비하고 있기 때문에 자기는 그 재화의 소비를 중단하거나 줄이는 경우를 말한다. 백로효과는 자기가 다른 사람들과는 격이 다르다는 것을 과시하고자 할 때 나타난다.

(3) 베블렌효과(Veblen effect)

베블렌효과는 소비자들이 남에게 돋보이고 한번 뽐내고 싶어서 소비하는 경우에 나타난다. 남을 지나치게 의식하거나 허영심이 많은 소비자일수록 베블렌효과가 크다. 베블렌효과가 있으면 그것이 없을 때에 비해 가격이 높은 재화일수록 개별수요도 커지고 시장수요도 커진다. 고급아파트 · 외제자동차 · 밍크코트 · 다이아반지 · 명품가방 등 값비싼 상품을 구입할 수 있는 능력을 과시하기 위해 소비하는 경우가 베블렌효과의 대표적인 예이다. 이 경우 수요의 법칙과 반대로 가격이 비쌀수록 가격이 싼 제품보다 잘 팔리는 명품을 베블렌재라 한다.

흔히 가수요(speculative demand)라고 하는 것은 어떤 상품의 가격상승이 예상되면 그 상품을 꼭 필요한 수량보다 훨씬 많이 구입하여 저장해 두는 현상을 말하는데 사재기라고도 표현된다. 사재기가 심하게 일어나면 물품이 귀해지고 해당 품목의 가격이 폭등하여 경제의 안정기조를 해칠 우려가 있기 때문에 국민경제적으로 해롭다. 이러한 가수요 또는 과소비 현상은 소비자간에 발생하는 위와 같은 효과들의 복합작용에 의하여 발생한다고 볼 수 있다.

(4) 기펜재(Giffen's goods)

가격의 하락(상승)이 오히려 소비량의 감소(증가)를 가져와 수요의 법칙에 위배되는 경우가 있다. 이와 같은 현상을 처음 발견한 사람인 기펜(Robert Giffen)의 이름을 따 기펜의 역설(Giffen's paradox)이라 하고, 기펜의 역설이 나타나는 상품을 기펜재라 한다. 19세기 아일랜드 지방에서 감자가격이 하락하여 구매력이 증가하자 그 동안 주식으로 해 온 감자의 소비를 줄이고 고기 소비를 늘린 사례가 전해지고 있다. 기펜재의 예로 고무신, 연탄 등을 들 수 있을 것이다.

연 | 습 | 문 | 제

1. 보완재란 무엇인가?

① 상호 대체수요가 있는 재화
② 결합하여 수요를 발생시키는 재화
③ 각각의 수요에 영향을 미치지 않는 재화
④ 상호 선택하여 사용하는 재화

2. A재화의 가격이 떨어짐에 따라 B재화의 수요가 증가하는 경우 A재화와 B재화와의 관계는?

① 독립재의 관계　② 보완재의 관계
③ 대체재의 관계　④ 비관련재의 관계

3. A재화의 가격이 떨어짐에 따라 B재화의 소비가 감소하는 경우, A재화와 B재화의 관계는?

① 대체재의 관계　② 보완재의 관계
③ 독립재의 관계　④ 비관련재의 관계

4. 수요곡선상의 이동은?

① 가격에 대한 수요의 선택　② 가격에 대한 수요의 증가
③ 가격에 대한 수요의 감소　④ 가격에 대한 수요의 변화

5. 재화의 수요량 변화에 일반적으로 가장 큰 영향을 미치는 변수는 어느 것인가?

① 가계의 소득변화　② 그 재화의 가격변화
③ 소비자의 기호변화　④ 생산자의 선전활동

6. 수요법칙을 설명하고 있는 것은?

① 재화의 가격이 상승하면 그 재화의 수요량은 감소한다.
② 재화의 수요량이 증가하면 그 재화의 가격은 상승한다.
③ 소득이 증가하면 그 재화에 대한 수요량이 증가한다.
④ 어떤 재화의 가격이 상승하면 다른 재화의 수요량이 늘어난다.

7. 다음 중 수요곡선이 우상향하는 경우는?

① 인구가 증가하여 재화의 구매량이 감소하는 것
② 가격이 상승하여 재화의 구매량이 감소하는 것
③ 가격이 하락하여 재화의 구매량이 증가하는 것
④ 소득이 증가하여 재화의 구매량이 증가하는 것

8. 다음 중 수요의 변화요인으로 보기 힘든 것은?

① 소득변화 ② 기호의 변화
③ 인구의 변화 ④ 해당재화의 가격변화

9. 일반적으로 가수요가 발생하는 경우는?

① 재화의 물가가 급등하였을 경우
② 재화의 유효수요가 부족한 경우
③ 인구가 갑자기 증가하였을 경우
④ 경제, 정치 그리고 사회적 여러 상황이 불안한 경우

10. 재화의 가격이 하락하였음에도 불구하고 수요가 감소하는 재화는?

① 보완재 ② 보통재
③ 대체재 ④ 기펜(Giffen)재

11. 다음 중 수요의 변화의 원인이 아닌 것은?

① 소득의 변화 ② 타재화가격의 변화
③ 재화의 가격변화 ④ 인구의 변화

12. 수요량의 변화란 무엇인가?

① 수요의 변화와 같다.
② 소득이 증가함에 따라 나타나는 현상이다.
③ 가격의 변화에 따라 나타나는 현상이다.
④ 수요곡선 자체가 이동하는 현상이다.

13. 다음 중 수요원칙의 지배를 받는 것은?

① 밴드웨곤효과(bandwagon effect)
② 스노브효과(snob effect)
③ 베블렌효과(veblen effct)
④ 가격효과

14. 수요법칙의 지배를 받지 않는 재화는?

① 베블렌재 ② 열등재
③ 우등재 ④ 보완재

15. 열등재와 기펜(Giffen)재는 어떤 관계를 형성하고 있나?

① 기펜재이면 반드시 열등재이다.
② 양 재화는 아무런 관계가 없다.
③ 열등재이면 반드시 기펜재이다.
④ 열등재와 기펜재는 대체재이다.

16. 다음 중 일반적으로 수요가 증가할 것으로 기대되는 현상은?

① 제품 가격의 상승 ② 인구의 갑작스러운 증가
③ 통신기관의 발달 ④ 교통기관의 발달

17. 다음 중 남을 지나치게 의식하거나 허영심이 많은 소비자에 대한 이론을 전개한 과시적 소비(conspicious consumption) 이론을 제기한 학자는?

① 베블렌(T. Veblen) ② 새무엘슨(P. A. Samuelson)
③ 케인즈(J. M. Keynes) ④ 토빈(J. Tobin)

18. 공급곡선이란 무엇인가?

① 공급가격과 공급량 간의 관계
② 공급가격과 수요량 간의 관계
③ 수요가격과 공급량 간의 관계
④ 공급비용과 공급가격 간의 관계

19. 후방굴절의 형태인 공급곡선은?

① 농산물 ② 공산물
③ 서비스 ④ 노동

20. 다음 중 공급곡선을 이동시키는 요소가 아닌 것은?

① 기술수준의 변화 ② 원료의 원가변화
③ 재화의 가격변화 ④ 다른 재화의 가격변화

21. 수요와 공급이론의 원리에 대하여 설명한 것이다. 합당하지 않는 것은?

① 재화의 가격이 하락하면 공급은 증가한다.
② 재화의 초과공급현상이 발생하면 가격은 내린다.
③ 재화의 가격이 오르면 수요는 감소한다.
④ 재화의 초과수요현상이 발생하면 가격은 오른다.

22. 수요함수와 공급함수는 가격과 어떤 관계를 형성하고 있는가?

① 수요함수는 감소함수이고 공급함수는 증가함수이다.
② 수요함수는 증가함수이고 공급함수는 감소함수이다.
③ 수요함수와 공급함수는 증가함수이다.
④ 수요함수와 공급함수는 감소함수이다.

23. 수요량과 공급량을 표시하는 단위의 기준은?

① 재화의 단위 ② 화폐의 단위
③ 자본의 단위 ④ 가치의 단위

24. 균형에서 벗어난 가격을 다시 균형으로 돌아오게 하는 조건은?

① 안전조건 ② 불안전조건
③ 안정조건 ④ 불안정조건

25. 자유경쟁의 상태에서 이루어지는 가격이 아닌 것은?

① 경직가격 ② 시장가격
③ 수요와 공급에 의한 균형가격 ④ 경쟁가격

26. 다음 중 자유시장경제에 가장 근접하는 가격은?

① 자연가격 ② 통제가격
③ 경직가격 ④ 독점가격

27. D=6000-1000P, S=500P이다. 이 때의 균형가격과 균형수급량을 구하라. (단, D는 수요, P는 가격, S는 공급을 나타냄)

① (2, 1000) ② (6, 3000)
③ (4, 2000) ④ (8, 4000)

28. 가수요가 발생하는 때는?

① 유효수요가 많이 부족할 때
② 물가가 하락할 것으로 예상될 때
③ 물가의 급등 또는 원재료의 부족이 예상될 때
④ 소득이 갑자기 감소할 때

29. 다음 중 '특정 의상이 유행할 때 유행에 따라 그 의상을 수요하는 현상을 설명'하는 효과는?

① 베블렌효과 ② 밴드웨곤효과
③ 스노브효과 ④ 백로효과

30. 다음 중 '다른 사람들이 어떤 상품을 많이 소비하고 있기 때문에 자기는 그 재화의 소비를 줄이거나 중단하는 경우를 설명'하는 효과는?

① 베블렌효과 ② 밴드웨곤효과
③ 스노브효과 ④ 편승효과

31. 다음 중 '소비자들이 남에게 돋보이고 한번 뽐내고 싶어서 소비하는 경우를 설명'하는 효과는?

① 베블렌효과 ② 밴드웨곤효과
③ 스노브효과 ④ 편승효과

32. 다음 중 베블렌효과의 대표적 예가 아닌 것은?

① 고급 외제자동차 ② 다이아몬드 반지
③ 밍크코트 ④ 땅콩

33. 다음 중 수요의 법칙의 예외가 아닌 것은?

① 베블렌효과 ② 가수요
③ 스노브효과 ④ 가격의 법칙

34. 감자, 고무신, 연탄은 다음 중 어느 것과 관계가 있는가?

① 베블렌재 ② 우등재
③ 기펜재 ④ 보완재

제4장

수요와 공급의 탄력성

제1절 수요의 탄력성

제2절 공급의 탄력성

제 1 절 수요의 탄력성

1. 수요의 탄력성 개념

탄력성(ε; elasticity)이란 마샬(A. Marshall)이 물리학에서 도입한 개념으로서 독립변수의 변화율에 대한 종속변수의 변화율의 정도를 나타낸 것이다. 이를 $y=f(x)$라는 일반식에서 도출하면 다음과 같다.

$$\text{탄력성}(\varepsilon)=\frac{\text{종속변수의 변화율}}{\text{독립변수의 변화율}}=-\frac{\frac{\Delta y}{y}}{\frac{\Delta x}{x}} \qquad (4\text{-}1)$$

$$=-\frac{\Delta y}{\Delta x}\cdot\frac{x}{y}=-\frac{\frac{\Delta y}{\Delta x}}{\frac{y}{x}}$$

수요와 관련하여 분석할 수 있는 탄력성으로, 가격과 수요량 간의 관계를 나타내는 가격탄력성과 소득의 변화에 따르는 수요량의 변화를 나타내는 소득탄력성, 소득에 따른 타재화와의 관계를 나타내는 교차탄력성과 같은 것이 있다.

$$\text{수요의 가격탄력성}(\varepsilon_d)=\frac{\text{수요량의 변화율}}{\text{가격의 변화율}} \qquad (4\text{-}2)$$

$$=\frac{\Delta Q}{Q}\Big/\frac{\Delta P}{P}=\frac{\Delta Q}{\Delta P}\cdot\frac{P}{Q}$$

$$\text{수요의 소득탄력성}(\varepsilon_I)=\frac{\text{수요량의 변화율}}{\text{소득의 변화율}} \qquad (4\text{-}3)$$

$$=\frac{\Delta Q}{Q}\Big/\frac{\Delta I}{I}=\frac{\Delta Q}{\Delta I}\cdot\frac{I}{Q}$$

$$\text{수요의 교차탄력성}(\varepsilon_{XY}) = \frac{Y\text{재 수요량 변화율}}{X\text{재 가격변화율}} \qquad (4\text{-}4)$$

$$= \frac{\Delta Q_Y}{Q_Y} \bigg/ \frac{\Delta P_X}{P_X} = \frac{\Delta Q_Y}{\Delta P_X} \cdot \frac{P_X}{Q_Y}$$

재화의 가격변동은 일반적으로 수요량의 변화를 가져온다. 가격의 변화에 대응하여 수요량이 변동하는 정도를 합리적으로 계산하는 척도가 바로 수요의 가격탄력성(price elasticity of demand)이다. 수요의 가격탄력성은 가격의 변동 비율에 대한 수요량의 변동 비율로서 측정한다. 소득 변화에 따른 수요량의 반응 정도를 수요의 소득탄력성(income elasticity of demand)이라 하고, 다른 재화의 가격들이 변할 때에 어떤 재화의 수요량이 나타내는 반응의 정도를 표시하는 척도를 수요의 교차탄력성(cross elasticity of demand)이라 한다.

즉 수요의 가격탄력성은 한 상품의 가격이 1% 변화할 때 그 상품의 수요량이 몇 % 변화하는가를 나타낸다. 예를 들어, A상품에 대한 수요의 가격탄력성이 0.4라고 하면, 이것은 A상품의 가격이 1% 상승할 때마다 A상품에 대한 수요량이 0.4씩 감소한다는 것을 의미한다. 즉, A상품의 가격을 50% 올리면 A상품의 소비량은 20% 감소한다는 것을 알 수 있다.

수요의 소득탄력성과 관련해서 재화를 정상재 또는 상급재 그리고 열등재 혹은 하급재로 나눌 수 있다. 정상재의 수요의 소득탄력성은 양(+)의 값을 갖는다. 그러나 열등재의 경우 소득의 탄력성은 음(−)의 값을 갖는다. 예컨대 쌀과 보리를 비교할 때 보리는 열등재에 속한다.

그리고 수요의 교차탄력성은 두 재화가 보완재인 경우 음(−)의 값을 가지고, 대체재의 경우에는 양(+)의 값을 갖는다. 그러나 두 재화가 독립재인 경우 교차탄력성은 0이 된다.

수요의 가격탄력성은 가격탄력도라고도 한다. 수요의 가격탄력성은 단순히 수요의 탄력성이라고 하는 반면 수요의 소득탄력성이나 교차탄력성은 꼭 소득 또는 교차를 명시하여야 한다.

2. 수요의 가격탄력성의 경제적 의의

수요의 가격탄력성이 경제분석의 도구로서 또는 경영 및 경제정책을 위한 자료로서 중요시된다.

i) 탄력성이 완전비탄력적($\varepsilon=0$)인 경우는 가격의 변동이 수요량의 변동을 전혀 가져오지 못하는 것을 의미한다.

ii) 탄력성이 비탄력적($0<\varepsilon<1$)인 경우는 수요량 변동률이 가격변동률보다 작은 경우이다.

iii) 탄력성이 단위탄력적($\varepsilon=1$)인 경우이다.

iv) 탄력성이 탄력적($1<\varepsilon<\infty$)인 경우이다.

v) 탄력성이 완전탄력적($\varepsilon=\infty$)인 경우이다.

3. 수요의 가격탄력성의 크기를 결정하는 요인

수요의 가격탄력성의 크기는 재화의 성격과 시장 조건에 따라 달라

그림 4-1 수요의 가격탄력성의 성질

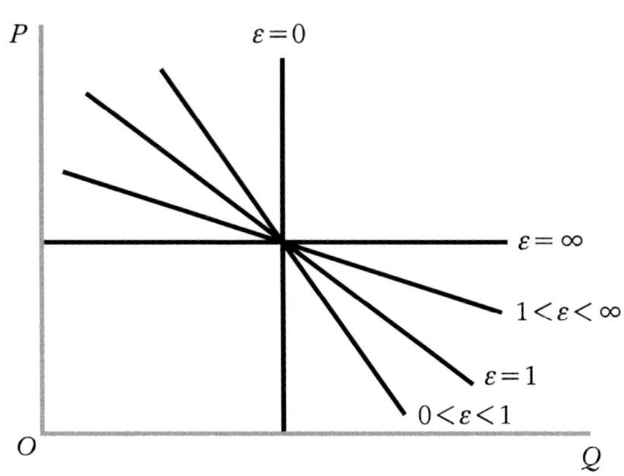

진다. 탄력성을 결정하는 가장 중요한 요인은 대체재의 존재 여부이다. 밀접한 대체재가 있으면 탄력성이 크고 없으면 탄력성이 작다. 다음에서 배우는 완전경쟁시장에서는 동질의 상품을 파는 기업이 무수히 많이 존재한다. 이 경우 대체관계에 있는 공급제품이 무수히 많이 존재하므로 한 기업이 자사 제품의 가격을 조금만 올려도 소비자는 타 회사의 제품을 수요하게 된다는 것을 의미한다. 즉 이러한 경우 특정기업제품에 대한 수요의 탄력성은 거의 완전탄력적이라 할 수 있다. 또한 동일한 액수의 가격변화에 대해서는 기간이 길수록 수요량의 변동이 더 크게 되어 수요의 탄력성이 더 커진다.

일반적으로 재화의 가격이 소득에서 차지하는 비중이 큰 재화일수록 수요의 가격탄력성이 크다. 그리고 쌀과 소금 같은 생활필수품은 대개 탄력성이 작고 밍크코트와 다이아몬드와 같은 사치품은 탄력성이 크다. 또한 재화의 용도가 다양할수록 수요의 가격탄력성이 크다. 생활필수품에 대한 수요량은 가격이 크게 올라도 어떤 최저수준 이하로 감소시킬 수 없는 반면 사치품에 대한 수요량은 0으로 줄일 수 있다. 즉 생활필수품에 대한 수요보다 사치품에 대한 수요가 가격변화에 더 민감하다.

제 2 절 공급의 탄력성

1. 공급의 탄력성 개념

재화의 가격이 변동할 때 그 재화의 공급량이 얼마나 변할 것인가를 측정하는 척도가 공급의 가격탄력성(price elasticity of supply)이다. 공급의 가격탄력성은 가격의 변화율로서 공급량의 변화율을 나누어서 계산한다.

공급의 가격탄력성도 수요의 가격탄력성과 마찬가지로 그 값이 0에서부터 무한대까지이다. 그러나 공급의 가격탄력성 값은 양(+)의 값을 가진다. 공급곡선이 선형일 때, 공급곡선이 횡축에 대해서 수직으로 되어 있으면 공급의 가격탄력성은 대체로 0이고, 수평으로 되어 있으면 무한대이다. 그러나 공급의 탄력성은 대체로 0에서부터 무한대 사이의 어떤 값을 가진다.

2. 공급의 가격탄력성의 경제적 의의

공급의 가격탄력성이 경제분석의 도구로서 또는 경영 및 경제정책을 위한 자료로서 중요시된다. 이유는 공급의 가격탄력성이 가지고 있는 경제적 의의 때문이다.

i) 탄력성이 완전비탄력적($\varepsilon=0$)인 경우는 [그림 4-2]와 같이 공급곡선은 수직선으로 나타난다.

ii) 탄력성이 비탄력적($0<\varepsilon<1$)인 경우는 공급곡선이 수평축을 자르는 선형공급곡선을 나타낸다.

iii) 탄력성이 단위탄력적($\varepsilon=1$)인 경우, 공급곡선은 원점을 통과한다.

iv) 탄력성이 탄력적($1<\varepsilon<\infty$)인 경우, 공급곡선은 수직축을 자른다. 이 경우 공급곡선상의 모든 점의 탄력성은 1보다 크게 된다.

v) 탄력성이 완전탄력적($\varepsilon=\infty$)인 경우, 공급곡선은 수평으로 나타난다.

3. 공급의 가격탄력성의 크기를 결정하는 요인

공급의 탄력성은 생산이 증가함에 따라 생산비가 어떻게 변화하는가에 크게 의존하고 있다. 공급의 탄력성은 단기에 있어서보다 장기에 있어서 더 커져가는 경향이 있다. 왜냐하면 장기에 있어서는 생산설비의

그림 4-2 공급의 가격탄력성의 성질

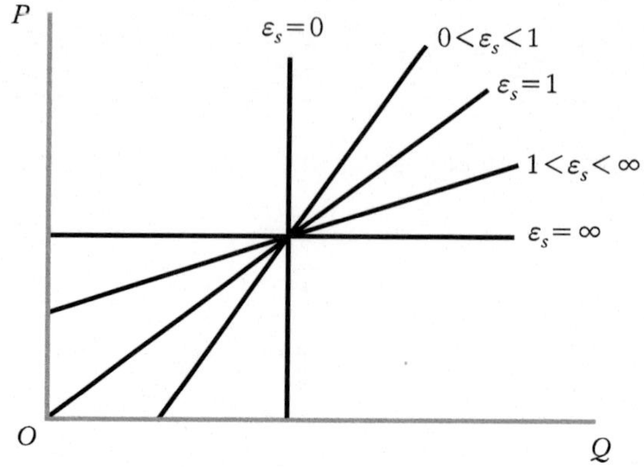

확장을 통해서 공급을 증대시킬 수 있기 때문이다. 즉, 생산증대에 따른 평균생산비의 증대가 큰 경우 ε_s는 작아지고, 생산증대에 따른 평균생산비 증대가 작은 경우 ε_s는 커진다. 그리고 특정 상품의 생산에 필요한 생산요소를 쉽게 획득할 수 있으면 공급의 탄력성이 커진다. 반면 생산요소를 쉽게 얻기 어려울 경우는 공급의 탄력성이 작아진다.

보론 7 마샬(Alfred Marshall, 1842~1924)

알프렛 마샬

마샬은 영국의 런던 출생의 경제학자로서 1885~1908년 케임브리지대학 교수를 역임하였다. 케임브리지대학에서 수학과 물리학을 배웠으나 윤리학으로 전공을 바꿨다. 1870년 독일로 가서 칸트(Immanuel Kant)와 헤겔(Georg Wilhelm Friedrich Hegel)의 철학, 역사학파 그리고 사회주의의 영향을 받아 경제학 연구에 몰두했다. 1883년 토인비(Arnold Toynbee)의 후임으로 옥스포드대학의 경제학 강사를 역임한 후 1885년 모교인 케임브리지대학의 경제학 교수로 임명된다. 케인즈(John Maynard Keynes)와 피구(Alfred Cecil Pigou)를 가르쳤으며 케임브리지학파(신고전학파)를 창립한다. 1908년 피구에게 교수자리를 물려주고 은퇴한다. 영국 경제학계의 지도자 역할을 하고 각종 왕립위원회의 위원으로 활동하면서 학문만 아니라 정책 결정에도 크게 기여한다.

마샬은 경제학을 「인간복지를 위한 학문」으로 파악했다. 1890년에 발표한 그의 주저 『경제학원리(Principles of Economics)』는 역학에 대비되는 생물학적인 추론을 중시하고 생활수준의 향상을 지표로 하는 사회의 유기적 성장을 강조하였으며, 균형이론의 분야에서 탄력성, 내부경제 및 외부경제 그리고 소비자 잉여 등의 다양한 개념을 발표하였다. 그리고 그는 후생경제학으로 경제영역을 확장시키고 불완전경쟁이론의 전개에 계기를 마련하기도 하였다. 다른 주요 저서는 1919년 발표한 『산업과 무역(Industry and Trade)』과 1923년 출간한 『화폐 · 신용 및 상업(Money, Credit and Commerce)』 등이 있다. 그러나 제본스(William Stanley Jevons)나 멩거(Carl Menger)에 따른 주관가치설을 비판하고 리카도(David Ricardo)와 밀(John Stuart Mill)의 고전학파적 전통에 입각한 이론을 중심으로 다양한 이론을 창출한다. 마샬은 경제이론의 바탕에 스펜서(Herbert Spencer)식

사회유기체를 도입하여 경제학자의 입장은 경제동력학이 아니라 경제생물학이라고 하는 사회관을 주장하였다. 그리고 그의 제자 중 케인즈, 피구 등은 독립하여 경제학의 새로운 영역을 탄생시키기도 하였다. 이로 인해 경제학계에서는 20세기의 초반 약 20여년 간을 '마샬의 시대'라고 명명하기도 한다.

연 | 습 | 문 | 제

1. 물리학에서 사용하고 있었던 탄력성의 개념을 경제학에 처음으로 도입하였던 학자는?

① 마샬(A. Marshall) ② 새무엘슨(P. A. Samuelson)
③ 스미스(A. Smith) ④ 밀(J. S. Mill)

2. 수요의 가격탄력성의 개념은 어느 것인가?

① 재화의 공급량변화율/재화의 가격변화율
② 재화의 가격변화율/재화의 공급량변화율
③ 재화의 가격변화율/재화의 수요량변화율
④ 재화의 수요량변화율/재화의 가격변화율

3. 수요의 탄력성이 크다는 것은 다음 중 어떤 것을 의미하는가?

① 재화의 가격변화율보다 수요량변화율이 작은 경우
② 재화의 가격변화율보다 수요량변화율이 큰 경우
③ 재화의 가격변화율과 수요량변화율이 같은 경우
④ 재화의 가격변화율이 수요량변화율에 영향을 끼치지 않는 경우

4. 탄력적인 수요곡선의 형태는 어떠한가?

① 완만한 형태의 곡선 ② 급경사 형태의 곡선
③ 수직선 형태의 곡선 ④ 수평선 형태의 곡선

5. A재화의 가격이 200원에서 180원으로 하락하였다. 이 때 이 재화에 대한 수요량이 220개에서 240개로 증가하였다고 한다. 이 경우 이 재화에 대한 수요의 가격탄력성은?

① 약 2이다 ② 약 1이다
③ 약 3이다 ④ 약 0이다

6. 특정 재화의 가격이 400원에서 320원으로 하락하였을 때 이 재화의 판매량이 20,000개에서 30,000개로 증가하였다. 이 경우 수요의 가격탄력성은?

① 1.5　　② 0.5
③ 2.5　　④ 3.5

7. 수요곡선 중 첫 번째 곡선은 X축과 수평의 관계에 있고, 두 번째 곡선은 X축과 교차할 때의 각각의 탄력성을 설명한 것이다. 순서쌍으로 맞는 것은?

① 무한탄력적-완전비탄력적　　② 완전비탄력적-무한탄력적
③ 탄력적-단위탄력적　　④ 단위탄력적-탄력적

8. 수요의 소득탄력성을 나타내고 있는 것은?

① 수요의 변화량을 소득의 변화량으로 나눈 것
② 소득의 변화량을 수요의 변화량으로 나눈 것
③ 소득의 변화율을 수요의 변화율로 나눈 것
④ 수요의 변화율을 소득의 변화율로 나눈 것

9. A재화의 소득탄력성이 (+)일 때를 나타내고 있는 경우는?

① 기펜재인 경우
② (+)의 가격효과를 가진 경우
③ 소득이 증가하여 그 재화의 구매량이 감소하는 경우
④ 소득이 감소하여 그 재화의 소비량이 감소하는 경우

10. 수요의 교차탄력성을 나타내고 있는 경우는?

① A재화의 가격변화율에 대한 A재화의 수요량의 변화율의 비
② A재화의 수요변화율에 대한 B재화의 가격변화율의 비
③ A재화의 가격변화율에 대한 B재화의 수요변화율의 비
④ A재화의 수요량의 변화율에 대한 A재화의 가격변화율의 비

11. 수요의 소득탄력성이 (+)인 경우에 해당하는 것은?

① 일반재 중 생활필수품이다. ② 열등재이다.
③ 상급재이다. ④ 일반재 중 사치품이다.

12. 가격변화에 대하여 기업의 총수입이 동일한 경우의 탄력성은?

① 완전탄력적일 때 ② 단위탄력적일 때
③ 완전비탄력적일 때 ④ 비탄력적일 때

13. 엥겔(Engel)계수란 무엇인가?

① 산출액에 대한 투입액의 비
② 총가계소비액에 대한 음식물의 비
③ 개인소비에 대한 의복비의 비
④ 총가계소비에 대한 주택비의 비

14. 소득수준이 낮을수록 주거비의 백분비는 체증한다고 설명한 법칙은?

① 슈바베(Schwabe)의 법칙 ② 킹(King)의 법칙
③ 그레샴(Gresham)의 법칙 ④ 맬더스(Malthus)의 법칙

해설 • 그레샴의 법칙: 두 화폐가 같은 명목가치로서 유통되는 경우 악화는 양화를 구축한다는 내용
• 킹의 법칙: 곡물의 수확량과 곡가와의 변동상관에 관한 내용

15. 한 개에 200원 하던 A재화의 값이 300원으로 올랐을 때 1일 3,000병 팔리던 B재화가 2,600병 팔렸다. 이 때 A재화와 B재화의 교차탄력성은?

① $-1/3$ ② $-1/2$
③ $-4/15$ ④ $-4/13$

16. 열등재의 수요에 대한 소득탄력성(X)의 크기는 어떻게 되나?

① $X=0$ ② $X<0$
③ $0<X<1$ ④ $X>1$

17. 다음 중 수요의 가격탄력성이 가장 큰 재화는?

① 의류 ② 밍크 코트

③ 쌀 ④ 화장품

18. 다음 중 수요의 가격탄력성이 가장 작은 것은?

① 피아노 ② 스마트폰

③ 쌀 ④ 컴퓨터

19. 다음 중 수요가 증가하더라도 가격이 오르지 않는 경우는?

① 수요가 완전비탄력적인 경우

② 수요가 완전탄력적인 경우

③ 수요의 소득탄력성이 큰 경우

④ 수요의 소득탄력성이 완전한 경우

20. 다음 중 공급탄력성이 가장 큰 것은?

① 농산물 ② 수산물

③ 임업의 채취물 ④ 공산품

21. 다음 중 탄력성이 가장 작은 것은?

① 쌀 ② 가죽점퍼

③ 구두 ④ 감기약

22. 어떤 재화의 가격이 10,000원에서 12,000원으로 올랐다. 이 경우 그 재화의 공급량은 500개에서 600개로 증가하였다. 이 때 공급탄력성은?

① 1 ② 2

③ 3 ④ 4

23. 재화의 공급이 증가해도 가격이 오르지 않는 경우는?

① 정상재의 경우 ② 우등재의 경우

③ 공급탄력성이 0인 경우 ④ 공급탄력성이 완전한 경우

24. 수요곡선이 가격에 대하여 탄력적이라고 할 경우 재화의 가격이 상승하면 어떤 현상이 나타날까?

① 재화의 구입이 증가한다. ② 수요곡선이 위로 이동한다.
③ 수요곡선이 아래로 이동한다. ④ 재화의 구입이 감소한다.

25. 1870년대 마르크스주의와 역사학파의 한계성을 극복하면서 고전학파와 같이 정부의 간섭을 배제하고 자유방임정책을 옹호하면서 등장한 학파는?

① 신고전학파 ② 케인즈학파
③ 한계효용학파 ④ 후기역사학파

26. 다음 중 역사학파·한계효용학파 이론들이 난립하는 19세기 말에 각 학파의 장점이라고 생각되는 점들을 선택·결합하여 독자적인 체계를 수립한 경제학자는?

① 마샬(A. Marshall) ② 왈라스(L. Warlas)
③ 케인즈(J. M. Keynes) ④ 프리드만(M. Friedman)

27. 다음은 주류경제학의 체계를 지지하는 경제학자 순을 연결한 내용이다. 시대 순으로 맞는 것은?

① 스미스-리카도-밀-마샬 ② 스미스-밀-리카도-마샬
③ 스미스-리카도-마샬-밀 ④ 스미스-마샬-리카도-밀

28. 다음 중 신고전학파의 주장이 아닌 것은?

① 시장가격과 거래량을 수요·공급의 원리로 설명하였다.
② 재화의 소비면을 강조하여 주관적 효용가치설에 의한 가격기구의 분석에 주력하였다.
③ 경제사회를 생성·발전하는 유기체와 같은 것으로 보고 역사적으로 생성·발전하는 경제행태를 규명하는 경제이론을 전개하고자 하였다.
④ 경제복지를 과제로 하여 이론과 정책을 결부시킴으로써 정책이 입각해야 할 일반적 기준을 후생경제이론으로 제공하고자 하였다.

29. 수요의 소득탄력성은 다음 중 재화의 어떤 상태를 결정하는가?

① 우등재인가 열등재인가의 여부
② 고가품인가 저가품인가의 여부
③ 고급품인가 저속품인가의 여부
④ 고급품인가 열등품인가의 여부

30. 가격이 변화함에도 불구하고 판매량의 변화가 없는 경우 수요의 가격탄력성(X)은?

① $X=1$　　② $1<X$
③ $X=0$　　④ $0<X<\infty$

31. 생필품이 사치품과 비교하여 수요가 비탄력적 일 때 수요의 탄력성(X)은 어떠한가?

① X는 1보다 작을 때　　② X는 0과 같을 때
③ X는 1과 같을 때　　④ X는 1보다 클 때

32. 가격이 올라도 수요량이 일정할 때 수요의 탄력성(X)은 어떠한가?

① X는 1보다 작다.　　② X는 0과 같다.
③ X는 1과 같다.　　④ X는 1보다 크다.

제5장

가격결정이론의 응용

- 제1절 가격통제
- 제2절 농산물 가격정책
- 제3절 소비자잉여와 생산자잉여

제 1 절 가격통제

자본주의경제하에서 가격의 기능은 희소한 자원을 가장 효율적으로 배분하는 것이다. 이 때 가격의 결정은 정부나 기업 그리고 소비자에 의하여 의도적으로 이루어지는 것은 아니다. 지금까지의 설명에서 알 수 있듯이 가격의 결정은 시장에서 만나는 소비자와 생산자의 최적 선택의 행동원리를 각각 의미하는 수요곡선과 공급곡선이 만나는 안정된 균형점에서 이루어진다. 따라서 소비자와 생산자의 행동원리를 의도적으로 조작하지 않는 이상 가격은 시장에서 자동적으로 결정되고 변화한다. 마찬가지로 자동적으로 결정된 가격에 따라서 희소한 자원의 최적 배분이 이루어진다. 시장에서 가격이 결정되고 또한 그 가격은 다시 자원을 자동적으로 배분하는 기능을 하게 된다는 의미에서 이를 가격의 자동적 조절기능이라고 한다. 그러나 가격의 자동적 조절기능은 항상 완벽하게 이루어지는 것은 아니다.

정부는 어떤 특정의 목적의 실현을 위하여 가격의 자동적 조절기능을 대신하여 가격형성을 의도적으로 조정할 수 있다. 또한 가격기능에 장애가 발생하여 시장이 원활하게 작동할 수 없는 경우에도 정부는 가격형성에 직·간접적인 간섭을 하기도 한다. 이러한 정부의 행위들을 가격통제(price control)라고 한다. 가격통제의 예로는 최고가격제도, 최저가격제도, 패리티가격 그리고 이중가격제도 등을 들 수 있다. 이하에서 수요와 공급이론이 이들 예와 같은 현실적 경제문제들에 어떻게 적용되는가를 알아보자.

1. 최고가격제도

최고가격제도(maximum price system)란 정부가 의도적으로 최고가격을 법적으로 설정하여 어떤 상품의 가격이 법적 가격 이상으로 거래되는 것을 통제하는 제도를 말한다. 이는 주로 전시나 천재지변으로 인한 물자의 부족 또는 특정 재화의 가격상승의 압력이 강하게 나타날 때 물가안정과 소비자를 보호할 목적으로 실시된다.

현실에 있어서 정부가 실시하는 최고가격제로서는 무주택자를 위한 임대주택의 가격인 임대료의 통제와 지방정부에 의하여 통제되는 도심지의 주차장 이용 가격인 주차요금을 들 수 있다. 이들 가격은 법적 가격 이상이 될 수 없다. 반면 임대료와 주차요금의 결정이 가격의 자동적 조절기능에 의하여 결정된다고 하면 이들 가격의 하락과 상승은 자동적으로 결정될 것이다. 다시 말하면 가격이 시장에서 자동적으로 결정된다면 정부가 법으로 규제하고 있는 최고가격보다도 높은 가격이 형성될 것이다.

[그림 5-1]은 어느 복잡한 도심지에서 주차장을 이용하고자 하는 수요자와 주차장 시설을 공급하는 공급자를 가정하여 살펴보고 있다. 시장원리에 의하여 주차요금이 결정된다면 균형가격은 P_E가 될 것이다. 그런데 지방정부가 주차요금을 $P_{\max}$인 최고가격으로 설정하여 통제하고 있

그림 5-1 최고가격제도

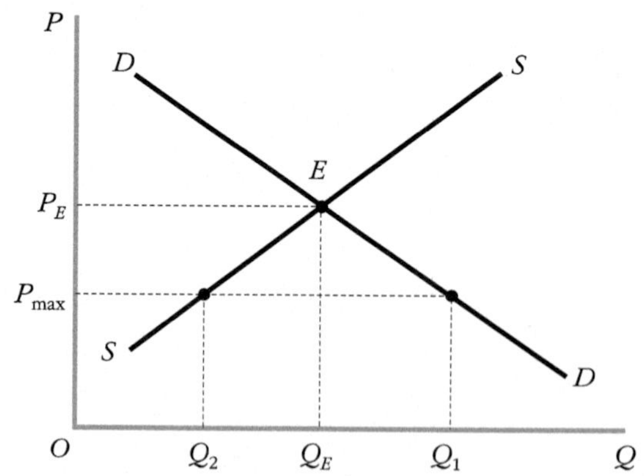

다고 하면[1] 법적 가격인 최고가격이 시장가격인 균형가격보다 낮기 때문에 초과수요가 Q_2Q_1만큼 발생하게 된다. 즉, 수요에 대한 공급의 부족현상이 발생하게 되는 것이다. 공급자는 부족한 주차장을 여러 가지 방법으로 수요자에게 이용하도록 할 수 있을 것이다. 가령, 선착순으로서 먼저 오는 수요자가 그 부족한 주차장을 이용하게 하는 방법과 배급제로서 주차장을 이용할 수 있는 쿠폰을 배부하는 방법, 판매자가 정한 임의의 방법에 의하여 결정하는 방법 등이 있을 수도 있다. 이러한 정책의 시행 결과 암시장[2](black market)이 존재할 가능성을 배제할 수 없게 된다.

2. 최저가격제도

최저가격제도(minimum price system)는 정부가 최저가격을 설정해 두고 그 이하의 가격으로 거래하는 것을 법적으로 규제하는 제도를 말한다. 이는 기업간의 과도한 경쟁을 방지하거나 또는 어떤 특정 산업을 보호하기 위해서 취해지는 조치로서 공급자를 보호할 목적으로 이루어진다. 최저가격제를 실시하는 예로는 최저임금제도 등을 들 수 있다.

가령 노동시장에서 결정되는 노동의 가격인 임금은 현실에서 상승하기는 쉬우나 반대로 하락한다는 것은 거의 불가능하다. 이를 임금의 하방 경직성이라고 표현한 경제학자도 있지만 임금의 결정이 노동의 수요와 공급에 의하여 결정된다고 하면 임금의 하락과 상승은 노동시장에서 자동적으로 결정될 것이다. 임금이 시장에서 자동적으로 결정된다면 정부가 법으로 규제하고 있는 최저임금보다도 낮은 임금을 받게 될지도 모를 일이다. 최저가격제 하에서는 초과공급(수요부족)현상이 나타나서 공

---

1) 최고가격이 균형가격보다 높은 수준으로 설정되면 최고가격제의 실시는 무의미한 일일 것이다.

2) 여기서 암시장이란 정부가 정한 최고가격을 상회하는 가격으로 상품이 거래되는 불법적인 시장을 말한다.

그림 5-2 최저가격제도

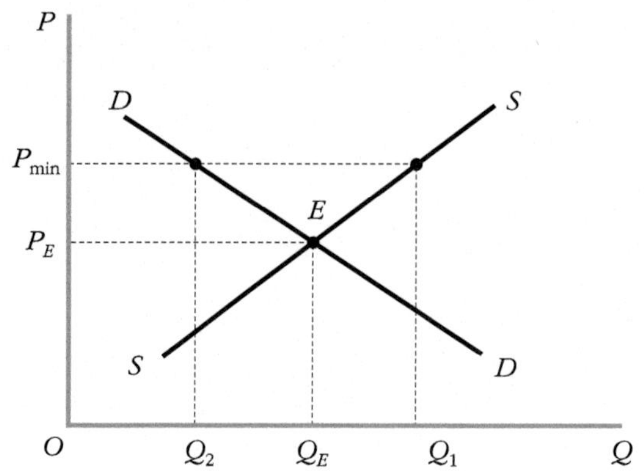

급자들은 암암리에 비합법적으로 법정가격 이하의 가격으로 자기 상품을 팔아 버리려고 하거나 아니면 재고가 된다. 실업이 존재하는 국민경제의 경우 임금이 시장에서 결정된다면 당연히 하락해야 하지만 최저임금제를 실시하게 되면 노동력의 공급자는 최저가격, 즉 최저임금보다 낮은 가격으로 노동력을 판매할 수 없으므로 비자발적 실업상태에 놓이게 된다. 이러한 관계를 [그림 5-2]를 통하여 살펴보자.

노동시장에서 노동력을 사고자 하는 기업들은 수요자가 되고 반면 노동력을 팔고자 하는 노동자는 공급자가 되기 때문에 노동력의 가격인 임금이 시장원리에 의하여 결정되면 수요곡선 DD와 공급곡선 SS가 만나는 E점에서 균형가격 P_E가 결정된다. 그런데 정부가 최저임금을 균형가격보다 높은 $P_{\min}$으로 설정하여 통제한다면 노동력의 초과공급이 Q_1Q_2만큼 발생하게 된다. 현재의 최저가격인 $P_{\min}$에서는 노동력의 수요량이 Q_2이 되기 때문에 균형수급량 Q_E보다도 작다는 것을 알 수 있다. 또한 최저가격인 $P_{\min}$에서는 공급자가 더 많은 노동력의 공급을 원하고 있기 때문에 초과공급인 Q_1Q_2는 실업상태에 있음을 알 수 있다. 이렇게 실업상태에 있는 노동력의 공급자들은 결국 실업상태를 벗어나기 위한 노력을 할 것이며 정부 역시 또 다른 정책을 실시하여 실업을 해결해야만 할 것이다.

제 2 절 농산물 가격정책

농업은 국민경제에서 매우 중요하지만 농업의 성격상 농민들에게 여러 가지 불리한 점을 가져다준다. 농산물은 수요·공급이 비탄력적이기 때문에 약간의 공급 감소에도 가격이 폭등하고 약간의 초과공급에도 가격이 폭락한다. 그리고 기후의 영향을 많이 받아 농가소득을 불안정하게 한다. 그러므로 여러 나라에서 농가소득의 증가정책과 더불어 농산물가격의 안정정책을 취하고 있다.

1. 이중가격제도

정부는 농가의 소득을 보호하거나 향상시킬 목적으로 이중가격제도를 실시하여 특정 농산물의 가격을 통제하고 있다. 이중가격제도(two-tier pricing system)란 정부가 농가소득의 보전과 농산물의 생산량 제고뿐만 아니라 도시소비자를 위하여 특정의 농산물을 시장가격 이상으로 구입하여 이를 시장가격보다 낮은 가격으로 다시 판매하는 제도를 말한다. 정부가 통제하는 이중가격제도의 대표적인 예로는 이중곡가제가 있다.

정부는 이중가격제도를 수단으로 가격을 통제함으로써 농가의 소득보전과 농산물의 생산량 제고를 꾀할 수 있다. 그러나 농산물 가격의 통제도 중요하지만 생산량 조정도 중요하기 때문에 정부의 재정 부담을 감소시키기 위해서는 적절한 가격통제뿐만 아니라 생산량 통제도 함께 고려되어야 할 것이다.

2. 패리티 가격과 지수

농산물 가격이 시장에서 결정된다면 공산물 가격과의 가격차이, 즉 협상가격차(schere)가 발생하여 농가의 소득은 상대적으로 하락하고 나아가 농가의 구매력 역시 감소하게 된다. 그러므로 정부는 의도적으로 농산물에 대한 공정가격을 설정하여 농가소득의 안정을 도모함으로써 농가의 구매력을 유지하려는 정책을 사용하게 된다.

패리티가격(parity price)이란 정부가 농산물의 공정가격을 제시하기 위하여 특정한 계산방식에 따른 농산물 가격을 말한다. 이는 농가와 관련한 가격의 변동을 나타내는 다음의 두 가지의 지수로 표시할 수 있다.

첫째는 농가지불가격지수(index of price paid by farmers)이다. 이는 기준년도에 있어서 농가가 구입한 재화와 용역의 가격과 비교년도에 있어서 농가가 구입한 재화와 용역의 가격을 비교함으로써 구할 수 있다.

둘째는 농가수취가격지수(index of price received by farmers)이다. 이는 농산물의 판매가격변동을 파악하기 위한 것으로서 어떤 기준년도에 있어서 농가가 판매하는 농산물의 가격과 비교년도에 있어서 판매하는 농산물의 가격을 비교함으로써 구할 수 있다.

패리티지수(parity index)란 두 지수의 비율, 즉 농가수취가격지수/농가지불가격지수를 말하며 분자는 농산물의 가격변동을 그리고 분모는 주로 공산물의 가격변동을 각각 나타낸다. 만약 두 지수의 비율이 1과 같다면 농산물의 가격변동과 공산물의 가격변동은 동등(parity)하게 일어나므로 농가의 구매력은 기준년도와 비교하여 비교년도에도 동등한 상태에 있다고 한다.

$$\text{패리티지수} = \frac{\text{농가수취 가격지수}}{\text{농가지불 가격지수}}$$

$$= \frac{\dfrac{\text{비교년도 농산물 판매가격}}{\text{기준년도 농산물 판매가격}}}{\dfrac{\text{비교년도 농가 수취가격}}{\text{기준년도 농가 수취가격}}} \qquad (5\text{-}1)$$

한편 정부가 농산물가격정책으로서 농가의 구매력을 동등하게 유지하려고 하면 농산물 가격은 정부의 의도에 의하여 통제된다는 의미를 주기 때문에 일반적으로 패리티지수는 농가지불가격지수의 통제를 의미한다.

제 3 절 소비자잉여와 생산자잉여

각 이론에서 도출한 수요곡선과 공급곡선은 합리적으로 의사결정을 행하는 수요자와 공급자가 어느 특정한 상품에 대하여 주어진 각각의 시장가격에 따라 수요와 공급을 얼마만큼 할 것인가를 보여주는 것이다. 또한 그 상품에 대한 시장전체의 수요곡선과 공급곡선은 개별 수요자와 개별 공급자의 수요와 공급을 각각 수평으로 합산하여 도출하게 된다.

현실적으로 수요곡선과 공급곡선은 또 다른 의미로 해석할 수 있다. 개별 수요곡선은 주어진 시장가격에서 수요하고자 하는 소비자의 의도된 수요량들의 조합(combination)을 연결한 양을 의미한다. 이는 동일한 상품에 대하여 각각의 수요자가 수요곡선을 가질 수 있음을 의미한다. 이러한 수요곡선을 수평적으로 합하면 하나의 상품에 대한 모든 소비자, 즉 사회전체의 수요곡선을 도출할 수 있다. 이렇게 결정한 상품의 사회전체의 수요곡선을 그려보면 그 수요곡선이 무엇을 의미하는가를 알 수 있다. (즉, 수요곡선은 시장에서 주어진 각각의 가격을 지불하고도 기꺼이 수요할 수 있는 사람을 자신의 구매욕구 순서대로 줄을 서 있다고 볼 수 있다). 반면 공급자 역시 동일하다. 즉 각각의 주어진 가격에 따라서 기꺼이 공급하고자 하는 용의를 가지고 있는 사람들이 존재한다는 것을 의미한다.

따라서 일정한 상품을 소비하기 위하여 기꺼이 지불할 용의를 갖는 가격보다 실제로 자신이 지불하는 가격이 낮기 때문에 여기서 지불하고자 하는 가격과 실제로 지불하는 가격과의 차이가 존재한다. 이를 수요자인 소비자 입장에서 표현하면 소비자 잉여(consumer's surplus)가 되고 생산자 입장에서 표현하면 생산자 잉여(producer's surplus)가 된다. 이러한 관계를 [그림 5-3]을 통하여 알아보자.

[그림 5-3]은 스포츠카에 대한 시장전체의 수요곡선(D)과 공급곡선(S)을 나타낸다. 이 때 수요곡선은 스포츠카에 대해 소비자들이 기꺼이 지불할 수 있는 시장가격에 따른 수요량을 그리고 공급곡선은 스포츠카의 생산자들이 최소한 받고자 하는 가격에 따른 공급량을 각각 나타낸다. 스포츠카의 예에서 수요량과 수요자의 수는 같다고 생각해도 좋다. 그 이유는 한 수요자가 스포츠카를 2대 이상은 구입하지 않을 것이기 때문이다. 만약 스포츠카의 시장가격이 P_3라고 하면 이 가격에서 스포츠카를 살 수 있는 수요자는 Q_1만큼 존재하고 있음을 의미한다. 스포츠카의

그림 5-3 소비자잉여와 생산자잉여

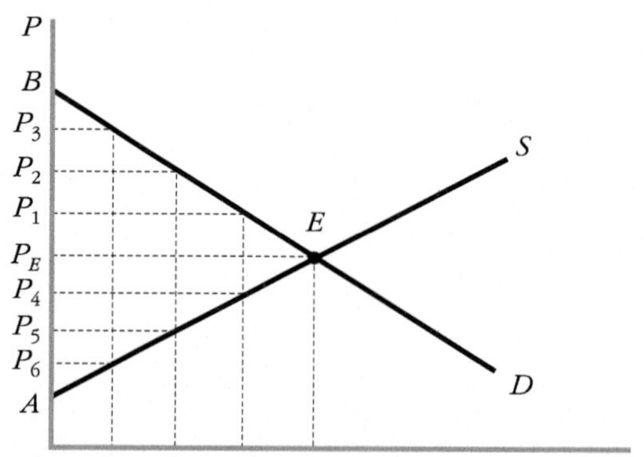

시장가격이 P_2로 하락하면 수요자는 Q_2만큼 존재하게 된다. 마찬가지로 P_1에 대한 스포츠카의 수요자는 Q_3가 된다. 그런데 지금 스포츠카 시장의 균형가격과 균형수급량은 각각 P_E와 Q_E이기 때문에 P_3, P_2, P_1 만큼 지불하고도 스포츠카를 구매하고자 하였던 수요자들은 현재 P_E를 주고도 스포츠카를 구입할 수 있으므로 이득이 발생하게 된다. 그러므로 소비자 잉여에 해당하는 부분은 BP_EE가 된다. 즉 소비자가 누리는 총효용은 OQ_EEB에 대해 소비자가 지불하는 비용은 OQ_EEP_E임을 알 수 있다.

이제 생산자잉여를 알아보자. 스포츠카의 시장가격이 P_6라고 한다면 이 가격을 받고도 스포츠카를 기꺼이 생산할 수 있는 공급자는 Q_1이 된다. 스포츠카의 시장가격이 P_5로 상승하면 공급자는 Q_2만큼 존재하게 된다. 마찬가지로 P_4에 대한 스포츠카의 공급량은 Q_3이 된다. 그런데 지금 스포츠카 시장의 균형가격과 균형수급량은 각각 P_E와 Q_E이기 때문에 P_6, P_5, P_4 만큼을 받고도 스포츠카를 기꺼이 생산하고자 하였던 공급자들은 현재 P_E를 받고 스포츠카를 생산할 수 있으므로 이득이 발생하게 되는 것이다. 그러므로 생산자 잉여에 해당하는 부분은 AP_EE가 된다. 즉 생산자가 누리는 총효용은 OQ_EEP_E인데 비하여 생산자가 지불하는 비용은 OQ_EEA임을 알 수 있다.

연 | 습 | 문 | 제

1. 다음 중 마샬(A. Mahall)의 소비자잉여(consumer's surplus)의 개념을 설명하는 내용은?

① 구입한 재화의 가치가 화폐가치보다 큰 것
② 구입한 재화의 효용이 화폐가치보다 큰 것
③ 수요보다 큰 공급증가분
④ 소비자가 어떤 것을 획득하기 위하여 지불한 액수와 지불하여도 좋다고 생각하는 액수와의 차액

2. 다음 중 소비자잉여를 설명하고 있는 것은?

① 매입한 상품의 가치가 효용과 동일한 경우
② 매입한 상품의 효용이 화폐의 가치보다 큰 경우
③ 매입한 상품의 효용이 화폐의 가치와 동일한 경우
④ 매입한 상품의 효용이 화폐의 가치보다 작은 경우

3. 재화를 구입할 경우 "구매한 사람이 지불한 가격은 지불해도 좋다고 생각하는 가격보다 작다"는 의미의 용어는?

① 엥겔의 법칙　　② 슈바베의 법칙
③ 수요의 법칙　　④ 소비자잉여

4. 다음 중 암시장(black market)과 관련이 있는 제도는?

① 최고가격제도　　② 최저가격제도
③ 패리티가격제도　　④ 이중가격제도

5. 최저가격제도와 가장 관련이 있는 용어는?

① 임금　　② 도심 주차요금
③ 임대주택의 임대료　　④ 주식가격

6. 농산물 가격정책과 관련된 제도는?

① 이중가격제도 ② 최고가격제도
③ 일물일가의 제도 ④ 최상가격제도

7. 다음 중 패리티지수(parity index)는?

① 공산품수취 가격지수÷공산품지불 가격지수
② 공산품지불 가격지수÷공산품수취 가격지수
③ 농가수취 가격지수÷농가지불 가격지수
④ 농가지불 가격지수÷농가수취 가격지수

8. 공산품과 농산품의 가격을 비교하였을 때 농산품의 가격이 단기적으로 불안정한 이유는?

① 소득탄력성의 차이에 있다. ② 계절적 차이에 있다.
③ 유통구조에 있다. ④ 생산량에 있다.

9. 행정부가 어떤 재화에 대하여 사전 통제가격을 100원으로 지정하였다. 다음 방정식에서 공급과 수요에 대한 설명으로 맞는 것은? D=1200-10P, S=40P이다. (단, D는 수요, S는 공급, P는 가격임)

① 3,800단위의 공급부족 ② 3,800단위의 수요부족
③ 4,000단위의 공급부족 ④ 4,000단위의 수요부족

10. 농민보호를 위하여 국가가 정책상 곡물을 고가로 사서 소비자에게 저가로 팔 때 동일재화에 대하여 두 개의 가격이 형성되는데 이러한 제도를 무엇이라 하는가?

① 최고가격제도 ② 농산물지지정책
③ 최저가격제도 ④ 이중가격제도

11. 정부가 시장에 개입하여 가격을 통제하는 이유로 타당하지 않는 것은?

① 자원의 효율적 배분을 돕기 위하여
② 시장기능을 원활하게 하기 위하여
③ 수요와 공급의 안정적 균형에 접근시키기 위하여
④ 기업이윤을 증가시키기 위하여

12. 6, 5, 4, 3, 2, 1의 효용을 가진 6개의 사과를 1,400원에 구입하였다. 효용 1은 200원이라 하자. 이때 소비자잉여는 얼마인가?

① 2,800원 ② 1,800원
③ 800원 ④ 3,800원

13. 정부가 최고가격을 설정하여 시장가격보다 낮은 곳에서 거래가 이루어지게 한다면 어떤 문제가 생길까?

① 재고된 재화를 모두 처분할 수 있다.
② 과당 경쟁을 일거에 제거할 수 있다.
③ 암시장이 형성되어 사회적으로 여러 문제를 야기시킬 수 있다.
④ 안정된 거래가 형성된다.

14. 협상가격차(Schere)가 생기는 생산부문들을 올바르게 나열한 것은?

① 공산품과 농산품 ② 1차산업과 3차산업
③ 중공업과 경공업 ④ 서비스업와 중공업

15. 농가수취가격지수/농가지불가격지수를 일반적으로 무엇이라 하는가?

① 파레토(Pareto)계수 ② 지니(Gini)계수
③ 패리티(Parity)지수 ④ 지브라(Gibrat)집중계수

해설 파레토 법칙은 소득분포에 관한 통계적 법칙으로서, 파레토가 유럽제국에서 얻은 경험적 법칙으로서 파레토는 파레토계수가 작을수록 소득분포가 평등하다고 하였다. 그러나 이 계수는 고소득층 및 저소득층에 대해서는 유효하지 못하다. 이러한 문제를 바로잡은 것이 지브라 계수이다. 지브라 계수는 통계학적으로 조작이 쉬운 지수이다.

제6장

한계효용이론

제1절 효용과 총효용
제2절 한계효용
제3절 한계효용이론에 의한 소비자 균
제4절 한계효용이론의 성과

제 1 절 효용과 총효용

희소성의 세계에서 경제인은 최대한의 만족을 얻기 위하여 경제행위를 한다. 합리적인 소비자는 즐거움 또는 유용함 또는 만족(또는 효용)을 얻기 위하여 소비를 한다. 효용(utility)이란 추상적인 개념으로 소비자가 재화의 소비에서 얻는 주관적인 만족의 정도를 의미한다.[1] 그리고 어떤 소비자가 일정 기간 동안 일정량의 재화를 소비하였을 때 얻을 수 있는 주관적인 만족의 총량을 총효용(total utility)이라 한다.

소비자가 재화의 소비량을 증감시킴에 따라 총효용은 변할 것이다. 이와 같이 재화의 소비량과 소비로부터 얻을 수 있는 효용 사이에는 함수관계가 존재하는데, 이를 효용함수라 한다. 재화의 소비량을 Q, 총효용을 U라고 하면 효용함수는 다음과 같이 나타낼 수 있다.

$$U=f(Q) \tag{6-1}$$

이 효용함수는 소비자의 기호나 취향이 변하지 않는 단기의 일정 기간 동안에 있어서 소비량과 총효용과의 관계를 표시한다.

제 2 절 한계효용

한계라는 말은 추가적인 내지는 부가적이라는 의미로 사용된다. 따라서 한계효용이란 소비자가 어떤 재화를 한 단위 더 소비하였을 때 증가한 만족의 정도, 즉 총효용의 증가분을 말한다. Q재의 소비가 ΔQ만큼

---

1) 이는 기수적 효용을 가정한 것이다. 즉, 거리나 무게, 온도처럼 그 크기를 구체적인 수치로 표현 가능하다는 것을 의미한다.

증가하였을 때 총효용이 ΔU만큼 증가하였다면 Q재의 한계효용(MU_Q)은 다음과 같이 나타낼 수 있다.

$$MU_Q = \frac{\Delta U}{\Delta Q} \qquad (6\text{-}2)$$

이러한 한계효용은 욕망의 정도에 정비례하고 재화의 존재량에 반비례한다. 애연가에게는 담배에 대한 한계효용이 높으나 금연가에게는 그 한계효용이 낮다. 그리고 공기와 같은 풍부한 재화의 한계효용은 낮고 다이아몬드와 같은 희소한 재화의 한계효용은 높다.

한계효용이 어떻게 측정되고 어떠한 특성을 갖는지에 대해서 표를 이용하여 살펴보기로 하자. 여기서는 소비자의 주관적인 만족감을 나타내는 총효용은 구체적인 수치로 측정된다고 전제하고 있다. 〈표 6-1〉에는 Q재의 소비량과 Q재의 소비에서 얻을 수 있는 총효용 그리고 식 (6-2)에서 얻을 수 있는 한계효용이 계산되어 있다.

표 6-1 효용 관련 지표

Q재의 소비량	0	1	2	3	4	5	6
총 효 용	0	4	7	9	10	10	9
한계효용	0	4	3	2	1	0	−1

이상의 〈표 6-1〉에서 볼 수 있듯이 어떤 재화의 소비량을 증가시켜 감에 따라 각 단위의 재화가 소비자에게 주는 한계효용은 점차 감소한다. 이와 같이 일정 기간에 어떤 재화의 소비를 증가시킴에 따라 각 단위의 한계효용이 체감하는 것을 한계효용 체감의 법칙(law of diminishing marginal utility)[2]이라고 한다.

2) 일정기간 동안에 재화의 소비량이 증가함에 따라 그 소비증가에 따른 한계효용이 감소하게 되는데 이 법칙은 최초의 발견자인 곳센(H. Gossen)의 이름을 따서 곳센의 제1법칙이라고도 한다. 그리고 한계효용 균등의 법칙을 곳센의 제2법칙이라 한다.

제 3 절 한계효용이론에 의한 소비자 균형

1. 효용의 극대화와 그 조건

소비자가 주어진 소득으로 그들의 욕망을 극대로 충족시키는 상태를 소비자 균형이라 한다. 효용 극대화(utility maximization)를 통한 소비자 균형이 달성되는 법칙 중의 하나가 한계효용 균등의 법칙(law of equi-marginal utility)이다.3)

일반적으로 소비자들은 재화를 보다 많이 구입하여 얻을 수 있는 만족(효용)을 극대화시키려 한다. 하지만 소비자들은 소득이 한정되어 있다는 제약을 가지고 있다. 그러므로 소비자들은 이 제한된 소득으로 재화를 구입함으로써 얻을 수 있는 효용을 극대화하려고 한다. 만약 효용의 극대화가 이루어지지 않았다면 재화의 소비형태를 계속해서 변화시킬 것이다. 이 변화의 과정은 효용이 극대화될 때 중단되고 비로소 소비자 행동은 균형에 도달하게 된다.

소비자가 주어진 소득으로 n개의 재화를 구입할 경우 i재의 한계효용을 MU_i, i재의 가격을 P_i라고 하면, 각 재화에 지불된 화폐 한 단위의 한계효용(MU_i을 P_i로 나눈 값)이 균등하게 되도록 각 재화를 구입할 때 소비자는 효용을 극대화할 수 있다. 즉,

$$\frac{MU_1}{P_1} = \frac{MU_2}{P_2} = \frac{MU_3}{P_3} = \cdots = \frac{MU_i}{P_i} = \cdots = \frac{MU_n}{P_n}$$

$$= m\,(=\text{화폐 한 단위의 한계효용}) \qquad (6\text{-}3)$$

이 성립하도록 제한된 소득을 각 재화의 구입에 배분할 경우 소비자의

3) 한계효용에 의한 효용극대화를 분석하기 위해서는 다음 세 가지 조건을 필요로 한다. ① 소비자의 소득은 일정불변이다. ② 재화의 가격은 일정불변이다. ③ 소비자의 각 재화에 대한 효용지표는 이미 알려져 있다.

총효용의 극대화, 즉 소비자 균형조건이 달성된다. 이 식은 각 재화의 화폐단위당 한계효용이 균등할 때 소비자 효용이 극대로 된다는 것을 의미하는 한계효용 균등의 법칙을 나타내 준다.

이 한계효용 균등의 법칙에 따르면 재화의 가격에 대한 한계효용의 비가 $\left(\frac{MU_x}{P_x} > \frac{MU_y}{P_y}\right)$라고 하면 총효용이 극대로 될 수 없는 것이다. 이 경우에 총효용을 극대화하기 위해서는 X재를 보다 많이 소비하고 Y재의 소비를 보다 줄여 $\left(\frac{MU_x}{P_x} = \frac{MU_y}{P_y}\right)$가 성립하도록 함으로써, 소비자 총효용을 극대화시킬 수 있다.

2. 수요곡선의 유도

위에서 소비자가 효용극대화를 달성하기 위해서는 한계효용 균등의 법칙을 따라야 한다는 것을 살펴보았다. 효용극대화 조건으로부터 가격이 하락할 때 수요량이 증가하는 수요곡선을 유도해 보자. 소비자가 주어진 소득으로 소비재를 구입한다고 하자. 이때 X재의 가격 P_x가 하락한다면

$$\frac{MU_x}{P_x} > \frac{MU_y}{P_y} = \cdots\cdots = \frac{MU_i}{P_i} = m \text{(화폐 한 단위의 한계효용)} \quad (6\text{-}4)$$

되어 총효용 극대화 조건(소비자 균형 조건)이 파괴된다. 이 경우 소비자는 X재를 보다 더 소비하여 X재의 한계효용(MU_x)을 감소시킴으로써 소비자 균형을 달성할 수 있게 된다. 효용극대화를 위해서는 어떤 재화의 가격이 하락하면 그 재화의 소비를 상대적으로 증대시켜야 한다. 그러므로 어떤 소비재의 가격 하락은 그 소비재의 수요량을 증가시키게 된다. 이것은 재화의 가격과 수요량은 역의 상관관계를 가지고 있으며, 수요곡선은 우하향한다는 것을 말하는 것이다.

화폐 한 단위의 한계효용 m이 1이라고 하면 식 (6-3)에서 다음 등

식이 성립한다.

$$MU_x = P_x \quad (6\text{-}5)$$

이 식에서 우리는 X재의 가격이 하락하면 X재의 소비를 증가시켜 X재의 한계효용을 작게 하고, 반대로 X재의 가격이 상승하면 X재의 소비를 감소시켜 한계효용을 높여야 한다는 사실을 알 수 있다. 따라서 개별 소비자 수요곡선은 개별 소비자 한계효용곡선을 나타내고 있음을 알 수 있다. 사회 전체의 수요곡선은 이들 개별 소비자 수요곡선을 수평으로 합하면 된다.

제 4 절 한계효용이론의 성과

아담 스미스(Adam Smith)는 『국부론(1776)』에서 가치를 사용가치와 교환가치로 구분하여 설명하고서, 재화의 가치는 그 사용가치와 교환가치에 의해서 결정된다고 설명하였다. 그러나 우리에게 아주 유용하고 생활에 필요불가결한 물과 공기는 아주 싼 값으로 내지는 무료로 제공되는데 반해 전혀 없어도 살아가는 데 지장이 없는 다이아몬드와 같은 것은 아주 비싼 값으로 팔린다. 사용가치가 큰 물과 공기의 경우 그 교환가치가 아주 작다. 반면 다이아몬드의 경우 사용가치는 아주 작으나 교환가치가 아주 크다. 이와 같은 문제를 가치의 역설이라고 한다. 한계효용이론의 가장 큰 성과는 아담 스미스가 딜레마에 빠졌던 문제인 가치의 역설을 해결하는 데 도움을 주었다는 것이다.

스미스는 모든 재화의 가치에는 사용가치와 교환가치가 있는데, 물과 공기의 사용가치는 크지만 교환가치는 작고 다이아몬드의 경우 사용가치는 작지만 교환가치가 막대하다는 것을 지적하는 데 그쳤다. 왜 다이아몬드가 비싼 값으로 팔리는지에 대한 설명을 할 수가 없었다. 그러나 100년 후에 등장한 한계효용학파는 총효용과 한계효용을 구별하고 재화의 가격을 결정하는 것은 총효용이 아니라 한계효용이라는 것을 주장함으로써 이 문제를 해결했다.

물과 다이아몬드를 한계효용 균등의 법칙에 의거해 정리해 보자.

$$\frac{\text{다이아몬드의 한계효용}(MU_D)}{\text{다이아몬드의 가격}(P_D)} = \frac{\text{물의 한계효용}(MU_W)}{\text{물의 가격}(P_W)} = m$$

이 식을 약간 바꾸면 다음과 같다.

$$P_W = \frac{1}{m} \times MU_W \qquad (6\text{-}6)$$

$$P_D = \frac{1}{m} \times MU_D \qquad (6\text{-}7)$$

화폐의 한계효용이 일정하다면 (6-6)식에서 물의 가격은 물의 한계효용에 의해서 결정된다. 물에 대한 인간의 욕망 정도는 강하지만 그 부존량이 많기 때문에 물의 한계효용은 0에 가깝다. 다이아몬드의 경우 물과 거의 반대의 현상을 보이게 되는 것이다.

결론적으로 물과 공기는 부존량이 아주 많기 때문에 그 한계효용은 작다. 반면 다이아몬드의 부존량은 아주 적기 때문에 한계효용은 아주 크다. 그런데 재화의 가격을 결정하는 것은 그 재화의 총효용이 아니라 한계효용이기 때문에 물과 공기의 총효용이 다이아몬드의 총효용보다 클지라도 다이아몬드의 가격이 훨씬 비싸다는 것이다.

보론 8 객관적 가치설(objective theory of value)과 주관적 가치설(subjective theory of value)

화폐액으로 나타난 상품의 명목적인 가격을 결정하는 실질적인 관계를 고찰하는 이론을 우리는 가치론이라 한다. 가치론을 설명하는 방식에는 객관적 가치설인 노동가치설과 주관적 가치설인 효용가치설이 있다.

객관적 가치설이란 교환가치의 기본적 규정요소인 가치를 객관적 요소로 바꾸어 설명하려는 학설을 의미하고 객관적 가치설을 가장 잘 설명할 수 있는 이론이 노동가치설이다.

노동가치설이란 상품의 가치는 그것의 생산과정에 투하된 노동량 혹은 노동시간에 의해 결정된다고 설명하는 이론으로, 상품의 교환은 노동가치의 비율이 동일할 때 성립된다. 많은 학자들이 노동에 따른 가치의 규정을 설명하였으나 아담 스미스(Adam Smith)에 와서 체계화되기 시작한다. 그러나 스미스 역시 상품을 생산하는 데 현실적으로 투하된 노동량에 의한 가치개념을 설명한 투하노동가치설과 상품에 의하여 구매가 가능한 타인의 노동량에 의한 가치개념을 설명하는 지배노동가치설 즉 생산비설과 혼동하여 사용하였다. 리카도(David Ricardo)는 지배노동가치설을 부정하고 투하노동가치설을 확립하려 했지만 가치와 가격을 완벽히 구별 못하는 등 많은 문제점을 남겼다. 마르크스(Karl Heinrich Marx)는 고전학파의 노동가치론을 비판적으로 계승하여 잉여가치설로 발전시킨다. 마르크스는 단지 인간의 노동만이 모든 가치를 창출하고 이윤의 원천이라고 하였다.

주관적 가치설이란 재화의 효용 내지 만족도의 정도를 주관적 평가로 가치를 설명하는 학설을 말하며, 이는 상품가치의 규정요인을 재화의 효용에서 찾으려는 학설로 효용가치설이라고도 한다.

주관적 가치설 혹은 효용가치설의 기원은 튀넨(Johann Heinrich von Thünen) 혹은 그 이전까지로 거슬러 올라가지만 1870년대 멩거(Carl Menger), 제본스(William Stanley Jevons), 왈라스(Marie Esprit Léon Walras)가 거의 동시에 이론화하여 제창하였다. 효용가치설은 오늘날 근대경제학의 근간을 이루고 있다.

효용가치설에서는 가치의 크기의 순서와 효용의 크기의 순서는 완전히 일치하고 있다고 본다. 또한 가치와 효용을 동의어로 사용하고 있다. 이러한 효용가치설은 현실가격을 결정하는 실체적인 가치관계를 인정하고 있기는 하지만, 그것은 각 개인의 재화에 대한 주관적 효용에 의해서 결정된다고 하는 것이다. 이러한 측면에서 효용가치설을 주관적 가치설이라 한다.

연 | 습 | 문 | 제

1. 공기의 사용가치는 크지만 교환가치는 작고, 다이아몬드의 사용가치는 작지만 교환가치는 크다. 이러한 이론을 무엇이라 하는가?

① 아담 스미스의 역설 ② 케인즈의 역설
③ 마르크스의 역설 ④ 리카도의 역설

2. 어떤 재화의 한계효용의 값이 0이라는 것은 무엇을 의미하는가?

① 가치의 역설을 의미한다.
② 가격의 역설을 의미한다.
③ 총효용이 극대에 이르렀음을 의미한다.
④ 총효용이 극소에 이르렀음을 의미한다.

3. 비용은 적게 들이고 효과는 최대한으로 보려는 인간의 기본 심리를 경제학에서는 어떤 용어로 표현하였는가?

① 효용체감의 법칙 ② 한계생산력체감의 법칙
③ 희소성의 원칙 ④ 경제원칙

4. 가계소비의 최종적인 목적은 어느 것인가?

① 가치와 효용의 극대화 ② 가격과 효용의 극대화
③ 주관적인 만족의 극대화 ④ 객관적인 만족의 극대화

5. 경제활동에 있어서 선택의 표준이 되고 있는 것은?

① 욕구 ② 비용
③ 재화의 가격 ④ 효용

6. 한계효용(marginal utility)이란 무엇인가?

① 재화의 마지막 한 단위가 갖는 효용을 의미한다.

② 평균효용 변화분의 합계를 의미한다.
③ 총재화수량에 대한 총효용량의 비율을 의미한다.
④ 총재화량 변화분에 대한 총효용 변화분이다.

7. 재화를 소비할 때 소비자가 얻는 만족도를 무엇이라고 하는가?
① 가중치 ② 효용
③ 효율 ④ 희소성

8. 다음 중 총효용(total utilty)이 극대가 되는 경우 옳은 것은?
① 한계효용이 0에서 일정한 값을 가지는 경우
② 한계효용이 (−)로 하락하는 경우
③ 평균효용이 (−)값으로 하락하는 경우
④ 평균효용이 상승하는 경우

9. 총효용과 한계효용과의 관계는 어떠한가?
① 총효용이 극대가 되는 것은 한계효용이 1일 때이다.
② 총효용이 극대일 때 한계효용이 극소이다.
③ 한계효용의 누적총합이 총효용과 같다.
④ 한계효용은 항상 체감하는 반면, 총효용은 항상 체증한다.

10. 평균효용의 개념은 어느 것인가?
① 총효용÷한계효용 ② 총효용÷부분효용
③ 총효용÷재화의 총량 ④ 총효용÷평균효용

11. 다음 중 가계의 행동법칙이 아니라고 생각되는 것은?
① 객관적 만족을 극대화하는 것
② 한계효용 균등의 법칙을 따름
③ 소비자균형점을 의미
④ 주관적 만족을 극대화하는 데 있음

12. 일정액수의 소득을 갖고 있는 소비자가 일정 재화를 구매할 때, 이 소비자는 자신의 소득을 지불하고 획득하는 여러 재화에서 얻는 효용의 총합이 극대가 되도록 재화의 구입을 결정하는 원리는?

① 효용체감의 법칙　② 효용체증의 법칙
③ 한계효용 체증의 법칙　④ 한계효용 균등의 법칙

13. 사람이 만족의 극대화를 얻기 위하여 행동해야 하는 법칙은?

① 대량생산의 법칙　② 수요의 법칙
③ 한계효용 체감의 법칙　④ 한계효용 균등의 법칙

14. 어떤 재화의 한계효용이 '0'이라고 할 때를 설명하고 있는 경우는?

① 이 재화의 효용은 '0'이다.
② 이 재화의 총효용은 극대화임을 의미한다.
③ 이 재화의 총효용과 효용은 같음을 의미한다.
④ 이 재화의 총효용이 효용보다 작다는 것을 의미한다.

15. 한계효용학파의 경제이론을 설명하고 있는 내용이 아닌 것은?

① 계급 대신 개인을 분석대상으로 하였고 그 분석도구를 수학으로 하여 경제학을 수학과 같은 순수한 정밀과학으로 접근하였다.
② 수요이론에서 수요의 탄력도, 소비자잉여 등 근대 경제학의 중요한 분석기법을 창안하였다.
③ 경제질서는 인간의 합리적 정신으로 통제될 수 있다고 보았다.
④ 현대 일반균형이론과 후생경제학의 초석을 마련하였다.

16. 다음 중 가계에서 추구하는 궁극적인 목적은?

① 주관적 만족의 극대화　② 객관적 만족의 극대화
③ 수요 만족의 극대화　④ 공급 만족의 극대화

17. "햇빛에는 가격이 없다"고 하는 이유는 무엇인가?

① 햇빛은 효용이 너무 많기 때문이다.

② 햇빛의 수요는 무한하기 때문이다.
③ 햇빛은 한계효용이 0이기 때문이다.
④ 햇빛에는 원료비가 없기 때문이다.

18. 다음 중 객관적 가치설과 관련이 없는 사람은?

① 마르크스(K. Marx)
② 아담 스미스(A. Smith)
③ 리카도(D. Ricardo)
④ 멩거(C. Menger)

19. 다음 중 객관적 가치설과 관련이 있는 사람은?

① 마르크스(K. Marx)
② 왈라스(M. E. L. Walras)
③ 제본스(W. S. Jevons)
④ 멩거(C. Menger)

20. 다음 중 주관적 가치설과 관련이 없는 사람은?

① 리카도(D. Ricardo)
② 왈라스(M. E. L. Walras)
③ 제본스(W. S. Jevons)
④ 멩거(C. Menger)

21. 다음 중 주관적 가치설과 관련이 있는 사람은?

① 리카도(D. Ricardo)
② 왈라스(M. E. L. Walras)
③ 아담 스미스(A. Smith)
④ 마르크스(K. Marx)

22. 다음 중 효용을 의미하는 내용은?

① 어떤 목표에서나 사용할 수 있는 재화를 말한다.
② 용역을 이용하면 나타나는 효과를 의미한다.
③ 인간의 욕망을 만족시킬 수 있는 성질을 의미한다.
④ 효과 있는 재화의 사용방법을 의미한다.

23. 다음 중 한계효용을 설명하고 있는 내용은?

① 욕망과는 반비례의 관계이고 재화의 존재량과는 비례의 관계
② 욕망과는 비례의 관계이고 재화의 존재량과는 비례의 관계
③ 욕망과는 반비례의 관계이고 재화의 존재량과는 반비례의 관계

④ 욕망과는 비례의 관계이고 재화의 존재량과는 반비례의 관계

24. 제한된 소득에서 무한대의 욕망을 합리적으로 만족시키는 방안을 설명하는 법칙은?

① 곳센의 제1법칙 ② 한계효용체감의 법칙
③ 한계효용균등의 법칙 ④ 수확체감의 법칙

25. 한 재화의 한계효용이 '0'이다. 다음 중 어느 것을 의미 하는가?

① 이 재화의 교환가치 및 사용가치 모두 무한대임
② 이 재화는 아무런 효용이 없음을 의미함
③ 이 재화에 대한 총효용도 역시 '0'임을 의미함
④ 이 재화에 대한 총효용이 극대치에 도달했음을 의미함

26. 다음 중 효용의 개념을 가장 잘 설명하고 있는 것은?

① 재화의 유용한 화학적이고 물리적인 성질을 의미함
② 재화의 유용한 객관적이고 개별적인 성질을 의미함
③ 재화의 소비에서 얻는 주관적 만족의 정도를 의미함
④ 재화의 교환가치와 사용가치의 합을 의미함

27. 다음 중 효용 및 한계효용을 설명하고 있는 내용 중 틀린 것은?

① 한계효용은 재화의 존재량에 반비례하고 욕망과는 비례한다.
② 효용은 재화의 소비에서 얻는 주관적 만족의 정도를 의미한다.
③ 각 재화의 한계효용은 그 재화의 수량의 증가와 더불어 감소한다는 사실에 의하여 단위가치가 결정된다.
④ 한계효용이 '0' 일 때 총효용이 극대치에 도달했음을 의미한다.

28. 총효용과 가격과는 어떤 관계인가?

① 비례적 관계가 있다. ② 아무런 관계가 없다.
③ 반비례 관계가 있다. ④ 평행의 관계가 있다.

제 7 장

생산물시장의 분류와 특징

제 1 절 시장의 정의와 형태

1. 시장의 정의

경제학에서의 시장이란 유형의 특정한 장소를 지칭하기보다는 어떤 상품에 대한 수요와 공급에 관한 정보가 수요자와 공급자 사이에 교환되고, 따라서 그 상품의 매매가 규칙적·지속적으로 이루어지는 추상적인 사회적 기구(social mechanism)를 의미한다. 즉, 좁은 의미에서의 시장은 상품의 수요자와 공급자가 모여서 실제로 매매거래를 하는 특정한 장소 또는 건물을 뜻하는 반면에, 넓은 의미에서의 시장이란 재화와 용역의 구매자와 판매자가 상호 의사를 교환하여 어떻게 상품이 교환되어야 하는가를 결정하는 제도(institution) 또는 기구(mechanism)를 의미한다. 경제학에서 시장이란 바로 후자를 지칭한다. 경제학적 분석의 대상이 되는 시장의 유형에는 상품시장, 화폐시장, 노동시장 그리고 자본시장 등이 있다. 본장에서는 상품시장을 분석하고자 한다. 즉, 상품시장 또는 생산물시장이 어떠한 형태와 특징을 가졌는지 간략히 살펴볼 것이다.

2. 생산물시장의 분류

수요자나 공급자가 시장가격을 있는 그대로 받아들이는 것을 가격수용행태(price-taking behavior)라 하고 시장가격을 있는 그대로 받아들이는 경제주체를 가격수용자(price taker)라 한다. 경제학에서 수요자는 가격수용자이다. 공급자가 가격수용자이냐 아니냐에 따라 완전경쟁시장이냐 불완전경쟁시장이냐가 결정된다. 완전경쟁시장에서는 모든 수요자와 모든 공급자가 가격수용자이다. 그러나 불완전경쟁시장에서의 공급자는 가격의 결정자(price maker)이다. 따라서 불완전경쟁 생산물시장에서는 상품

표 7-1 생산물시장의 분류

구 분	완전 경쟁시장	불완전 경쟁시장		
		독 점	과 점	독점적 경쟁
기업의 수	다수	1	소수	다수
상품의 동질성	동질적	동질적	동질적, 이질적	이질적
진입장벽	없다	진입 불가능	진입 비용이 존재	진입 용이
기업의 시장지배력	가격수용자	가격결정자	상당히 큼	어느 정도 있음
주요판매방법	가격경쟁	광고	비가격경쟁	가격경쟁 및 비가격경쟁

의 공급자인 기업이 시장가격을 결정할 수 있는 힘, 즉 시장지배력(market power)을 갖는다. 즉, 공급자인 기업의 수에 따라 생산물시장은 완전경쟁시장과 불완전경쟁시장으로 대별된다.

제 2 절 생산물시장의 개념과 특징

1. 완전경쟁시장

(1) 완전경쟁시장의 정의

완전경쟁시장(perfectly competitive market)이란 다수의 수요자와 공급자가 주어진 시장가격하에서 동일한 질의 상품을 매매하는 시장을 말한다. 현실경제에서는 경매시장, 농수산물시장, 주식시장, 외환시장 등이 완전경쟁시장에 해당하는 시장이다.

(2) 완전경쟁시장의 특징

완전경쟁시장의 특징들은 다음과 같다.

첫째는 완전경쟁시장에서 수요자와 공급자의 수는 무수히 많다. 무수히 많은 수요자와 공급자로 인해 개별 수요자와 공급자는 시장가격에 영향을 줄 수 없다. 즉, 경쟁시장에서 개별 수요자와 공급자는 시장지배력을 전혀 가질 수 없다. 둘째는 거래되는 상품의 질은 동일하다. 즉, 완전경쟁시장에서 모든 수요자와 공급자는 시장가격의 가격수용자이며, 소비량이나 공급량만을 변동시킬 수 있는 수량조정자(quantity adjusters)이다. 셋째는 공급자 즉 기업은 시장에 자유롭게 진입과 이탈을 할 수 있다. 만약 기업의 진입과 이탈이 자유롭지 않을 경우 산업에 존재하는 기업의 수가 제한되어 산업내의 일부 기업이 시장가격에 영향을 줄 수 있기 때문이다. 넷째는 수요자와 공급자는 모두가 의사결정을 위한 완전한 정보를 가질 뿐 아니라 새로운 정보를 얻기 위한 비용은 영(零)이다. 만약 시장가격에 변동사항이 있을 때는 정보가 완전히 공유되어 모든 공급자는 시장가격보다 낮은 가격에서 상품을 파는 일이 없어야 하고, 모든 수요자도 시장가격보다 비싸게 사는 경우가 없어야 한다. 다섯째는 자원의 완전이동성이다.

현실적으로 완전경쟁시장의 특징을 가진 시장은 존재하지 않는다. 그러나 완전경쟁시장에서 도출되는 결론은 현실을 설명하거나 미래에 대한 예측을 하는 데 유용할 뿐만 아니라 완전경쟁시장은 자원을 효율적으로 배분시켜 모든 시장형태의 표준이 되기 때문이다.

불완전경쟁시장은 완전경쟁시장의 여러 조건을 충족시키지 못한다. 즉, 불완전경쟁시장은 독점의 정도에 따라 다시 독점(monopoly)시장, 과점(oligopoly)시장 그리고 독점적 경쟁시장으로 분류할 수 있다.

2. 독점시장

(1) 독점시장의 정의

독점시장(monopoly market) 또는 독점(monopoly)이란 단일기업이 산업전체 공급을 담당하는 시장형태를 말한다. 이 때 단일기업은 가격 결정자(price maker)로서 기능을 하게 된다. 특히 어떤 상품시장에서 판매자가 1인인 경우를 순수독점(pure monopoly) 또는 완전독점(perfect monopoly)이라고 한다. 이때의 단일기업을 독점기업이라 하고, 독점기업이 공급하는 상품을 독점상품이라 한다. 우리나라에서 독점시장의 예는 전기서비스를 하는 한국전력공사, 우편서비스를 하는 우체국, 철도서비스를 하는 한국철도공사 등이다.

(2) 독점시장의 특징

독점시장은 완전경쟁시장과 다르게 다음과 같은 특징을 가지고 있다.

첫째는 독점기업이 공급하는 상품의 공급량은 그 상품에 대한 시장에 공급되는 총량과 같다. 즉, 독점기업은 독점산업이다. 둘째는 앞에서 설명했듯이 불완전경쟁 생산물시장에서는 상품의 공급자인 기업이 시장가격을 결정할 수 있는 힘, 즉 시장지배력(market power)을 갖는다. 독점시장은 불완전경쟁시장 중 하나이다. 즉, 독점기업은 가격결정자(price maker)로서 기업이 필요할 경우 시장가격을 임의로 결정할 수 있다. 셋째로 독점시장은 동질의 상품이나 대체재를 공급하는 다른 기업이 존재하지 않으므로 경쟁기업으로부터 도전이 없는 시장이다. 그러나 현실에서는 독점상품에 대응한 대체상품이 존재하기 때문에 독점시장은 현실에서 쉽게 볼 수 있는 시장형태는 아니다.

(3) 독점시장의 형성요인

독점시장이 형성되는 것은 진입장벽(barriers to entry), 즉 독점기업이 지배하는 시장에 새로운 경쟁자가 자유로이 들어오는 데 어려움을 주는 요소가 존재하기 때문이다. 그 진입장벽은 다음과 같다.

첫째, 규모의 경제(economy of scale)이다. 규모의 경제가 작동하여 생산설비를 확대함으로써 어느 한도까지 생산량을 증가시키면 재화를 생산하는 데 평균적으로 들어가는 비용이 감소한다. 규모의 경제가 나타나는 이유는 대규모 설비의 경제성, 대량 구입에 따른 운임이나 원료비의 감축, 분업에 의한 생산요소의 전문화 등을 들 수 있다. 즉, 규모의 경제가 작동하는 산업은 독점화될 가능성이 커서 경쟁기업들을 시장에서 몰아낼 수 있다. 설비투자와 시장의 규모가 큰 산업에서는 단일 기업에서 생산하는 것이 여러 기업에서 생산하는 것보다 저렴한 비용으로 생산할 수 있는 경우가 많아서 자연적으로 독점이 형성되는 경우가 흔하다. 이것이 자연독점(natural monopoly)이다. 자연독점의 예로는 우편, 전기, 철도, 도시가스, 수도 등을 들 수 있다.

둘째, 정부의 특정한 목적으로 하나의 기업만 허가해 준 경우이다. 우리나라의 경우 담배와 홍삼을 독점 생산·판매하는 한국담배인삼공사의 후신인 KT&G가 그 예이다.

셋째, 생산요소의 독점이다. 즉 어떤 상품을 생산하는 데 사용되는 원재료를 독점적으로 소유하는 경우, 원료의 독점적 소유로 인하여 다른 경쟁기업의 시장진입이 실질적으로 배제되는 경우이다. 남아프리카공화국의 드비어스 콘솔리데이티드 마인스(De Beers Consolidated Mines, Ltd.) 회사가 세계 다이아몬드 생산량의 80%를 차지하여 세계 다이아몬드 시장을 지배하고 있는 것이 이러한 예이다.

넷째, 정부가 지적재산권, 인·허가권 등을 내어줌으로써 법적 독점을 인정하는 경우이다. 산업재산권의 유인을 마련하기 위하여 세계 각국이 인정하는 특허권[1], 실용신안권[2], 의장권[3], 상표권[4]이 이 경우의 예이다.

(4) 독점의 폐해와 성과

완전경쟁시장에서의 자원배분보다 초과독점이윤이 존재하는 독점시장에서의 자원배분은 소비자의 입장에서 보면 효율적인 자원배분이 될 수가 없다. 독점시장의 폐해를 정리하면 다음과 같다.

첫째, 독점시장은 독점가격의 형성으로 완전경쟁시장에 비해 가격이 높고 생산자원이 충분히 활용되지 않는다. 그래서 독점시장에서는 사회적 손실 내지는 후생손실이 발생한다.

둘째, 완전경쟁시장이 독점화되면 가격이 올라가고 생산량은 줄어든다.

셋째, 완전경쟁기업은 경쟁에서 살아남기 위해 기술혁신 등의 부단한 노력을 한다. 그런데 독점기업은 상대기업이 존재하지 않기 때문에 독점적 지위를 이용하여 기술개발을 위한 노력은 하지 않을 뿐 아니라 설비개선도 하지 않아 경제적 효율성이 저해된다.

---

1) 특허법에 의하여 발명을 독점적으로 이용할 수 있는 권리로 특허의 존속기간은 '출원일로부터 20년'이다.

2) 실용신안법에 의하여 실용신안을 등록한 자가 독점적·배타적으로 그 실용신안 상에 가지는 지배권을 말하는 것으로, 산업상 이용할 수 있는 물품의 형상·구조 또는 조합에 관한 고안으로서 특허청에 이를 등록함으로써 권리에 대한 효력이 발생한다. 실용신안권의 존속기간은 실용신안등록출원일로부터 15년이다.

3) 산업적 물품 또는 제품의 독창적이고 장식적인 외관 형상의 보호를 위하여 등록을 통하여 허용된 권리이며 산업재산권의 하나이다. 의장이란 물품에 표현되어 눈으로 보아 미적 감각을 일으키게 하는 디자인이다. 의장권의 존속기간은 의장권 설정의 등록일로부터 15년이다.

4) 등록상표를 지정상품에 독점적으로 사용할 수 있는 권리로 상표는 상품을 표시하는 것으로서 생산·제조·가공 또는 판매업자가 자기의 상품을 다른 업자의 상품과 식별하기 위하여 사용하는 기호·문자·도형 또는 그 결합을 말한다. 상표권은 설정등록에 의하여 발생하고, 그 존속기간은 설정등록일로부터 10년이며, 갱신등록의 출원에 의하여 10년마다 갱신할 수 있다.

넷째, 이윤극대화를 추구하는 독점기업이 아무런 규제를 받지 않고 장기적으로 존재할 경우 소득불평등을 심화시키는 결과가 나타난다. 초과이윤으로 인해 소득분배를 악화시키고 경제력의 집중을 초래하기 때문이다.

다섯째, 독점적 위치에 있는 기업은 경쟁부재로 인해 방만한 경영, 소비자선호 무시 그리고 비용절감을 위한 노력을 하지 않음으로써 경영합리화를 달성하지 못해 기업 내부의 비효율성을 초래할 수도 있다.

그러나 독점의 이러한 폐해에도 불구하고 긍정적인 면도 존재한다.

첫째, 시장규모가 협소하기 때문에 1개 이상의 기업이 성립할 수 없는 경우에는 독점화가 부득이한 경우도 있다.

둘째, 경제개발 초기에는 신설되는 새로운 산업분야가 초기적인 비효율성으로 인해 도산하는 경우가 있는데, 이러한 경우 당분간 독점적 지위를 이용하여 적자경영을 없애 주어 기업이 어느 정도 성장할 수 있도록 하는 측면도 있다.

셋째, 독점기업은 초과이윤의 존재로 완전경쟁에서는 활용할 수 없는 큰 자금을 이용하여 자체 내에 연구개발을 하여 발견과 발명을 촉진시켜 생산방법의 근대화를 가져오는 경우가 많다.

넷째, 소규모의 다수기업이 한 산업을 구성하기보다는 대규모의 한 기업이 한 산업을 차지하는 것이 사회적 비용을 경감시키고 보다 낮은 가격으로 상품을 공급하기도 한다. 규모의 경제가 크게 작용하는 산업에 대해서는 독점으로 인해 사회 전체적인 이익을 누릴 수도 있다.

3. 과점시장

(1) 과점시장의 정의

과점(oligopoly)시장이란 소수의 대기업들이 유사한 상품을 생산하여 상호 경쟁하고 있는 시장형태를 말한다. 복점(duopoly)은 과점시장의 특수한 형태로 단 두 개의 기업이 전체시장을 지배하는 산업을 말한다. 현실 경제에서는 국내시장이나 국제시장도 대다수의 시장이 과점시장의 형태이다.

(2) 과점시장의 유형과 특징

과점시장 형태에서의 소수의 공급자들은 의사결정에 있어서 기업 상호간의 의존관계로 인하여 일정한 행동제약을 받는다. 이는 과점이 다른 시장조직과 두드러지게 다른 특징이다. 즉, 소수의 대기업들이 한 산업을 구성하고 있어서 각 기업은 밀접한 대체재를 생산하며, 한 기업이 그의 생산량을 증감시킴에 따라 산업의 총생산량에 상당한 영향을 미쳐서 각 경쟁기업들이 많은 영향을 받게 되는 그러한 시장형태이다.

그러므로 만약 어떤 한 기업이 가격과 생산량을 조작하여 이윤증대를 도모한다면 그 영향은 타 경쟁기업들의 판매량 및 이윤에 대해서 불리하게 작동할 것이기 때문에 경쟁기업들의 반응이 나타날지 모른다. 따라서 한 기업이 어떤 행동을 제약하는 과점산업의 복잡한 생리 때문에 과점가격의 결정이론은 다양하게 전개되고 있고 일률적인 결론에 도달하지 못하고 있다. 과점에는 순수과점, 차별과점 그리고 담합과점이 있다.

순수과점(pure oligopoly)이란 다른 조건이 일정(other things equal)하다면 생산제품이 동일한 경우를 의미하며, 그리고 차별과점이란 생산제품이 상이한 경우를 말한다. 담합과점은 카르텔(cartel)이라 하고 이는 기업 상호간의 경쟁의 제한이나 완화를 목적으로 동종 또는 유사산업 분야의 기업간에 담합(collusion)하여 만든 과점기업들의 연합체를 말한다. 이러한 과점시장의 특징은 다음과 같다.

첫째, 과점시장에서의 기업들은 치열한 비가격경쟁과 가격의 경직성을 가진다. 과점기업간에는 밀접한 상호의존관계가 있기 때문에 기업들은 가급적 경쟁을 회피하고 광고나 상품차별화 등 비가격경쟁에 의존하게 된다. 과점기업들이 가격 이외의 측면에서 벌이는 비가격경쟁은 크게 상품차별화, 광고 그리고 판매조건경쟁의 세 가지로 나눌 수 있다.

각 과점기업은 자기제품이 다른 기업의 제품과 쉽게 구분될 수 있도록 상표·디자인·색채·스타일·제품의 성능 등을 독특하게 한다. 이러한 상품차별화는 자기회사 제품이 다른 회사 제품보다는 품질이 좋은 상품이라는 인식을 고객들에게 심어줌으로써 시장지배력을 행사할 수 있는 것이다. 신문·라디오·텔레비전 등의 대중매체를 통하여 과점기업들은 자기상품을 선전한다. 홍보적인 광고는 소비자가 상품정보의 획득을 위해 드는 비용과 수고를 덜어 준다는 점에서는 긍정적이지만 사실 왜곡적인 광고와 전투적인 광고는 자원의 낭비를 초래하는 비효율적인 것이다. 판매조건경쟁으로는 일정기간 품질보장, 애프터 서비스제도, 경품제도, 할부제도 등 다른 기업보다 나은 판매조건을 내세워 소비자의 호의를 얻고자 경쟁하는 것이다. 이와 같은 비가격경쟁은 독점적 경쟁보다 훨씬 치열하다. 그 결과 과점시장의 제품가격은 다른 시장에서처럼 자주 바뀌지 않고 경직적인 현상을 보인다.

둘째, 과점시장에서의 기업들은 담합 또는 기타 공동행위와 같이 비경쟁행위를 하려는 경향이 강하다. 가격경쟁을 벌이지 않는 것이 상호이익이라는 것을 인식하는 과점기업들은 공동이윤을 극대화하기 위하여 가격을 협정하고 나아가 여러 가지 공동행위를 취하는 경우가 흔하다. 카르텔이나 기업합병[5](trust) 등이 그것이다.

마지막으로 과점시장은 새로운 기업의 진입에 상당한 장벽이 존재한다. 진입장벽이 독점과 같이 완벽한 것은 아니지만 독점적 경쟁보다는 훨씬 두텁다. 과점기업들은 이러한 진입장벽을 전략적으로 만드는 경우도 있다. 이러한 진입장벽이 과점을 생성·유지시킨다.

---

5) 동일산업 부문에서의 자본의 결합을 축으로 한 독점적 기업결합을 말한다.

(3) 과점시장의 원인

과점시장이란 한 산업 및 시장을 소수의 기업들이 지배하는 산업조직이며 시장형태이다. 소수기업들이 산업과 시장을 지배하게 되는 이유가 바로 과점성립의 원인이 된다.

첫째, 시장이 협소해서 소수의 기업만이 성립될 수 있는 경우가 있다. 최소단위의 기업규모로서도 시장이 협소하기 때문에 수개의 기업들만이 성립될 수 있는 경우에는 과점이 시장을 지배한다.

둘째, 규모의 경제가 크게 지배하는 산업분야는 일반적으로 과점시장이 된다. 처음에는 소수의 기업들이 경쟁을 하고 있었다 하더라도 규모의 경제를 빨리 이용한 소수기업들만이 군소경쟁기업들을 물리치고 시장을 지배하여 과점으로 발전하게 된다.

셋째, 수개 기업만이 특허권이나 원료의 특수한 가공 및 처리기술 등을 보유하고 있기 때문에 신기업의 진입이 불가능해지는 경우에 과점산업이 성립한다.

넷째, 과점기업들이 협정이나 묵계에 의하여 진입저지가격의 설정이나 원료구입처의 봉쇄 등으로 신기업의 진입을 효과적으로 저지할 때 과점시장이 성립한다.

다섯째, 처음부터 대규모의 설비를 필요로 하기 때문에 군소기업들이 진입할 수 없어서 과점시장으로 된다.

(4) 과점시장의 폐해와 성과

과점기업이 완전담합을 통하여 시장지배를 하게 되면 완전경쟁시장에 비하여 바람직하지 못한 점들을 가지게 된다. 이와 같은 과점기업의 폐해는 다음과 같이 요약할 수 있다.

첫째, 과점상태에서는 기업들이 생산을 제한하고 가격을 올리는 경향이 있다.

둘째, 과점기업의 경우 수입과 지출이 부분적으로 혹은 전적으로 저지되는 것이 일반적이므로 장기적으로는 가격이 평균비용을 초과하는 상태가 지속된다.

셋째, 기업이 생산에 있어서 최대의 능률을 발휘하려면 최적시설을 최적조업도로써 가동시켜야 한다. 그러나 과점상태에서는 장기적으로는 반드시 그러한 상태를 기대할 수 없다.

넷째, 과점상태에서는 시장확보의 쟁탈을 위하여 광범위한 비가격경쟁이 계속된다. 이로 인해 과점시장은 가격의 하방경직성으로 물가의 지속적 상승현상을 초래시킬 뿐만 아니라 불균등화함으로써 사회적·경제적 불안을 가져오게 하는 등의 문제점을 지닌다.

다섯째, 과점상태는 완전경쟁상태에 비하여 기술개발을 가로막는다. 종래의 지배적 이론에 의하면 기업이 거대화하여 산업내에서 지배적 위치를 차지하면 경쟁의 압력이 없으므로 기술혁신을 위한 노력을 하지 않을 수 있다는 점이다.

과점의 성과는 다음과 같다.

첫째, 과점시장은 대규모생산으로 인한 생산성 향상과 생산비 절감을 가져올 수 있으며 나아가 국제경쟁력을 강화시킬 수 있는 원동력이 될 수 있다.

둘째, 긴급한 국민경제에서는 산업통제가 용이하여 경제 각 부문간의 특화 및 추진 등이 가능하다.

셋째, 차별적 과점은 순수경쟁이나 순수독점에 비하여 상품을 보다 다양화하기 때문에 소비자에게 상품 선택의 범위를 넓혀 준다.

그러나 과점시장은 새로운 기업의 산업참여 배제한 진입장벽으로 인하여 새로운 기술의 도입과 산업의 발전을 저해시킨다.

4. 독점적 경쟁시장

(1) 독점적 경쟁시장의 정의

독점적 경쟁시장이란 같은 종류의 재화를 생산하는 기업의 수는 많으나 재화의 차별화 — 상표, 디자인, 서비스, 품질 등 — 에 의하여 각 기업은 자사품에 대하여 어느 정도 독점력을 행사할 수 있는 시장의 형태를 말한다.[6] 즉, 독점적 경쟁시장은 완전경쟁과 독점의 두 성격을 동시에 가지고 있는 시장을 말한다. 이러한 독점적 경쟁시장에 관한 이론에는 로빈슨(J. Robinson)의 불완전경쟁이론, 챔벌린(E. Chamberlin)의 독점적 경쟁이론 그리고 트리핀(B. Triffin)의 이질적 경쟁이론 등이 있다. 독점적 경쟁시장은 현실의 여러 산업분야에서 형성되어 있는 현실적인 시장형태이다. 중소기업 상품시장, 커피숍, 음식점, 약국, 미용실 등과 같은 서비스업종에서 주로 나타난다.

(2) 독점적 경쟁시장의 특징

독점적 경쟁시장에는 새로운 기업의 진입이 자유롭고 또 경쟁기업의 수가 많다는 점에서 완전경쟁시장의 성격과 유사하다. 즉, 독점적 경쟁시장에서는 독점시장과 같은 진입장벽이 존재하지 않는다. 따라서 한 독점적 경쟁산업 내의 기업들이 초과이윤을 실현하면 장기적으로는 새로운 기업이 이 산업으로 진입하려 한다. 반면에 한 산업 내의 기업들이 손실을 보게 되면 장기적으로는 기존 기업들 중 일부가 이 산업으로부터 빠져나간다.

따라서 완전경쟁시장과 같이 자유로운 진입과 퇴거가 보장되는 독점적 경쟁산업 내에서는 각 기업들이 장기의 초과이윤을 향유하지 못하고

---

6) 챔벌린(E. Chamberlin)은 독점적 경쟁시장을 독점적 성격과 경쟁적 성격을 모두 지니고 있는 기업이 내재되어 있는 시장이라고 하였다.

정상이윤만 얻게 된다. 또한 독점적 경쟁기업의 수요는 완전경쟁기업의 수요보다 현저히 적다. 그러나 독점적 경쟁기업은 독점기업처럼 완벽한 시장지배력은 아니지만 공급량을 조절하여 시장가격을 조금씩 변경시킬 수 있는 힘을 가지고 있다.

이러한 약간의 시장지배력은 상표나 디자인 등에 의한 상품의 차별화 때문에 각 기업이 자기제품을 선호하는 수요자들에 대하여 어느 정도 지배력을 가지는 것에 기인한다. 다시 말하면 기업이 자기 제품의 가격을 어느 정도 조작하고 공급량을 조절할 수 있다는 것을 의미한다.

완전경쟁기업은 시장지배력이 전혀 없는 단순한 가격순응자이지만 독점적 경쟁기업은 가격설정자로서 어느 정도 가격을 조작하여 이윤극대화를 추구할 수 있다. 그리고 독점기업과 독점적 경쟁기업이 특히 구별되는 것은 독점적 경쟁기업에게는 밀접한 대체재를 생산하는 경쟁기업이 존재한다. 또한 독점적 경쟁기업은 서로 유사하지만 약간씩 다른 상품을 생산하기 때문에 자기제품이 다른 제품보다 우수한 점들을 강조하여 다른 기업보다 더 많은 매출을 올리려는 경쟁이 일어난다. 이러한 경쟁이 제품가격보다는 판매서비스나 품질의 개선 혹은 광고 등의 형태로 일어날 때 이를 비가격경쟁이라 한다. 이처럼 완전경쟁시장과 독점시장에서는 찾아 볼 수 없는 비가격경쟁이 존재한다는 것이 독점적 경쟁시장의 특징이다. 그러나 독점적 경쟁시장에서의 비가격경쟁은 앞에서 다룬 과점에서의 비가격경쟁보다는 강도가 훨씬 약하다.

(3) 독점적 경쟁시장의 경제적 효과

독점적 경쟁시장의 경제적 효과는 완전경쟁시장 및 독점시장과 비교하면 다음과 같다.

독점적 경쟁시장은 먼저 상품의 가격이 완전경쟁시장의 경우보다 높게 형성된다. 이러한 가격에서 이루어지는 균형생산량은 최적조업도가 달성되기 전에 형성되기 때문에 생산능력을 완전히 활용하지 않은 채 달성되는 생산량이다. 즉, 독점적 경쟁시장은 완전경쟁시장보다 자원배분의 측면에서 비효율적이다. 그러나 독점적 경쟁시장에서의 자원배분의 효율성은 독점시장과 비교할 때 그 성격을 달리한다. 독점적 경쟁기업의 수를 줄이고 생산규모를 늘리면 규모의 경제가 작용하여 평균생산비용과 시장가격이 낮아지지만 다른 한편으로는 상품의 다양성이 줄어드는 부작용이 생길 수 있다. 따라서 독점적 경쟁시장에서의 비효율성은 독점시장에 비해 다양한 소비자의 기호를 충족시키는 일면이 있지만, 그 비효율성을 제거하기 위해서는 소비자의 기호를 임의로 제약시켜야 한다는 문제가 뒤따른다는 것이다. 또한 독점적 경쟁기업은 상품의 차별화를 강조해서 어느 정도 독점적 지위를 가지고자 노력한다. 즉, 상품의 질의 개선, 디자인의 개선, 광고, 선전을 통한 지배력 확보로 인한 가격인상이 소비자의 부담이 되고 만다. 독점적 경쟁이 기술혁신에 관한 유인을 마련해 주는가 하는 면에서는 부정적이다.

독점적 경쟁에서 기술혁신에 대한 재원으로서의 초과이윤은 단기에는 존재하지만 독점과 같이 방대하지 못해 장기적인 연구투자를 할 수가 없다. 한편 비가격경쟁으로 품질은 개선되지만 이는 외면적인 개량에 그치고 실질적인 기술혁신에까지 이르지 못하는 경우가 많다.

또한 독점적 경쟁시장은 소득분배면에서는 많은 기업들이 장기적으로 정상이윤만을 취하기 때문에 독점시장보다는 소득의 불공정분배가 덜하지만 공평분배에 기여하는 완전경쟁시장에는 그 정도가 미치지 못한다.

연 | 습 | 문 | 제

1. 경제학에서 말하는 시장의 개념에 해당하는 것은?

① 수요자와 공급자가 만나는 구체적인 장소
② 수요자와 공급자가 만나는 추상적 장소
③ 수요자와 수요자가 만나 정보를 교환하는 장소
④ 공급자와 공급자가 만나 정보를 교환하는 장소

2. 정보통신의 발달이 시장에 미친 영향은?

① 시간성의 확장　　② 계절성의 확장
③ 시장성의 축소　　④ 공간성의 확장

3. 다음 중 생산의 3대 요소에 포함되지 않는 것은?

① 토지　　② 자본
③ 기술수준　　④ 노동

4. 기업이 어떤 상품을 생산하기로 결정하였다면 그 다음으로 고려해야 하는 사항이 아닌 것은?

① 어떤 생산기술을 사용할 것인가.
② 어떻게 그리고 얼마나 생산할 것인가.
③ 생산요소의 고용량과 그 생산요소에 대한 소득분배에 대한 결정은 어떻게 할 것인가.
④ 생산된 재화는 어떤 과정을 통해서 팔고 판매의 형태는 어떻게 할 것인가.

5. 다음 중 시장의 형태와 관계없는 것은?

① 자유방임　　② 과점
③ 불완전경쟁　　④ 복점

6. 다음의 시장의 분류 가운데 성격이 다른 하나는?

① 상품시장 ② 화폐시장
③ 노동시장 ④ 독점적 경쟁시장

7. 다음 중 완전경쟁시장의 기본 조건이라 볼 수 없는 것은?

① 정보의 완전성 ② 다수의 수요자, 다수의 공급자
③ 상품의 이질성 ④ 완전 이전성

8. 일물일가의 원칙이란 무엇인가?

① 모든 시장에서 하나의 가격만으로 재화의 가격이 결정된다.
② 동일한 시장에서는 일정한 양만큼의 재화에 대하여 동일한 가격으로 가격이 결정된다.
③ 모든 재화에 대하여 동일한 가격으로 가격이 결정된다.
④ 같은 장소, 같은 재화, 같은 시간에는 같은 가격으로 가격이 결정된다.

9. 현실경제에서 완전경쟁시장이 성립되지 않는 가장 큰 이유에 해당하는 것은?

① 시장이 다수 존재하기 때문
② 재화의 가격이 다양하기 때문
③ 수요에 대한 이질성이 존재하기 때문
④ 노동자들의 임금탄력성이 다양하기 때문

10. 일반적으로 가격경쟁이 가장 광범위하게 이루어진다고 볼 수 있는 시장은?

① 독점적 경쟁 ② 완전경쟁
③ 순수독점 ④ 과점

11. 장기적으로 완전경쟁이 이루어질 경우 자원의 배분은 어떻게 되겠는가?

① 불완전배분이 이루어진다. ② 부족현상이 나타난다.
③ 완전분배에 가까워진다. ④ 고갈된다.

12. 다음 중 불완전경쟁의 성질에 해당하는 것은?

① 재화의 완전이동을 의미

② 일물일가의 원칙이 성립하지 않는 시장

③ 정부의 간섭이 전혀 없는 상태

④ 재화의 수요와 공급에 대한 완전정보성

13. 소비자는 일정 부분 가격과 상관없이 특정 기업의 제품을 선호하는 경향이 있다. 그 이유에 해당하는 것은?

① 수요의 이질성 ② 원료의 특수성

③ 가격의 이질성 ④ 공급의 이질성

14. 완전경쟁시장에서 수요자와 공급자의 가격이 결정될 때 그 가격이 형성하게 되는 경제법칙을 일반적으로 무엇이라 하는가?

① 수확체감의 법칙 ② 수요·공급의 법칙

③ 대량생산의 법칙 ④ 한계생산력 균등의 법칙

15. 다음 중 시장기능으로 해결 못하는 문제는?

① 효율적 자원배분 ② 안정적 시장가격의 형성

③ 안정적 소득분배 ④ 재화판매의 경쟁력 강화

16. 어떤 경우든 경쟁관계가 성립되지 않는 상태로 볼 수 있는 상황은?

① 수요자는 1명이지만 공급자는 여러 명인 경우

② 수요자와 공급자 모두 1명인 경우

③ 수요자는 여러 명이고 공급자는 1명인 경우

④ 수요자와 공급자 모두 다수인 경우

17. 경쟁 상태에서 일반적으로 가격에 가장 큰 영향을 끼친다고 볼 수 있는 것은?

① 수요량 ② 공급량

③ 가치 ④ 분업의 정도

18. 독점적경쟁이론을 전개한 학자들이다. 직접적 관련성이 없는 학자는?

① 챔벌린(E. Chamberlin) ② 케인즈(J. M. Keynes)
③ 트리핀(B. Triffin) ④ 로빈슨(J. Robison)

19. 다음 중 불완전경쟁의 특징을 나타내는 것은?

① 상품의 동질성 ② 이동의 완전성
③ 정보의 완전성 ④ 광고선전의 동질성

20. 독점의 원인으로 볼 수 없는 것은?

① 경쟁의 심화 ② 특허권
③ 희귀한 자원 ④ 규모의 경제

21. 희소가격과 관계가 있는 상품은?

① 사치품 ② 생필품
③ 농산품 ④ 골동품

22. 독점으로 인하여 나타나는 폐해로 가장 큰 것은?

① 재화의 생산비 상승 ② 재화의 가격의 앙등
③ 재화의 공급량 증대 ④ 재화의 수요감소

23. 다음 중 완전독점과 관계있는 것은?

① 원료의 독점 ② 독점적 경쟁
③ 과점 ④ 복점

24. 다음 중 단 두 개의 기업만으로 시장이 구성되는 것은?

① 완전경쟁 ② 독점
③ 복점 ④ 과점

25. 다음 중 과점을 설명한 내용은?

① 한 기업이 시장을 지배하는 경우

② 단 두 개의 기업이 시장을 지배하는 경우
③ 소수의 기업이 시장을 지배하는 경우
④ 다수의 기업이 시장을 지배하는 경우

26. 제품의 질이 조금씩 구분되는 구두를 거래하는 수요자와 공급자가 다수인 시장의 형태는?

① 독점적 경쟁 ② 완전경쟁
③ 독점 ④ 과점

27. 독점적 경쟁의 특징으로 가장 알맞는 것은?

① 가격경쟁 ② 수량경쟁
③ 덤핑 ④ 비가격경쟁

28. 독점적 경쟁은 산업규모를 어떻게 만드는지 다음 내용 중 가장 적합한 것은?

① 작게 만든다.
② 크게 만든다.
③ 적당한 규모로 수렴하게 한다.
④ 영향력을 끼치지 않는다.

29. 다음 중 독점적 경쟁시장의 특징이 아닌 것은?

① 공급자가 소수이다.
② 제품의 질이 차이가 있다.
③ 시장참여가 용이하다.
④ 경쟁은 주로 비가격경쟁을 중심으로 이루어진다.

30. 다음 중 수요의 교차탄력성이 0인 경우는?

① 완전경쟁 ② 독점적 경쟁
③ 불완전경쟁 ④ 독점

31. 독점기업에서 생산한 제품에 비례세를 포함시키면 어떤 결론을 도출할 수 있나?

① 제품의 가격만 상승한다.
② 제품의 질이 좋아진다.
③ 제품의 산출량은 증가하고 가격도 상승한다.
④ 제품의 산출량은 감소하고 가격은 상승한다.

32. 독점기업에서 제품의 가격을 통제하면 어떤 결론을 도출할 수 있나?

① 생산량은 증가하고 가격은 상승한다.
② 생산량은 증가하고 가격은 하락한다.
③ 생산량은 감소하고 가격도 하락한다.
④ 생산량은 변함이 없으나 가격은 하락한다.

33. 독점은 완전경쟁에 비해 제품의 가격과 생산량을 설명한 내용으로 맞는 것은?

① 생산량은 감소하고 가격은 높다.
② 생산량은 증대하고 가격은 높다.
③ 생산량과 가격 모두 동일하다.
④ 생산량은 증대하고 가격은 낮다.

34. 다음 중 과점의 일반적 특징이라 할 수 없는 것은?

① 공급자는 소수이다.
② 독점적 경쟁에 비하여 과점의 경쟁이 심한 편이다.
③ 기업의 참여와 탈퇴가 자유롭지 못하다.
④ 제품의 종류는 다양하게 구성되어 각각의 특징을 가진다.

35. 다음 중 기업의 진입장벽으로 보기 힘든 것은?

① 규모의 경제　　② 시장경제
③ 제품의 차별화　　④ 생산비용의 절대적 크기

36. 다음 중 제품의 공급자가 가장 큰 영향력을 끼치는 시장의 형태는?

① 완전경쟁 ② 판매독점
③ 원료독점 ④ 과점

37. 정부는 일반적으로 기업의 독점을 금지하는 법을 제정하는 등 여러 가지 대책을 수립하고 있다. 그 이유로 합당하지 않는 것은?

① 소비자 보호 ② 과당 경쟁을 방지
③ 공공기업의 보호·육성 ④ 근로자의 이익과 권익보호

38. 다음 중 독점의 긍정적인 측면이 아닌 것은?

① 시장규모가 협소한 경우 독점은 긍정적 평가를 받을 수 있다.
② 경제개발의 초기에는 독점적 위치를 이용해 적자경영을 없앨 수 있다.
③ 독점기업의 초과이윤은 발명과 발견을 촉진하여 생산방법의 근대화에 기여한다.
④ 기술혁신에 부단한 노력을 하여 경제적 효율성을 높힌다.

39. 다음은 과점에 관한 설명이 아닌 것은?

① 기업들이 생산을 제한하고 가격을 올리는 경향이 있다.
② 장기적으로 평균비용을 초과하는 상태가 지속되는 것이 일반적이다.
③ 시장확보의 쟁탈을 위하여 광범위한 비가격경쟁이 계속된다.
④ 개별기업은 시장에서 가격순응자의 위치에 있다.

40. 독점가격은 다음 중 어떤 가격에서 결정되나?

① 가장 비싼 가격 ② 생산비가 최고인 경우
③ 순이윤이 극대로 되는 가격 ④ 가장 많이 판 가격

41. 자본재시장에서 자본재를 중심으로 거래를 하는 집단들은?

① 가계와 기업 ② 기업과 기업

③ 금융기관과 기업 ④ 금융기관과 가계

42. 노동과 기계 간에 어떤 관계가 있나?

① 차입관계 ② 보충관계
③ 대체관계 ④ 관계없음

43. 노동과 생산재는 어떤 관계에 있나?

① 보완관계 ② 대체관계
③ 차입관계 ④ 보충관계

44. 다음 중 독점이 발생할 때 나타나는 가장 심각한 피해의 상태는?

① 소비자의 생활의 어려움 ② 상품가격의 폭등
③ 상품가격의 폭락 ④ 상품생산비 상승

45. 기업이 상대기업의 움직임을 가장 민감하게 작용하는 시장은?

① 독점 ② 독점적 경쟁
③ 완전경쟁 ④ 동일한 질의 과점

46. 산업상 이용할 수 있는 물품의 형상·구조 또는 조합에 관한 고안으로서 특허청에 이를 등록함으로써 발생하는 권리는?

① 실용신안권 ② 지적재산권
③ 의장권 ④ 상표권

47. 산업적 물품 또는 제품의 독창적이고 장식적인 외관 형상의 보호를 위하여 등록을 통하여 허용된 권리는?

① 실용신안권 ② 지적재산권
③ 의장권 ④ 상표권

48. 생산 · 제조 · 가공 또는 판매업자가 자기의 상품을 다른 업자의 상품과 식별하기 위하여 사용하는 기호 · 문자 · 도형 또는 그 결합을 의미하는 권리는?

① 실용신안권 ② 지적재산권

③ 의장권 ④ 상표권

제 8 장

계층별 소득분배이론

제 1 절 계층별 소득분배이론

분배이론에 있어서 기능별 소득분배(functional distribution of income) 이론은 생산요소소득의 결정요인으로서 생산활동에 기여하는 생산요소의 가격이 어떻게 결정되는가를 이해할 수 있는 원리를 보여준다. 여기에 반하여 계층별 소득분배(size distribution of income)[1]는 생산요소의 생산활동에 대한 기여도에는 상관없이 모든 가계[2]를 소득의 크기에 따라 배열한 다음 전체가계를 일정한 비율로 나누어 소득계층을 구분하여 그들 소득계층의 소득이 총소득 중에서 차지하는 비율을 살펴봄으로써 상이한 소득계층간의 소득분배가 얼마나 균등하게 이루어졌는가를 알 수 있게 해준다.

계층별 소득분배이론에서는 모든 가계의 소득의 발생근원이나 형태를 무시하고 다만 소득의 크기만을 분석대상으로 한다. 현존 자본주의사회에서는 다양한 생산요소의 생산활동에 대한 기여도를 측정한다는 것은 매우 어려운 실정이다. 예컨대 직접 용역을 제공하는 의사, 변호사 그리고 농민 등 자영업자들의 경우 자본소득과 노동소득을 구분한다면 그것이 과연 가능할까? 소득분배의 파악을 위한 이러한 현실적 한계를 극복하기 위한 분배이론이 계층별 소득분배이론인 것이다.

계층별 소득분배의 상황을 알아보기 위하여 우선 그 측정방법을 살펴보아야 한다. 여기서 계층별이라는 용어의 의미는 소득과 관련된 개념으로서 국민경제의 전체가계를 소득의 크기에 따라서 5등분하거나 10등분하였을 때 각각의 오분위 또는 십분위에 속하는 가계들을 묶어서 계층이라고 한다. 예를 들면 우리나라 전체가계소득을 그 크기의 순서대로

1) 계층별 소득분배(size distribution of income)는 개인별 소득분배(personal distribution of income)라고도 한다.

2) 계층별 소득분배의 분석단위는 가계이다.

배열한 후 5등분하였다면 소득수준이 낮은 쪽부터 제1오분위, 제2오분위, 제3오분위, 제4오분위, 제5오분위라고 한다. 따라서 전체가계소득을 순서대로 배열한 후 5등분하거나 10등분하여 전체가계소득에서 차지하는 각각의 십분위소득의 비율, 즉 소득점유율을 파악함으로써 계층간의 소득분배의 균등성을 이해할 수 있게 된다. 가계소득의 계층별 분배상태를 측정하는 대표적인 방법으로는 10분위분배율, 로렌츠곡선, 지니집중계수 등이 있다.

제 2 절 계층별 소득분배측정의 종류

1. 십분위분배율

십분위분배율은 먼저 한 나라 전체가계별 소득을 그 크기에 따라서 배열한 다음 이를 다시 10등분하고 그에 따라 전체가계를 10개의 소득계층으로 나누었을 때 최하위의 4개의 소득계층 또는 십분위와 최상위 2개의 소득계층에서 차지하는 소득점유율을 비교하여 나타낸다. 따라서 십분위분배율을 계산하려고 하면 최하위 네 개의 십분위, 즉 제1십분위에서 제4십분위까지 해당되는 가계의 소득이 전체가계소득에서 차지하는 비율과 최상위의 2개의 십분위, 즉 제9십분위와 제10십분위에 해당되는 가계의 소득이 전체 가계소득에서 차지하는 비율을 알아야 한다. 십분위분배율을 수식화하면 다음과 같다.

$$\text{10분위분배율} = \frac{\text{최하위 40\% 소득계층의 소득점유율}}{\text{최상위 20\% 소득계층의 소득점유율}} \qquad (8\text{-}1)$$

십분위분배율은 그 값이 클수록 계층간의 소득분배가 균등하다는 것을 시사해준다. 왜냐하면 십분위분배율이 크다는 것은 분자, 즉 전체소득에서 최하위 40% 소득계층의 소득이 차지하는 비율이 커진다는 것을 의미하기 때문이다. 십분위분배율은 이론적으로 0과 2 사이의 값을 갖는데 그 값이 클수록 소득분배가 균등하다는 것을 나타낸다. 일반적으로 십분위분배율이 0.45 이상이면 고균등분배, 0.35~0.44이면 저균등분배 그리고 0.34 이하이면 불균등분배의 상태를 나타낸다고 한다.

이상에서 살펴본 바와 같이 십분위분배율은 측정하기가 매우 간편하다. 그리고 십분위분배율은 이외에도 소득분배정책의 주요대상이 되고 있는 하위 소득계층의 소득분배상태를 직접적으로 보여줄 수 있다는 점과 이들과 최상위 소득계층 간에 소득분배상태를 비교할 수 있다는 점에서 시사하는 바가 크다고 할 수 있다. 이러한 이유에서 십분위분배율은 소득분배의 균등상태를 측정하는 방법으로서는 가장 광범위하게 사용되고 있다.

2. 로렌츠곡선과 지니집중계수

로렌츠곡선(Lorenz Curve: C_L)이란 계층별 소득분포자료에서 각각의 십분위의 누적비율에 대응하는 소득의 누적점유율을 직각좌표 상에 그림으로 나타낸 곡선을 말한다.

이제 [그림 8-1]을 통하여 소득분배가 균등한가 아니면 균등하지 않은가를 알아보자. 그림에서 00′선은 소득분배가 완전히 균등하게 이루어지는 것을 의미한다. 즉 만약 로렌츠곡선이 00′선이 된다면 각 소득계층이 전체소득계층에서 차지하는 비율과 각 소득계층이 전체소득 중에서 차지하는 비율이 정확히 일치한다는 것을 나타낸다. 그러나 현실적으로 로렌츠곡선이 00′선이 된다는 것은 불가능할 것이다. 따라서 로렌츠곡선은 소득분배가 불균등할수록 완전균등의 소득분배를 나타내는 00′선으로부터 멀어지게 될 것이다.

그림 8-1 **로렌츠 곡선**

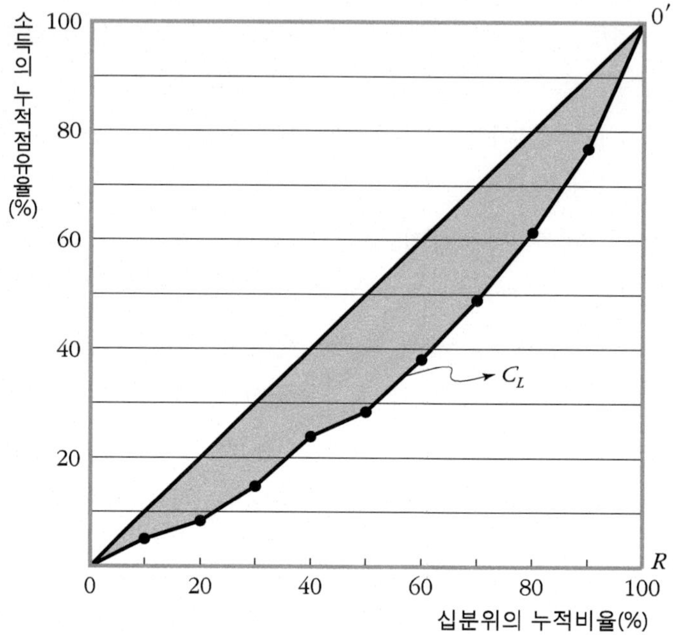

한편 로렌츠곡선은 소득배분의 균등성을 나타내는 하나의 지표로서 국가간 또는 한 국가 내의 상이한 시점간의 소득분배상태를 비교해 볼 수 있는 기준이 된다. 즉, 로렌츠곡선은 00′선에 접근할수록 소득분배가 더 균등한 상태를 나타내고 있는가를 나타낸다고 할 수 있다. 만약 비교대상의 로렌츠곡선이 상호 교차하게 되면 비교를 할 수 없다. 또한 로렌츠곡선은 비교대상간의 소득분배상태만 비교 평가할 수 있을 뿐이지 얼마나 더 균등한지 구체적 값으로 나타 낼 수 없다. 로렌츠곡선의 이러한 한계를 극복하기 위하여 만들어 낸 개념이 지니집중계수이다.

지니집중계수(Gini coefficient of concentration) 또는 간단히 지니계수(Gini's coefficient)는 십분위분배율과 로렌츠곡선과 마찬가지로 소득분배의 균등도를 나타내는 하나의 지표로서 다음과 같이 계산된다.

$$\text{지니계수} = \frac{\text{색칠한 면적}}{\triangle 0R0'} \qquad (8\text{-}2)$$

지니계수는 소득분배가 완전균등한 상태에 있을 때 0이고 완전불균등한 상태이면 1이 된다. 따라서 지니계수는 0과 1 사이의 값을 가지게 될 것이다. 일반적으로 지니계수는 0에 가까울수록 균등한 소득분배를 나타내며, 0.50 이상이면 고불균등분배, 0.5 미만 0.40 이상이면 중불균등분배 그리고 0.40 미만이면 저불균등분배로 분류된다. 지니계수가 0.30 이하이면 소득분배가 양호한 것으로 볼 수 있다.

이상에서 살펴본 십분위분배율, 로렌츠곡선 그리고 지니계수는 국가간뿐 아니라 한 나라 국민경제에 있어서 각 계층간의 소득분배상태를 다양하게 비교할 수 있는 지표로 사용되고 있다. 그러나 이들 지표들이 완벽하게 소득분배의 상태를 설명해주는 것은 아니다. 십분위분배율은 특정 집단의 소득점유율에 중점을 두고 소득분배상태를 나타낸 것인 반면, 로렌츠곡선 및 지니계수는 전국민의 소득분배상태를 표시한 것이다. 그러므로 각 집단의 특성에 따라 각각의 방법들을 이용하여야 하지 어느 것이 최선의 방법이라고 단정해서 말하기는 어렵다.

계층별 소득 불균등의 원인을 정리하면 다음과 같다.

첫째, 개인별 능력과 노력이 각각 다르기 때문에 소득격차의 원인이 된다.

둘째, 개인별로 받은 교육, 훈련 및 기회의 정도 차이가 있기 때문에 소득격차가 생긴다.

셋째, 선대로부터 상속받은 재산의 차이로 인하여 각 개인간의 소득의 차가 생긴다.

넷째, 신분제도, 불균형성장정책, 후진국의 사회 특수성, 각종 사회환경의 연대 등의 거시적인 요소가 작동하여 소득분배가 불균등하게 되는 경우가 있다.

다섯째, 우연적인 요소에 의해 소득격차가 발생할 수도 있다.

3. 쿠즈네츠의 U자가설

소득분배의 문제는 장기적으로 경제성장의 결과를 어떻게 나누어 가질 것인가에 관련되어 있다. 그렇다면 경제가 성장함에 따라 소득분배의 상황은 어떻게 변할까? 미국의 경제학자 쿠즈네츠(S. Kuznets)는 국가별·시계열별 소득통계자료를 이용하여 소득분배균등도가 경제발전의 초기단계에서는 점점 떨어지다가 경제발전이 성숙단계에 들어서면서 다시 높아지는 현상을 발견하였다.

[그림 8-2]와 같이 소득분배의 균등도를 세로축에 표시하고 경제발전단계(또는 국민소득의 크기)를 가로축에 표시한 후 위의 시계열자료를 평면에 나타내면 U자형태의 곡선이 나타난다. 반면에 같은 그림에서 세로축에 소득분배의 균등도 대신 그것의 불균등도를 표시하면 경제발전에

그림 8-2 쿠즈네츠의 U자가설

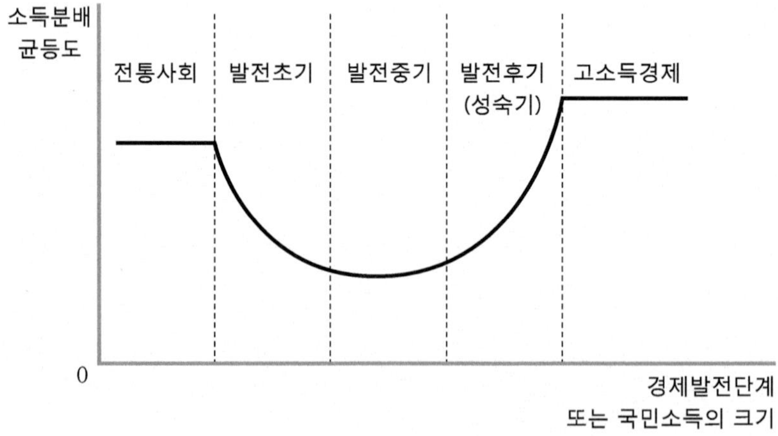

따라서 소득분배의 변화는 역U자(∩)를 나타내게 된다. 그러므로 이를 쿠즈네츠의 U자가설 또는 역U자(∩)가설이라고 한다.

경제발전 초기에는 소득분배가 비교적 균등하지만 소득수준이 낮다는 문제, 즉 모두가 가난하다는 문제를 안고 있다. 이러한 문제를 절대적 빈곤(absolute poverty)의 문제라고 한다. 경제발전이 진행되면 사람들은 종전보다 더 많은 소득을 얻는다. 반면 소득분배의 불균등현상이 나타나 저소득층이 고소득층에 대하여 느끼는 빈곤감은 소득수준이 낮을 때보다도 커지게 된다. 이러한 문제를 상대적 빈곤(relative poverty)문제라고 한다. 경제발전이 진행되면서 소득분배의 상황이 악화되는 것은 자본축적의 부족으로 인해 불균형성장 전략에 의하여 경제개발을 추진하기 때문이다. 경제발전이 성숙한 단계에 이르러서 소득분배의 상태가 개선되는 이유는 균형성장을 지향하면서 사회보장제도를 확대시켜 나가기 때문이다.

그러나 쿠즈네츠의 소득분배이론은 미국, 영국, 독일, 일본 등과 같은 일부 선진국의 경우에만 적용되고 다른 선진국 및 개발도상국에서는 그의 이론을 입증할 만한 확실한 증거가 잘 발견되지 않는다고 지적받고 있다. 그런 이유로 이 이론은 법칙이 아닌 가설로 받아들여지고 있다.

연 | 습 | 문 | 제

1. 다음 중 본원적 소득이 아닌 것은?

① 임금　　② 이자
③ 지대　　④ 상속

2. 다음 중 이전소득에 해당하는 것은?

① 실업자의 실업수당　　② 야구선수의 소득
③ 지대　　④ 기업가의 소득

3. 다음 중 소득의 불평등도를 측정하는 데 사용하고 있지 않는 것은?

① 십분위분배율　　② 로렌츠(Lorenz)곡선
③ 지니(Gini)집중계수　　④ 쿠즈네츠(Kuznets) U자가설

4. 지니(Gini)계수 즉 A로 소득의 평등도를 측정한다고 하자. 이 때의 내용으로 알맞는 것은?

① A가 1일 때 완전평등도를 나타낸다.
② A가 0일 때 완전평등도를 나타낸다.
③ A가 2일 때 완전평등도를 나타낸다.
④ A의 −1일 때 완전평등도를 나타낸다.

5. 어떤 학자는 국가별·시계열별 소득통계자료를 이용하여 소득분배균등도가 경제발전의 초기단계에서 점점 떨어지다가 경제발전이 성숙단계에 들어서면서 다시 높아지는 현상을 발견하였다. 이러한 내용을 설명하고 있는 이론은?

① 파레토(Pareto)상수　　② 지니(Gini)계수
③ 지브라트(Gibrat) 집중계수　　④ 쿠즈네츠(Kuznets)U자가설

6. 로렌츠곡선은 다음 중 어떤 경우에 이용하는가?

① 국민소득분포측정 ② 국민소득측정
③ 환경지수측정 ④ 공해도측정

7. 로렌츠곡선은 어떤 형태인가?

① 직사각형형태 ② 수평형태
③ 대각선형태 ④ 수직형태

8. 다음 중 소득분배의 불균등도가 가장 높은 경우는 어떤 때인가?

① 파레토(Pareto)상수가 작을 경우
② 지니(Gini)계수가 작을 경우
③ 쿠즈네츠(Kuznets)U자가설이 중간정도일 때
④ 로렌츠(Lorenz)곡선이 45도선에서 멀어질 경우

9. 다음 중 10분위분배율을 나타내는 것은?

① 최하위 40% 소득계층의 소득점유율÷최상위 20% 소득계층의 소득점유율
② 최상위 40% 소득계층의 소득점유율÷최하위 20% 소득계층의 소득점유율
③ 최하위 20% 소득계층의 소득점유율÷최상위 40% 소득계층의 소득점유율
④ 최상위 20% 소득계층의 소득점유율÷최하위 40% 소득계층의 소득점유율

10. 다음 중 생산요소의 역할에 따른 분배란?

① 물적 분배 ② 계층별 분배
③ 기능적 분배 ④ 인적 분배

11. 소득분포의 정도를 측정하기 위한 이론이 아닌 것은?

① 그레샴의 법칙 ② 지니의 법칙
③ 로렌츠곡선 ④ 파레토의 법칙

12. 다음 중 소득분포의 정도를 측정하는 이론은?

① 슈바베의 법칙 ② 맬더스의 법칙
③ 엥겔의 법칙 ④ 지니의 법칙

13. 다음 중 파생적 소득은?

① 회사 사장의 소득 ② 지주의 토지임대소득
③ 가수의 소득 ④ 부모로부터 증여나 상속

14. 다음 중 경제학에서 말하는 분배를 의미하는 것은?

① 생산물의 판매 ② 생산물의 소비
③ 생산물의 배분 ④ 생산물의 이동

15. 다음 중 생산요소비용을 의미하는 내용은?

① 임금, 이자, 지대 등 기업이 가계에 생산요소의 사용 대가로 지불하는 비용을 의미한다.
② 소비재와 자본재를 생산하는데 사용한 대가의 비용이다.
③ 생산물을 생산하는데 사용한 직접비용과 간접비용의 합이다.
④ 생산물을 생산하는데 사용한 불변비용과 가변비용의 합이다.

16. 다음 중 본원적 생산요소는?

① 자연과 자본재 ② 자본재와 토지
③ 노동과 토지 ④ 자연과 노동

17. 다음 중 소득분배의 분석과 관계가 없는 내용은?

① 로렌츠 곡선 ② 파레토계수
③ 물가지수 ④ 지니계수

18. 다음 중 개인소득의 불균등한 분포상태를 표시하는 곡선은?

① 로렌츠 곡선 ② 효용곡선
③ 수요곡선 ④ 한계효용곡선

19. 다음 중 본원적 소득을 의미하는 것은?

① 이자만을 의미한다.
② 이윤·지대·임금의 합만을 의미한다.
③ 지대·임금의 합만을 의미한다.
④ 지대·이자·임금·이윤의 합을 의미한다.

20. 다음 중 재산소득에 포함되지 않는 것은?

① 회사원의 급여 ② 건물의 임대료
③ 적금의 이자 ④ 주식의 배당금

21. 다음 중 파생소득인 것은?

① 국민연금 ② 교사의 월급
③ 적금의 이자 ④ 건물의 임대료

22. 다음 중 파생소득에 속하는 것은?

① 실업자의 실업수당 ② 교사의 월급
③ 기업가의 소득 ④ 건물의 임대료

23. 경제발전 초기에는 소득분배가 비교적 균등하지만 소득수준이 낮다는 문제, 즉 모두가 가난하다는 문제를 안고 있다. 이를 무엇이라고 하는가?

① 절대적 빈곤문제 ② 상대적 빈곤문제
③ 전통사회의 위기문제 ④ 고소득경제의 위기문제

24. 경제발전이 진행되면 사람들은 종전보다 더 많은 소득을 얻는다. 반면 소득분배의 불균등현상이 나타나 저소득층이 고소득층에 대하여 느끼는 빈곤감은 소득수준이 낮을 때보다도 커지게 된다. 이를 무엇이라고 하는가?

① 절대적 빈곤문제 ② 상대적 빈곤문제
③ 전통사회의 빈곤문제 ④ 고소득경제의 빈곤문제

25. 지니계수(A)의 설명 내용 중 틀린 것은?

① 소득분배가 완전균등한 상태의 지니계수(A)는 0이다.

② 지니계수(A)는 0과 ∞ 사이의 값을 가진다.

③ 지니계수(A)는 0.50 이상이면 고불균등분배이다.

④ 지니계수(A)는 0.30 이하이면 소득분배가 양호하다.

제 9 장

시장의 실패와 정부의 실패

제 1 절 시장의 실패

1. 시장의 실패의 의의

완전경쟁시장 조건에서 시장기구가 가격을 중심으로 자원의 최적분배상태를 실현시키게 된다면 민간부문의 활동에 정부가 개입할 필요는 없어진다. 그러나 현실의 시장기구는 자원의 최적배분에 도달하는 과정에서 시장기구의 기능을 저해하는 여러 가지 요인을 지니고 있어 자원의 최적분배 상태를 실현하지 못하는 것을 시장의 실패라 한다. 즉, 시장의 실패(market failure)란 경제활동을 시장기구(price mechanism)에 맡길 경우 효율적인 자원배분 및 공정한 소득분배를 실현하지 못하는 상황을 총칭한다.

그러므로 자원의 최적배분을 달성하기 위해서는 정부가 개입하여 그러한 저해요인을 제거하고 시장기구에 의한 자원배분을 최적상태에 접근시켜야 한다. 이 때문에 정부가 경제에 개입하는 혼합경제체제가 등장하게 된 것이다. 현실경제에 있어서 시장기구에 의한 자원의 최적분배를 저해하는 요인은 ① 독점 또는 불완전경쟁의 존재, ② 규모의 경제 존재, ③ 공공재의 존재, ④ 외부효과의 존재 이외에도 현실경제의 불확실성과 정보의 비대칭성 등이다.

2. 시장의 실패의 원인

(1) 독점과 불완전경쟁

시장경제가 효율적이라고 할 때는 완전경쟁시장을 묵시적으로 가정하고 있다. 완전경쟁시장에서는 수많은 소비자와 생산자가 존재함으로써, 기업은 시장가격에 따라 생산량을 조절하는 가격순응자가 되어 생산한다. 그리고 완전경쟁시장에서는 무수히 많은 수요자와 공급자로 인해 개별 수요자와 공급자는 시장가격에 영향을 줄 수 없기 때문에 항상 효율조건이 충족된다. 그러나 불완전경쟁시장에서는 기업들이 가격에 영향을 미칠 수 있게 되어 가격과 생산비 사이에 격차가 발생한다. 이런 경우에는 효율조건이 위배되는데 독점시장, 과점시장, 독점적 경쟁시장과 같은 시장구조는 모두 이에 해당된다.

이와 같은 불완전경쟁시장에서 정부의 대책으로는 ① 독과점 기업에 조세를 중과등의 방법으로 독과점기업의 생산비용과 총수입을 제한시키는 방법, ② 경쟁시장에서의 신규기업의 참가를 적극적으로 추진시키기 위해 조세유인을 부여, ③ 정부가 독과점 생산물의 가격을 결정함으로써 독과점으로 인한 자원의 비효율적 배분을 시정하는 방법이 있다. 이외에도 공정거래법, 독과점 금지법 등을 통하여 산업의 진입장벽을 철폐하고 기업들의 불공정행위를 통한 독과점화를 방지함으로써 완전경쟁을 촉진시키는 역할을 할 것이다.

(2) 규모의 경제 존재(=비용체감산업)

생산에 있어 규모에 대한 수확체증[1](또는 비용체감)이 있을 경우에는 소규모의 기업보다 대규모의 기업이 유리하다. 이와 같은 경우 자연독점(natural monopoly)이 발생한다. 자연독점의 예로는 우편, 전기, 철도, 도

1) 규모의 경제는 투입되는 모든 생산요소의 양의 변화에 따른 생산량의 변화를 고찰하는 규모에 대한 수확법칙(laws of returns to scale)과 관계된 것이다. 그리고 규모의 경제는 생산규모와 관련된 것이며 경제규모가 커진다고 해서 반드시 규모의 경제가 발생하는 것은 아니다. 규모의 경제는 규모에 대한 수확(returns to scale)에 따라 다음과 같이 세 가지로 나누어 볼 수 있다. 첫째, 만일 모든 생산요소를 일정한 비율로 증가시켜 생산량이 그 비율 이상으로 증가하면 규모에 대한 수확체증(increasing returns to scale)이라고 하고, 둘째, 각 생산요소의 증가율과 생산량의 증가율이 같은 경우에는 규모에 대한 수확불변(constant returns to scale)이라 하며, 셋째, 생산요소의 증가율이 생산량의 증가율을 상회하면 규모에 대한 수확체감(decreasing returns to scale)이라 한다.

시가스, 수도사업 등을 들 수 있다. 규모에 대한 수확체증이 발생할 경우에는 생산의 규모가 증가함에 따라 평균생산비용이 계속해서 감소함으로써 완전경쟁이 무너진다. 즉, 규모의 경제가 존재하면 불완전경쟁시장이 나타나 비효율적 자원배분을 낳는다.

(3) 외부효과

위와 같이 규모에 대한 수확체증 산업에서는 규모의 내부경제가 작용한다. 이는 어디까지나 한 산업에 국한된 것이다. 완전경쟁시장이 효율적 자원배분을 달성하기 위해서는 외부효과가 존재하지 않는다고 전제할 필요성이 있다. 그러나 경제 전체를 볼 경우 외부효과(external effect) 또는 외부성(externality)이 생산과 소비에 발생할 수 있는 경우가 많다. 완전경쟁시장이라 할지라도 외부효과가 존재하면 시장의 실패가 발생한다.

외부효과(external effect)란 어떤 경제활동과 관련하여 타인에게 의도하지 않은 혜택이나 손해를 가져다주면서도 이에 대한 대가를 받지도 지불하지도 않는 상태를 말한다. 외부효과는 외부경제와 외부비경제로 구분된다. 타인에게 의도하지 않은 혜택을 주면서도 그 대가를 받지 않는 효과를 외부경제(external economy)라고 하고 타인에게 의도하지 않은 손해를 입히고도 그 대가를 지불하지 않는 효과를 외부비경제(external diseconomy)라 한다.

예로서 어떤 사람이 자기 집 주위에 화단을 가꾸면 이웃 사람들에게도 즐거움을 주나 담배를 피우면 담배를 피우지 않는 다른 사람들에게 해로운 영향을 준다. 전력생산을 위하여 댐을 건설하면 홍수조절과 함께 경관이 좋은 관광지를 얻는 유리한 외부효과를 얻으나 매연을 뿜어내는 공장을 건설하면 자연을 해치는 불리한 외부효과를 주게 된다. 그러나 이러한 외부효과는 시장가격에 반영되지 않기 때문에 정부가 규제하지 않으면 생산자들은 유리한 외부효과를 주는 상품은 사회적 최적수준보다 적게 그리고 불리한 외부효과를 주는 상품은 사회적 최적수준보다 많이 생산할 것이다.

일반적으로 외부효과가 존재하면 사회적 편익(비용)과 사적 편익(비용)이 같지 않기 때문에 시장은 자원을 효율적으로 배분하지 못한다. 즉, 외부경제가 존재하는 경우의 상품은 사적 비용이 사회적 비용보다 크고 외부비경제가 존재하는 경우의 상품은 사회적 비용이 사적 비용보다 더 크다.

(4) 공공재의 존재

공공재(public goods)는 사적재(private goods) 혹은 민간재에 대비되는 개념이다. 공공재와 사적재의 구분은 생산의 주체에 따라 구분하는 용어는 아니다. 즉, 공공부문이 생산·공급하는 재화와 서비스 중에는 공공재가 아닌 것도 있는 반면 민간부문이 생산·공급하는 것 중에서도 공공재인 것도 있다. 사적재와 공공재의 구분은 다음과 같은 특성에 따라 구분한다. 사적재는 그 소비를 위해서 경쟁을 해야 하고 일단 한 소비자가 소비를 하면 다른 소비자는 그 소비로부터 배제되는 배제성이 있는 재화나 서비스를 말한다. 즉, 사적재의 특성은 소비의 경합성과 배제성이다. 공공재는 동일한 재화를 여러 소비자가 동시에 소비할 수 있는 비경합성(non-rivalry)과 또한 가격을 지불하지 않아도 소비로부터 배제하기가 어렵다는 비배제성(non-excludability)이라는 특징을 가지고 있다. 이러한 비경합성과 비배제성을 갖는 재화와 서비스인 공공재의 예로는 도로, 등대, 공원, 국방, 경찰, 일기예보 등을 들 수 있다. 공공재가 시장실패를 가져오는 이유는 모든 소비자가 공공재의 소비로부터 배제되지 않고 또 그 대가를 지불하지 않아도 되기 때문이다. 즉, 모든 소비자들은 공공재를 공짜로 소비하는 무임승차자(free-rider)가 되려 한다. 그래서 공공재가 사회적 적정수준보다 적게 공급되는 경향이 나타나 시장의 실패가 발생하게 된다. 따라서 공공재는 정부에 의해 공급을 조절할 수밖에 없고 공공재의 가격도 공권력을 통해 강제 징수하는 것이 일반적이다.

제 2 절 정부개입의 필요성과 정부개입의 유형

여기에서는 자원배분에 있어서 정부의 개입이 필요한 이유와 정부개입의 유형을 설명하려 한다.

1. 정부개입의 필요성

앞에서 완전경쟁시장의 가격체계 하에서 효율적인 자원배분을 달성한다고 하였다. 그러면 자본주의 시장경제에서 정부의 개입이 왜 필요한가를 다시 살펴보기로 하자.

정부의 개입이 필요한 이유는 다음과 같다.

첫째, 야경국가(night-watch state)의 경우를 첫 번째 예로 들 수 있다. 즉, 국가는 폭력, 절도, 사기와 같은 범죄로부터 국민들을 보호해야 할 의무가 있다. 또한 정부는 각 주체들 사이에 체결된 계약이 잘 이행될 수 있도록 하는 역할도 하여야 한다. 이를 위해서 정부는 최소한의 세금을 거두고 지출을 할 수 있다. 이와 같이 최소한의 역할을 하는 국가가 있을 수 있다.

둘째, 현실의 시장경제는 시장의 실패요인이 상존한다. 그러므로 시장의 실패가 발생하여 비효율적인 자원배분이 초래되므로 정부의 개입이 필요하게 된다.

셋째, 자본주의 시장경제에서는 능력에 따라 분배를 하므로 불평등이 필연적으로 생긴다. 다만 과도한 불평등은 사회적 문제를 일으켜 지나친 사회적 비용을 초래할 가능성이 있다. 정부는 소득이나 부의 재분배를 통해 사회적 문제를 최소화할 필요가 있다. 다만 정부가 소득이나 부의 재분배를 위해 어느 정도 개입하는 것이 적절한가에 대해서는 절대적인 기준은 없다. 그 사회의 구성원들의 성향과 사회적 합의에 따라 정부는 불평등한 소득이나 부의 재분배의 정도를 달성할 수 있다.

경제에 대한 정부의 적극적 개입은 1930년대 세계대공황 특히 실업이라는 경제현상을 극복하고자 하는 영국의 경제학자 케인즈(J. M. Keynes)의 저서「고용·이자 그리고 화폐에 관한 일반이론(The General Theory of Employment, Interest and Money, 1936)」으로부터 출발한다. 케인즈는 그의 저서를 통하여 고전학파가 주장하는 완전고용과 시장의 자동조절적 기능에 대한 비판에서부터 시작하여 불완전고용과 정부당국의 재량적 정책을 통한 시장경제에 대한 개입을 주장하였다. 케인즈의 주장은 공황을 경험한 모든 국가들에 의하여 수용되었으며 그 결과 공황을 마감시킬 수 있었다. 그러나 제2차 세계대전을 거치면서 각국의 실업문제는 해결되었지만 인플레이션이 심각한 경제문제로 대두되었다.

정부당국의 지속적인 총수요확대정책은 총공급의 증가를 무리없이 흡수할 수 있었고, 세계경제는 대략 1970년대 초까지 호황을 누리게 된다. 그러나 1970년대에 들어서자 두 차례의 석유파동(Oil Shock)이 발생하게 된다. 1973년과 1979년의 석유가격의 급등이 그것이다. 더불어 원자재 가격도 급상승하였는데 이 두 사건은 전세계 경제에 다시 한 번 경제위기를 가져왔다. 여느 때와 마찬지로 각국 정부는 재정정책을 통하여 시장에 개입함으로써 얼마든지 이러한 경제위기를 극복할 수 있다고 보았다. 그러나 상황은 달랐다. 과거에는 상상할 수 없었던 스태그플레이션(stagflation)현상, 즉 실업률의 증가와 물가의 상승이 동시에 발생하는 현상이 나타나고 있었던 것이다.

이러한 현상은 정부가 재정정책의 확대를 통하여 총수요를 증대시키는 기존의 케인즈식 대안들로는 더 이상 도움이 되지 못했다. 이와 더불어 많은 경제학자들은 케인즈의 경제이론과 경제정책에 대하여 비판을 가하게 된다. 이들을 대표하는 경제학의 한 조류가 프리드만(M. Friedman)을 중심으로 하는 통화주의(Monetarism)였다.

통화주의는 우선 정부가 시장의 자동조절기능을 방해하는 모든 재량적 정책들에 반대한다. 통화주의의 경제정책적 대안은 결국 화폐를 실업과 인플레이션을 해결할 수 있는 주요 수단으로 보았다. 정부당국이 화폐량을 조절함으로써 국민경제의 불균형을 해결할 수 있다고 믿었다. 그러나 통화주의의 이러한 주장 역시 스태그플레이션을 궁극적으로 해결할 수 없었다.

통화주의 이후 많은 경제학자 그룹들이 결과적으로 고전학파(Classical School), 케인즈학파 그리고 통화주의학파의 이론을 근간으로 하여 조금씩 다른 주장을 하는 경제정책적 대안들을 제시하고 있다. 그러나 이들의 주장 역시 스태그플레이션의 문제를 완벽하게 해결하고 있지 못하고 있는 실정이다.

2. 정부개입의 유형

정부는 폭넓은 기능을 수행하기 위하여 필요한 자금을 마련하고 그 자금으로 여러 가지 지출을 하게 되는데, 정부의 수입을 세입이라 하고 정부의 지출을 세출이라고 한다. 세입과 세출의 차이를 재정수지차라 한다. 세입이 세출보다 커면 재정수지차가 (+)가 되어 흑자재정이라 한다. 세출이 세입보다 클 경우 재정수지차가 (−)가 되므로 적자재정이라 하고, 세입과 세출이 같을 경우 균형재정이라 한다. 흑자재정과 적자재정을 조정하는 항목을 보전재원항목이라 한다. 흑자재정일 때는 보전재원항목에서 빌려온 돈을 되갚으면 되고 적자재정일 때는 돈을 빌려오면 된다. 이렇게 조정하는 방법은 중앙은행을 통한 방법, 국공채를 통하는 방법 그리고 외국을 통하는 방법 세 가지가 있다.

이렇게 마련된 재정 특히 중앙정부의 재정은 공공재 공급을 통한 자원배분의 기능, 소득 재분배의 기능 그리고 재정정책을 통한 경제안정화 기능의 세 가지 기능을 가진다.

그리고 국가가 이렇게 경제에 능동적으로 개입하기 위해서는 수입이 필요하다. 국가의 수입을 세입이라 한다. 세입은 각종 조세수입과 세외수입으로 구성된다. 그 중에서도 조세수입이 세입의 약 80% 내외를 차지하고 있다. 즉, 세입의 주종은 조세수입이다. 조세수입인 세금의 징수방법은 징수주체에 따라 국세와 지방세로 분류할 수 있다. 국세와 지방세는 보론에서 따로 설명한다.

(1) 공공재의 공급을 통한 자원배분 기능

공공재(public goods)란 정부의 재정으로 공급되는 재화나 서비스로 개인 모두가 공동으로 이용할 수 있는 재화를 말한다. 민간이 공급할 수 없는 공공재를 국가가 공급하거나 정비하는 역할을 함으로써 자원배분의 효율성을 높이는 것이다. 공공재에는 치안, 소방, 국방, 교육, 외교 등과 같이 비록 많은 비용이 들어도 민영화할 수 없는 재화나 서비스가 있다. 이러한 공공재는 나라가 선진화될수록 수요가 늘어나는 특징이 있다. 반면 일상생활에서 꼭 필요한 상·하수도, 도로, 전기, 항만, 공항, 전화 등의 공공재는 사회간접자본[2](SOC: Social Overhead Capital)이라 하고 민영화가 가능하다.

민영화가 가능한 공공재를 순수 공공재와 순수 사적재와 구별하여 혼합재라고 하기도 한다. 예를 들면 민자사업을 통한 사회간접자본 공급으로 도로, 철도, 전화 사업 등을 들 수 있다. 사회간접자본사업은 대체

---

2) 재화와 서비스의 생산에 직접 사용되기보다는 간접적으로 생산활동을 지원하며 촉진시키는 역할을 하는 자본을 말한다. 사회간접자본은 일반적으로 정부가 소유하는 것을 원칙으로 하고 있지만 개인이나 기업이 소유할 경우라도 정부의 통제를 받는 사회적 성격을 띤다.

로 대규모사업이고 이익 회수기간이 길어 일반 기업들이 대체로 투자하지 않는다. 또한 민영화되면 가격이 너무 비싸져 서민들에게 부담이 되므로 국가에서 직접 관리하였지만 근래에는 사회간접자본도 민영화되고 있는 추세에 있다. 최근 사회간접자본사업의 적자를 세금으로 보전하거나 민영화를 추진함으로써 많은 논란의 대상이 되고 있다.

(2) 소득재분배의 기능

1) 세금 징수를 통한 소득재분배

일반적으로 정부는 누진세제도나 고율의 세금제도를 도입해 절대적 빈곤문제와 상대적 빈곤문제를 해소하는 정책을 사용하고 있다. 하지만 이론상으로는 누진세가 지나치거나 납부 세율이 너무 높을 경우 세금부담이 낮은 국가로 이민을 가거나 법인의 해외 이전을 통해 자국의 세금압박을 회피할 수 있어 한계가 있는 것은 사실이다. 또한 납세자들은 세율이 어느 정도 상승할 때까지는 참겠지만 일정 수준을 넘으면 기업은 투자를 하지 않거나 국민들 중 부자들은 소비에 소극적일 수 있다. 지나친 누진세제도와 고율의 세금제도는 강력한 조세저항, 지하경제를 통한 탈세 그리고 근로의욕과 투자의 저하 등을 야기 시킬 수 있다. 하지만 자본주의 경제체제 하에서 지나친 빈부격차는 큰 사회적 문제를 야기 시켜 더 큰 사회적 혼란을 초래할 수 있으므로 세금징수를 통한 소득재분배는 포기할 수 없다. 즉, 국민들 사이에 세율 수준에 대한 적절한 합의가 필요할 것이다.

소득재분배를 위한 세금 징수방법은 대체로 다음과 같다.

첫째로 누진세제도(progressive tax system)란 과세대상물건의 수량이나 화폐액의 크기가 증가함에 따라 점차 높은 세율이 적용되는 조세제도를 말한다. 제2차 세계대전 후 거의 대부분의 국가에서 국민들 사이에 경제력의 차이와 소득불평등의 문제가 발생하였고 이를 해소하기 위한 소득재분배가 주요 문제로 제기되었다. 이 때 소득재분배의 효과적인 수단이 누진세율의 적용이었으며, 현재 세계 대다수의 나라에서 누진세제도[3]를 사용하고 있다. 우리나라에서 누진세제도를 적용하고 있는 경우는 소득세, 전기세, 상속세, 부동산등록세 등이다.

둘째, 특별소비세(special excise tax)는 사치성 상품이나 서비스 소비에 대해서만 별도의 높은 세율로 과세하는 세금이다. 부가가치세를 포함한 일반매출세는 모든 상품 또는 서비스 일반을 소비하는 데 대해 부과하는 일반소비세인 데 반해 특별소비세는 특별한 상품이나 서비스에 대해서만 특별히 높은 세율로 과세하는 국세이자 간접세이다.

그리고 국가는 세금뿐만 아니라 복권, 담배 등의 공공기금 사업으로 재원을 확충하여 소득재분배 재원으로 사용하고 있다.

2) 사회보장제도의 활성화

우리나라의 사회보장제도의 구성은 사회보험, 공공부조 그리고 사회복지서비스로 되어있다.

첫째, 사회보험(Social Insurance)제도는 국가 및 사회가 책임을 지고 국민생활을 위협하는 여러 가지 생활의 위험이나 경제적 불안정으로부터 국민 개개인을 제도적으로 보호하는 것이다. 따라서 경제적 불평등을 최소화하고 형평, 안정 그리고 능률을 증대시키는 데 그 목적이 있는 제도이다. 우리나라 사회보험은 연금보험제도, 건강보험제도, 산재보험제도,

---

3) 세율을 누진하여 적용하는 방법에는 크게 3가지가 있다. 첫째, 과세물건 대상에 하나의 세율을 적용하는 단순누진이 있다. 둘째, 과세물건 대상을 몇 단계로 나누어 각 단계를 초과하는 부분에 점차 높은 세율을 적용하고 그 합계를 1개의 과세물건에 대한 세액으로 삼는 초과누진 또는 단계적 누진방법이 있다. 예를 들면, 소득 1,000만원에서부터 1,500만원까지는 세율 10%, 소득 1,500만원에서부터 2,000만원까지는 세율 12%와 같이 과세하는 방식이 초과누진 또는 단계적 누진방법이다. 셋째, 누진세율을 일정 한도까지만 적용시키고 그 이상의 과세물건에 대해서는 비례세율을 적용하는 제한적 누진방법이 있다. 우리나라를 포함한 대부분의 국가에서는 대체로 초과누진방법을 사용하고 있다. 동시에 그 초과누진방법을 일정 한도까지만 적용하는 제한적 누진방법도 겸용하고 있다고 볼 수 있다.

고용보험제도, 노인장기요양보험제도로 구성되어 있다.

연금보험제도는 가입자들의 노령·폐질·사망 등 사회적 사고로 인한 소득의 중단 또는 상실의 위험이 있는 경우에 일정 수준의 생활을 보장해 주기 위해 미리 보험료 등에 의해 재정을 마련하였다가 사고발생시 주어지는 소득보장제도이다. 국민건강보험제도는 질병, 부상이라는 불확실한 위험의 발생과 분만, 사망 등으로 인해 개별가계가 일시에 과도한 의료비를 지출함에 따라 겪게 되는 어려움을 덜어주기 위해 국가가 법으로 정하여 실시하는 사회보장제도이다. 국민건강보험제도는 보험가입자 전원에게 소득과 재산에 따라 부과되는 보험료를 갹출하여 보험급여를 책정함으로써 국민의 경제적 부담을 덜어주고 보건을 유지 및 향상시켜 주는 의료보장제도이다. 산재보험제도란 업무상의 사유에 의하여 근로자가 부상, 질병, 신체장해 또는 업무상 재해로 사망한 경우, 치료비와 보상금을 지급하고 장학금 및 생활정착금 지급 등을 위한 복지증진사업이다. 산재보험제도는 근로자와 그 가족을 보호하며 사업주에게 산업재해 발생시 경제적 부담을 덜어주어 안정된 기업활동을 할 수 있도록 고용노동부가 직접 관장하는 사회보장제도이다. 고용보험제도는 실직근로자에게 실업급여를 지급할 뿐만 아니라 근로자의 직업능력을 개발하고 노동시장의 구조조정과정에서 실업을 예방하기 위하여 근로자는 물론 사업주에 대한 각종 지원사업을 복합적으로 실시하는 사전적이고도 적극적인 고용정책수단이다. 노인장기요양보험제도란 노인이 만성질환 및 치매로부터 스스로 자립할 수 있도록 사회보험 방식 하에서 간호·간병 등의 의료서비스를 실시하는 제도이다. 그 내용은 중풍, 백내장, 대퇴골절, 당뇨병, 협심증 등 노인성 만성질환자가 발생하면 병원에서 일정기간 치료받을 때까지는 현재의 건강보험이 담당하고, 입원 중인 환자가 회복 또는 안정기에 접어들면 요양병원이나 요양시설, 가정으로 옮겨 간병 등의 서비스를 제공하며 여기에 필요한 비용은 장기요양보험에서 지급한다.

둘째, 공공부조(Public Assistance)제도란 국민의 생존권을 보장하기 위하여 국가가 주체가 되어 빈곤한 국민들의 최저생활을 보장하는 것으로 도움을 신청하는 사람들에게 대부분 무기여 급부를 제공하는 것이라고 할 수 있다. 우리나라의 공공부조제도는 생활보호제도를 대체한 국민기초생활보장제도, 의료보호사업, 재해구호사업으로 나누어져 있다.

국민기초생활보장제도는 빈곤계층에 대해 단순히 최저소득을 보장하는 전통적인 제도가 아니라 근로연계를 지향하는 복합적인 부조프로그램의 성격을 갖는 제도이다. 의료보호제도는 생활무능력자와 저소득층에게 양질의 의료서비스를 제공할 수 있는 의료보호제도의 효율적인 운영을 위하여 국민기초생활보장제도에서 대비하여 증대되는 의료보장의 욕구를 충족시키기 위한 것이다. 의료보호대상자는 1종 보호대상자[4]와 2종 보호대상자[5]로 나눌 수 있다. 재해구호사업이란 한해 · 풍수 · 수해 · 화재 등 비상재해가 발생하였을 때 국가와 지방자치단체가 공적 자금을 활용하여 그 지역의 재해를 구호하여 주는 응급구호이다.

셋째, 사회복지서비스란 사회적으로 불우하고 열세한 위치에 있는 아동 · 노인 · 부녀 및 심신장애인들을 대상으로 전문적인 지식과 방법을 활용하여 이들의 제반문제들을 해결하여 정상적인 사회인으로 복귀시키는 데 그 목적이 있다. 사회보험이나 공공부조가 소득이나 물질적인 급여가 주류를 이룬다면, 사회복지서비스는 비물질적 · 심리적 서비스를 주된 내용으로 한다.

---

4) 1종 보호대상자는 다음과 같다. ① 국민기초생활보장법에 의한 수급권자, ② 재해구호법에 의한 이재자, ③ 의사상자보호법에 의한 의사상자 및 의사상자 유족, ④ 독립유공자예우에관한법률 및 국가유공자등예우및지원에관한법률의 적용을 받고 있는 자와 그 가족, ⑤ 문화재보호법에 의하여 지정된 중요 무형문화재의 보유자 및 그 가족, ⑥ 북한이탈주민의보호및정착에관한법률의 적용을 받고 있는 자와 그 가족, ⑦ 광주민주화운동관련자보상등에관한법률 제8조의 규정에 의하여 보상금을 받은 자와 그 가족, ⑧ 전염병예방법에 의한 제3종 전염병 중 성병에 감염되어 입원진료를 받는 자.

5) 국민기초생활보장법에 의한 수급권자 중 1종 보호대상자에 해당되지 않는 자가 2종 보호대상자이다. 즉, 기초생활보장 수급자 중 근로능력이 있는 가구와 차상위 의료급여 특례2종 수급권자를 말한다.

3) 최저소득보장제도(GMI), 부의 소득세제도(NIT), 근로소득공제제도(EITC)의 도입

최저소득보장(GMI; Guaranteed Minimum Income)제도는 가족 수에 근거한 소득 크기에 따라 그 수혜 여부가 결정되는 조세제도상의 소득유지 프로그램을 말한다.

우리나라는 국민기초생활보장제도(National Basic Livelihood Security Act)라고 하며 1999년 9월 7일 제정되고 2000년 10월 1일 시행된 빈곤층 대상 공공부조제도의 공식명칭이다. 이 제도는 빈곤층에 대한 소득보장을 '사회권'의 하나로 보고 있으며, 근로능력 유무와 관계없이 모든 빈곤층에게 소득보장을 하도록 규정하고 있고, 자활사업을 통해 근로연계(workfare) 사업을 실시하고 있다.

국민기초생활보장제도[6]의 지원을 받기 위해서는 다음 조건을 충족하여야 한다. 먼저 부양의무자[7]가 없거나 부양의무자가 있어도 부양능력이 없거나 부양을 받을 수 없는 가구의 소득인정액이 최저생계비 이하인 경우 수급자로 선정될 수 있다. 또한 가구별로 산정된 소득인정액을 기준으로 가구규모별 최저생계비와 비교하여 소득인정액이 최저생계비[8] 이하인 경우이다. 여기에서 소득은 소득인정액을 의미하는데, 즉 소득인정액＝소득평가액[9]＋재산의 소득환산액[10]과 같다.

예를 들어 2013년 현재 부양의무자가 없는 2인가구로 구성된 A란 사람의 월가구소득 즉 소득평가액과 재산의 소득환산액이 월 40만원일 때

---

6) 국민기초생활보장제도의 수급자가 되면 법률이 정한 바에 따라 모두 7가지의 급여, 즉 ① 생계급여, ② 주거급여, ③ 의료급여, ④ 교육급여, ⑤ 해산급여, ⑥ 장제급여, ⑦ 자활급여가 제공된다.

7) 부양의무자의 범위는 수급권자의 1촌의 직계혈족 및 그 배우자에 한한다.

8) 2013년 월최저생계비는 1인가구는 572,168원, 2인가구는 974,231원, 3인가구는 1,260,315원, 4인가구는 1,546,399원, 5인가구는 1,832,482원, 6인가구는 2,118,566원이다.

9) 소득평가액＝실제소득－가구특성별 지출비용－근로소득공제

10) 재산의 소득환산액＝(재산－기초공제액－부채)×소득환산율

정부는 974,231원－40만원＝574,231원만큼의 생계비를 지원한다. 이와 같은 제도는 다음과 같은 문제점이 있다. 첫째, 과소소득을 정부에 신고하려는 경향이 있다. 예를 들어, 소득인정액이 40만원인데도 30만원을 정부에 신고하여 674,231원의 생계비를 받으려는 문제가 있을 수 있다. 이는 암묵적 한계세율이 100%이기 때문에 발생하는 현상이다. 둘째, 최저소득보장제도로 인해서 실업의 함정에 빠질 가능성이 있다는 것이다. 즉, 이 제도의 시행 이후 노동공급이 줄어드는 현상이 발생할 수 있다.

부의 소득세(NIT; Negative Income Tax)제도[11]는 최저소득보장제도를 보완하기 위하여 만든 제도이다. 즉, 최저소득보장제도의 문제점은 암묵적 한계세율이 100%이기 때문에 발생하였다. 그래서 부의 소득세제도의 암묵적 한계세율(T)을 $0<T<1$로 하여 좀 더 노동공급을 늘리려 한 제도이다. 그러나 이 제도 역시 여가의 수요를 좀 더 늘리는 방향으로 움직인다.

근로소득공제(EITC; Earned Income Tax Credit)제도란 정부가 빈곤층 근로자 가구에 대해 현금을 지원해 주는 근로연계형 소득지원제도이다. 즉, 일정소득 이하의 근로소득자를 대상으로 소득에 비례한 세액공제액이 소득세액보다 많은 경우 그 차액을 환급해 주는 제도이다.

우리나라의 경우 2009년도부터 시행되고 있고 전년도 부부합산 연간 소득이 연 1,700만원 미만인 근로빈곤층을 대상으로 근로소득공제액을 연간 최대 120만원까지 지급하고 있다. 예를 들어 근로소득이 연 1,500만원인 사람의 근로소득공제액이 150만원일 경우 납부해야 할 세금이

---

11) 일정수준 이하의 소득자에 대해서는 (－)의 세율을 적용시켜 그 금액을 조세환급을 통해 다시 돌려주는 제도로 이 주장은 기본적으로 형평보다는 효율, 정부보다는 시장을 중시하는 입장이다. 그리고 이 제도의 장단점은 다음과 같다.
장점: 현금보조이기 때문에 소비자의 후생이 가장 커질 수 있다.
소득수준만을 고려하므로 자격심사 등의 절차가 필요하지 않다.
단점: 정부의 재정이 문제될 수 있다.
근로자의 노동공급 의욕을 감소시킬 수 있다.

250만원이면 공제액 150만원을 뺀 100만원만 납부하면 된다. 반면 같은 소득일지라도 100만원을 세금으로 내야 하는 사람은 세금전액을 감면 받고 공제액과의 차액인 50만원을 추가로 정부로부터 받는다. 다만, 국민기초생활보장급여를 3개월 이상 수급한 자 또는 외국인은 지급대상에서 제외된다.

근로소득공제제도는 저소득층의 세금 부담을 덜어 줄 뿐만 아니라 소득이 적은 사람일수록 보조금까지 받을 수 있는 제도이므로 '세제'보다는 '복지'의 성격이 강하다. 또한 근로소득공제제도는 원천징수 당한 세금을 환급받는다는 측면에서 연말정산과 유사하다. 그러나 이 제도는 세금을 전혀 납부하지 않은 사람이라 해도 근로소득공제액과의 차액을 받을 수 있다는 점에서 연말정산과 다르다.

(3) 재정정책을 통한 경제안정화의 기능

재정정책(Fiscal Policy)은 인플레이션 · 실업 · 대외수지 등과 관련하여 발생하는 경제문제들을 조세와 정부지출의 수준 및 배분을 조정하여 경제활동에 영향을 미치기 위해 정부가 사용하는 일련의 조치를 말한다. 재정정책 시행의 효과들은 다음과 같다. 예를 들어, 개인이 부담하는 세금의 축소는 수입의 증가를 가져올 것이고 이는 소비를 증가시켜 경제활동을 촉진시킬 것이다. 기업 부문에 대한 감세는 투자를 유인할 것이며 이에 따라 일자리가 증가할 것이다. 공공사업 등의 확장을 통한 정부지출 증가는 경기를 활성화시키는 효과가 있을 것이다. 반대로 정부지출의 감소나 조세수입의 증가는 경제활동을 위축시킬 것이다.

한편, 재정정책은 정부가 직접 영향력을 끼쳐 상품이나 노동력의 직접 구매자 역할을 함으로써 국민경제에 미치는 효과는 확실하고 강력하다. 그러나 예산 편성, 국회에서의 심의 절차 등을 거쳐야 하므로 통화정책에 비해 탄력성이 떨어진다.

재정정책 중 경제안정화 기능에 대해 설명하면 다음과 같다. 경제안정화 정책은 국민 경제의 고용수준을 늘리거나 물가를 안정된 상태에 접근하도록 조정하려는 정책이다. 민간 부문의 투자와 소비활동이 활기를 잃고 실업률이 높아지는 불경기의 조짐이 나타날 때, 정부는 정부 차원에서 사업을 시행하여 지출을 늘리거나, 세율을 낮춰 경기를 회복시키는 적극적인 정책을 펴게 된다. 반대로 민간의 경제활동이 지나치게 활발하여 물가가 오르는 등 경기가 과열될 때에는 정부가 지출을 줄이거나, 세율을 올려서 경기를 진정시키는 긴축정책을 쓴다. 적자 예산은 국민경제활동을 확장하는 역할을 하는 반면, 흑자 예산은 경기를 약화시키는 기능을 하게 된다. 불경기에는 고용을 증대시키기 위해서 적자 예산을 편성하고 호경기에는 인플레이션을 억제하기 위해서 흑자 예산을 편성하는 것이 일반적이다.

제 3 절 정부의 실패

이상에서 시장경제가 효율적이지만 사회적으로 소망스러운 결과를 얻는 데 실패할 경우에 정부개입이 필요하다는 것을 강조하였다. 정부가 개입하는 경제적 기능은 경제를 위한 법·제도의 제정 및 운용, 효율적 자원배분을 위한 제도정비, 소득재분배기능, 거시경제의 안정화 정책의 도입 등일 것이다.

정부가 시장경제를 보완하기 위한 정부의 개입은 각종 규제를 가하게 된다. 그런데 현실세계의 시장이 불완전한 것처럼 현실세계의 정부의 역할도 역시 불완전할 것이다. 사실 거의 모든 정부는 규제에 관해 관료화 및 비효율성의 문제에 직면하게 될 것이다. 현실세계의 시장이 우리가 추구하는 이상과 다르게 가고 있기 때문에 정부가 적극적으로 개입해야 한다는 주장은 어쩌면 설득력이 부족할지 모른다. 시장의 실패를 교정하기 위한 정부개입이 오히려 효율적인 자원배분을 더 저해하는 상황을 가리켜 정부의 실패(government failure)라 부른다.

정부의 실패의 원인으로는 정통성 없는 정부, 규제자의 불완전한 지식 및 정보, 규제수단의 비효율성 혹은 불완전성, 규제의 경직성, 정치적 제약조건, 근시안적 규제, 규제자 개인의 편견 등의 영향을 들 수 있다. 우리는 정부의 실패가 발생하기 때문에 정부의 개입이 시장기구를 완전히 대체할 수 있는 것이 아님을 알아야 한다. 정부당국자는 정부의 개입은 시장기구가 원활하게 운영될 수 있는 범위, 즉 정부의 실패가 시장의 실패보다 크지 않는 범위 내에서 제한되어야 한다는 것을 인식하여야 한다.

보론 9 대공황(Great Depression, Slump of 1929)

대공황은 1929년 10월 월가의 '뉴욕주식거래소'의 주가 폭락 사태에서 비롯된 미국의 경제공황이 단기간에 전 세계로 확대되어 광범위한 경기 침체의 원인이 된 사건을 말한다. 대공황으로 1933년 말까지 대부분의 자본주의국가들이 경제위기에 직면하게 되고 그 여파는 1939년까지 계속되었다. 이 기간의 격심한 경제위기는 파급범위와 지속기간을 고려해 보면 그 때까지의 어떤 경제위기보다도 두드러져 「대공황」이라고 부른다. 제1차 세계대전을 통해 자본주의의 중심이 된 미국은 세계에서 가장 부유하고 강력한 나라가 되었다. 그러나 미국의 경제는 외관상으로는 번영을 누리고 있는 것 같았지만 그 이면에는 만성적 과잉생산, 투기 그리고 지속적인 실업이 일반화되고 있었다. 이러한 경제상황에서 「주식가격의 대폭락」은 연쇄적 경제위기로 이어져 경제활동을 마비시키게 된다. 연이은 기업도산으로 실업자가 만연화되어 1933년에는 실업자가 1,500만명 이상으로 전 임금생활자들의 약 30%나 되었고 실업자들의 자살이 줄을 이었다.

대공황을 맞이한 미국은 채무국가인 유럽 각국에 채무이행을 촉구하게 되고 1931~1933년 사이에 미국의 대공황은 영국 · 프랑스 · 독일 등 유럽 여러 나라로 확산되었다. 자본주의 국가들의 공업생산고는 대공황 과정 중 큰 폭으로 감소하여 1932년 공황 중의 미국 공업생산고는 1929년 이전과 비교하면 약 44% 수준으로 하락하여 대략 1908~1909년의 생산고 수준이 되었다. 대공황은 공업부문뿐만 아니라 농업부문까지 확산되어 미국을 포함한 유럽 · 남아메리카에서 농산물 가격이 폭락하거나 체화되어 재고가 되어버린 소맥 · 커피 · 가축 등이 대량으로 파기되기도 하였다. 이러한 공황은 금융부문으로 확대되어 1931년 오스트리아의 크레디트 안슈탈트은행의 도산을 시작으로 유럽 각국에 금융공황이 발생하게 된다. 결국 대공황은 1931년 영국을 필두로 하여 금본위제를 정지하게 되고 이는 여러 나라에 파급되어 금본위제를 잇달아 포기하는 계기로 되었고 마침내 미국도 1933년 금본위제를 중단하게 된다.

대공황은 대부분의 자본주의 국가들을 경제위기에 빠지게 해 경제의 자동적 회복기능을 말살시켜 1930년대 전 기간을 불황의 만성화 시대로 만들었다. 세계열강들은 경제위기를 극복하기 위하여 1933년 런던에서 세계경제회의를 개최하여 난국의 해결책을 논의했지만 실패로 끝나고 각국은 나름대로 타개책을 모색하기 시작하였다. 미국은 기존의 자유방임주의에서 탈피하여 뉴딜정책 등 불황극복정책에 의존하였으며, 한편 제2차 세계대전을 기점으로 경기를 회복하여 전쟁 중에 실질소득이 거의 2배로 회복하게 되었다. 즉, 세계를 휩쓴 대공황도 제2차 세계대전이 일어나 군수물자 생산이 늘어나면서 1930년대 후반부터 기세가 꺾이고 끝이 난다.

대공황의 발생으로 아담 스미스(Adam Smith)의 자유방임주의적 경제관은 끝나고 케인즈 경제학이 도입되어 제2차 세계대전 이후 경제이론에 있어 새로운 틀을 형성하는 계기가 되었다. 그리고 정치적으로는 이탈리아와 독일을 비롯한 전체주의 국가들이 등장하는 배경을 제공하기도 하였다.

보론 10 뉴딜정책(New Deal Policy)

루즈벨트 대통령

뉴딜정책이란 미국에서 대공황에 대응하여 추진한 일련의 경제 및 사회정책을 총칭하는 용어이며 1933년에 취임한 프랭클린 루즈벨트(Franklin Delano Roosevelt) 대통령이 주도한 정책이었다. 뉴딜정책은 국가가 시장경제에 적극 개입하여 자유주의 경제를 정상화하였다는 측면에서 큰 의의가 있다. 1929년 발생한 대공황으로 미국은 극심한 경제위기에 빠진다. 경제침체의 시작은 1929년 10월 월가의 주식가격이 대폭락하면서 세계적 경제위기로 이어진다. 경기침체로 산업 생산량이 감소하고 승승장구하던 회사들은 파산하여 실업률은 25% 이상으로 급증한다. 1932년 미국의 국민총생산은 1929년의 약 56% 수준으로 급락한다.

대공황 상황에서 취임한 루즈벨트 대통령은 미국 자본주의 체제의 재건과 체제 개혁에 주력하게 된다. 루즈벨트는 자본주의의 체질 개선을 위해 경제의 구제, 부흥 및 개혁이라는 3가지 목적을 앞장 세운다. 루즈벨트의 당면 과제는 약 1,500만명의 실업자 구제와 과잉생산된 농산물의 처리문제였다. 이러한 문제를 해결하기 위한 정책 입안자들은 진보적 성향의 전문가들이었다. 루즈벨트는 의회로부터 비상대권을 위임받아 전문가들의 정책과 계획에 따라 위기극복을 위한 프로그램을 마련하고 실행에 옮기게 된다. 루즈벨트는 대공황을 극복하기 위하여 그때까지 견지해 온 자유주의의 원칙 대신에 집산주의(Collectivism) 원칙을 선택한다.

이 때 시행된 뉴딜정책의 주요 내용을 정리하면 다음과 같다.

1933년 루즈벨트 정부는 먼저 금융개혁을 위해 금본위제를 폐지하면서 정부의 신용화폐를 발행한다. 둘째, 농산물가격 하락방지를 위하여 농산물 생산을 제한하였으며, 기업의 적정이윤 확보를 위해 생산제한과 가격협정을 활용하였다. 셋째, 국가가 노동 3권 보장을 위하여 적극적으로 나서 노동자들의 임금과 고용을 안정화시켰다. 즉, 실업보험과 최저임금제가 도입되었다. 넷째, 테네시유역개발공사(TVA; Tennessee Valley Authority)를 설립해 테네시 강 유역을 개발하는 정부 주도의 대규모 공공사업을 전개하였다. 다섯째, 신용대출과 보조금을 통해 기업과 개인을 구제하였다. 즉, 루즈벨트 정부는 케인즈학파의 주장을 받아들여 정부 지출을 늘렸고, 과잉생산을 방지하고 그리고 노동자와 농민의 소득을 향상시켜 유효수요(effective demand)를 창출하였다. 이 과정에서 노동자들의 권리가 향상되고 사회보장제도가 활성화되었다. 그리고 정부는 가계와 기업과 함께 경제의 3주체로 등장하기 시작하였다. 뉴딜정책을 실행하고 있는 중 세계를 휩쓴 대공황도 제2차 세계대전이 일어나 군수물자 생산이 늘어나면서 1930년대 후반부터 기세가 꺾이고 끝이 난다.

보론 11 국세와 지방세

국세는 국가가 각종 국가사업을 수행하기 위하여 국민에게 부과 · 징수하는 조세이다. 국세의 과세 청구권의 주체는 중앙정부이다. 국세는 내국세, 관세 그리고 목적세로 나눌 수 있다. 일반적으로 국세는 내국세를 의미한다. 내국세는 직접세와 간접세로 구분할 수 있다. 직접세는 개인소득세 · 법인세 · 상속세 · 증여세가 있으며, 간접세는 부가가치세 · 특별소비세 · 주세 · 인지세 · 증권거래세 등이 있다. 관세는 통상적으로 관세영역 또는 관세선을 통과하는 수출입 물품에 부과하는 조세이다. 목적세는 조세의 사용용도를 표시하여 당해 목적으로만 지출하도록 한정하고 있는 조세이다. 국세 중 목적세에는 교육세 · 교통세 · 농어촌특별세가 있다. 지방세는 지방정부의 각종 사업을 수행하기 위하여 부과 · 징수하는 조세를 말하며 국세에 대응하는 용어이다. 지방세의 과세 청구권의 주체는 지방정부이다. 지방세는 용도에 따라 보통세와 목적세로 구별할 수 있다. 보통세는 지방자치단체의 일반적인 경비를 충당하기 위한 목적으로 만들어진 조세로 주민세 · 재산세 · 자동차세 · 농지세 등이 여기에 속한다. 목적세는 지방자치단체의 특정한 경비를 충당하기 위하여 설치된 조세이다. 지방세 중 목적세에는 도시계획세 · 공동시설세 · 지역개발세와 사업소득세 등이 있다.

여기에서는 국세 중 내국세에 대하여만 간략히 설명하겠다.

첫째, 개인소득세(personal income tax)란 개인의 소득에 부과하는 조세이다. 여기서 소득은 일정기간 동안 재화 또는 용역을 제공하고 얻은 수입으로부터 이에 대응하는 필요경비를 뺀 수입을 의미한다. 개인소득세는 조세의 납세자와 담세자가 동일한 직접세이다. 소득은 각자의 담세능력을 가장 잘 나타내므로 현대조세론에 의하면 개인소득세가 담세력에 따른 과세의 원칙에 가장 부합하는 이상적인 조세이다. 우리나라의 개인소득세는 개인을 중심으로 모든 소득을 합산한 종합소득에 개인적 사정, 즉 배우자 · 부양가족 또는 가족 중 경로우대인 · 장애인의 유무 등에 따라 세금 부담을 달리하는 인적 공제제도와 보험료 · 의료비 등을 공제하는 특별공제제도를 채택한 종합소득세제도를 채택하고 있다. 단, 퇴직소득(퇴직으로 인하여 발생하는 소득), 양도소득(자산의 양도로 인하여 발생하는 소득) 그리고 산림소득(산림의 벌채 또는 양도로 인하여 발생하는 소득)은 별도로 분류과세하고 있다. 개인소득세의 과세기간은 1월 1일부터 12월 31일까지 1년이다. 거주자의 개인소득세 납세지는 주소지로 하고 주소지가 없는 경우에는 거주지로 한다.

둘째, 법인세(corporate tax)란 주식회사와 같이 법인으로 사업을 할 때 그 사업의 결과 발생한 소득에 한하여 부과하는 세금이다. 일반적으로 법인은 주식회사 · 합자회사 · 합명회사 등의 영리법인과 사립학교 · 병원 · 종교단체 등의 비영리법인으로 분류할 수 있다. 비영리법인은 수익사업에 대하여 과세하고 비수익사업에 대해서는 과세하지 않는다. 법인세는 조세의 납세자와 담세자가 동일한 직접세이다. 우리나라의 현행 법인세는 각 사업연도의 소득에 대한 법인세와 청산소득에 대한 법인세로 구성되어 있다. 법인세법에서 납세자는 국내에 본점 또는 주사무소를 둔 국내법인과 외국에 본점 또는 주사무소를 둔 외국법인으로 국내에서 발생한 소득이 있는 법인이다.

셋째, 상속세(inheritance tax, estate tax, succession tax)는 피상속인의 사망 또는 실종으로 인한 상속개시에 따라 피상속인으로부터 상속인에게 이전하는 재산에 대하여 그 재산가액을 과세표준으로 하여 상속인에게 과세하는 조세이다. 다만, 전쟁으로 인한 사망 및 이에 준하는 사망 그리고 전쟁 및 이에 준하는 공무로 받은 상처 · 질병에 의한 사망으로 상속이 개시된 때에는 상속세를 부과하지 않는다. 상속세는 불로취득재산인 관계로 고율의 누진세를 적용하고 있다. 상속세의 과세방식은 유산세방식과 유산취득세 방식으로 분류된다. 유산세방식은 피상속인의 유산액을 과세방식으로 하여 과세하는 방식이고 유산취득세방식은 상속인이 취득하는 유산액을 각각의 과세가액으로 하여 과세하는 방식을 말한다. 우리나라의 유산세는 유산세방식으로 부과하고 있다. 그리고 상속세 납부는 세금이 많으면 나누어 내거나 부동산 등으로 낼 수 있다.

넷째, 증여세(gift tax)는 타인의 무상증여로 취득한 재산이 과세대상이고 재산을 취득한 사람에게 부과하는 국세로서 직접세이며 재산세로 분류되는 조세이다. 증여세는 증여자가 살아있을 때 증여를 한다는 점에서 상속세와 다르다. 증여세 납부는 세금이 많으면 나누어 내거나 부동산 등으로 낼 수 있다. 그리고 증여세는 증여를 받은 자가 내는 것이 원칙이다. 그러나 증여세는 증여를 받은 자가 국내에 주소를 두지 않은 경우 또는 다른 이유로 조세채권을 확보하기 곤란한 경우 등에는 증여한 자가 연대하여 납부할 의무가 있다. 증여에 대하여 증여세를 부과하는 것은 증여와 상속이 생전과 사후의 차이가 있을 뿐 재산의 무상이전이라는 공통점이 있으므로 상속에 대하여 상속세를 부과하는 것과 형평을 맞춤으로써 생전증여를 통한 상속세의 회피를 예방하는 데 그 목적이 있다. 즉, 증여세는 상속세의 보완세적 성격을 갖는다.

다섯째, 부가가치세(Value Added Tax)는 재화나 용역이 생산 또는 유통되는 모든 거래단계에서 발생하는 부가가치를 과세대상으로 하는 간접세이다. 부가가치의 계산방법은 기업이 지급하는 임금 · 지급이자 · 세금 · 공과금 · 감가상각비 · 이윤 등을 합산하는 가산법과 기업의 매출에서 기업의 매입을 빼는 공제법이 있다. 우리나라의 부가가치는 공제법에 근거하고 있다. 그러므로 부가가치에 세율을 곱하여 부가가치세를 산출하므로, 공제법 방식에 의하면 부가가치세는 매출세액에서 매입세액을 뺀 금액이 된다. 부가가치세는 1919년에 독일에서 최초로 제안되었고 1921년 법인세를 대신할 수 있는 세목으로 미국에서 주장되었다. 부가가치세는 1955년 프랑스에서 처음으로 도입하여 시행되었다. 오늘날에는 대부분의 국가가 부가가치세를 채택하고 있다. 우리나라도 부가가치세법을 1976년에 제정하여 1977년부터 시행하였다. 우리나라는 부가가치세를 도입하는 대신 영업세법, 물품세법, 직물류세법, 석유류세법, 전기가스세법, 통행세법, 입장세법, 유흥음식세법 등에 의하여 부과되던 세목을 폐지하였다. 우리나라는 현재 재화나 용역의 최종 가격에 10%의 부가가치가 포함되어 있다. 부가가치세는 세금을 실제로 부담하는 사람과 납세의무자가 다른 간접세이기 때문에 소득이 많은 사람이 소득이 적은 사람보다 세금 부담률이 훨씬 낮다는 단점이 있다. 한편 부가가치세는 원칙적으로 모든 재화나 용역에 대하여 과세하고 있지만, 예외적으로 저소득층의 세금부담 경감 또는 기타 조세정책의 목적으로 기초생활필수품 등 일부 재화와 용역의 공급에 대하여는 부가가치세를 면제하고 있다.

여섯째, 특별소비세(special excise tax)는 사치성 상품이나 용역의 소비행위에 높은 세율로 과세하는 조세다. 특별소비세는 특정 과세물품을 판매장에서 판매하거나 제조장으로부터 반출하는 때와 수입신고를 한 때, 그리고 과세장소에 입장행위 및 과세유흥장소에서 유흥음식행위를 한 때 부과하는 간접세이다. 특별소비세는 부가가치세의 역진성을 보완하고, 사치성 고가물품 또는 불요불급한 소비행위에 대한 억제, 환경오염 방지 및 소득 재분배를 목적으로 만든 조세이다. 특별소비세는 1977년부터 시행하였으며, 사회적 여건의 변화에 따라 2004년에 골프용품, 모터보트, 요트, 수상스키용품, 행글라이더 등 12개 품목의 특별소비세가 폐지되었다. 2008년부터 특별소비세에서 개별소비세로 명칭을 변경하였다. 우리나라 현행 개별소비세법에서는 그 과세 대상을 보석 · 고급 모피제품 · 승용차 · 휘발유 등 「특정한 물품」, 경마장 · 투전기시설장소 · 카지노 등 「특정한 장소에의 입장 행위」 및 카바레 · 요정 등 「특정한 장소에서의 유흥음식 행위」로 규정하고 있다. 개별소비세의 기본 세율은 물품별로 7~20%의 세율과 장소별로 10%와 50% 등 정액세를 부과하고 있다. 그리고 개별소비세는 경제상황에 따라 기본세율의 상하 30% 범위 내에서 정부가 대통령령으로 탄력세율을 정할 수 있도록 되어 있다.

일곱째, 주세(liquor tax)는 주류를 제조장에서 출고하거나 보세구역으로부터 인취하는 때 그 수량 또는 가격을 과세표준으로 하여 부과하는 소비세를 의미한다. 주세는 소비세의 하나이지만, 따로 주세법을 규정하는 이유는 주류의 제조 · 판매에 대한 면허, 원료의 수급조절, 주조사의 자격시험과

면허 등에 관하여 폭넓은 단속법규가 아울러 규정되고 있기 때문이다. 우리나라는 1909년 법률 제3호로 「주세법」을 최초로 제정하여 시행하면서 주세를 징수하기 시작한 이래 법령을 주세령·음료세령·주세법으로 그 과정을 거쳐 현재까지 주세를 국세로서 징수하고 있다. 주류는 거의 모든 나라에서 과세하고 있다. 특히 우리나라에서 주세 징수목적은 재정수입목적뿐만 아니라 기호품으로서 국민보건위생을 위한 목적 및 주류업의 건전한 육성을 기하고자 하는 보호목적 등이 있다.

여덟째, 인지세(stamp tax)는 광의로는 수입인지로 납부하는 모든 조세, 즉 인지수입을 의미한다. 협의로는 사업 또는 사업이 아니든 재산권의 창설·이전·변경·소멸을 증명하는 증서·장부 및 재산권에 관한 추인·승인을 나타내는 증서에 대하여 과세하는 조세를 의미한다. 인지세는 예산상 조세수입으로 표시하지 않고, 수수료 수입과 더불어 인지수입으로 표시한다. 인지세는 재산권에 관해 증명하는 증서나 장부를 작성할 때 작성자가 인지를 붙이는 방법으로 납부하는 유통세의 일종이다.

아홉째, 증권거래세(securities transaction tax)는 주식, 채권 등의 유가증권을 양도하는 경우 부과하는 조세를 말한다. 현행 증권거래세는 주권 또는 지분의 양도에 대하여 부과되며 양수에 대하여는 부과하지 않는다. 현행 우리나라의 증권거래세 대상이 되는 주권 또는 지분은 상법 또는 특별법에 의하여 설립된 법인의 주권을 말한다. 일반적으로 주식을 팔 때는 판 대금의 0.5%를 부과한다. 유가증권시장에서 양도되는 주권은 0.15%, 코스닥시장에서 양도되는 주권은 0.3%를 낸다. 납세의무자는 유가증권의 매도자이고 징수의무자는 한국증권거래소가 된다. 매월분의 과세표준과 세액을 다음달 10일까지 관할 세무서장에게 신고하고, 해당 월분의 증권거래세를 납세지 관할 세무서·한국은행 또는 체신관서에 납부해야 한다. 우리나라의 증권거래세는 1963년부터 실시되다가 자본시장육성책의 일환으로 1971년에 폐지되었다. 그러나 1978년에 세수를 증대하고 자본시장에서의 단기성 투기행위를 억제하기 위하여 다시 증권거래세법이 제정되어 시행되고 있다.

연 | 습 | 문 | 제

1. 공공기업의 사업의 특징을 나타내지 못하고 있는 것은?

① 안정적 경영　　② 독점성
③ 공익성　　④ 가격의 변동 심화

2. 투입을 모두 100% 증가시켰을 때 산출량은 오히려 80%로 감소하였다. 이러한 내용을 설명하고 있는 것은?

① 규모에 대한 보수불변을 표현하고 있다
② 규모에 대한 보수증가를 표현하고 있다
③ 규모에 대한 보수감소를 표현하고 있다
④ 수확체증의 법칙을 설명하고 있다

3. 투입을 모두 100% 증가시켰을 때 산출량은 150%로 증가하였다. 이러한 내용을 설명하고 있는 것은?

① 규모에 대한 보수불변을 표현하고 있다
② 규모에 대한 보수증가를 표현하고 있다
③ 규모에 대한 보수감소를 표현하고 있다
④ 수확체증의 법칙을 설명하고 있다.

4. 다음 중 사회간접자본에 해당되지 않는 것은?

① 통신시설　　② 항만시설
③ 상수도시설　　④ 공단시설

5. 외부효과에 속하지 않는 것은?

① 집앞의 정원
② 녹지대가 택지로 용도 변경됨
③ 특정재화의 수요가 늘어 가격이 오름

④ 대기오염

6. 시장의 실패(market failure)의 원인이 될 수 없는 것은?

① 가격기구의 원만한 작동　② 외부효과
③ 공공재　④ 독점의 존재

7. 경제활동을 가격기구(price mechanism)에 맡길 경우에 효율적인 자원배분 및 공정한 소득분배를 실현하지 못하는 상황을 총칭하는 용어는?

① 정부의 실패　② 시장의 실패
③ 공급의 실패　④ 수요의 실패

8. 다음 중 불완전경쟁시장에서 정부의 대책에 해당하지 않는 것은?

① 독과점 기업에 조세를 중과등의 방법으로 독과점기업의 생산비용과 총수입을 제한시키는 방법
② 경쟁시장에서의 신규기업의 참가를 적극적으로 추진시키기 위해 조세유인을 부여
③ 정부가 독과점 생산물의 가격을 결정함으로써 독과점으로 인한 자원의 비효율적 배분을 시정하는 방법
④ 경쟁시장에서 공정거래법을 통하여 산업의 진입장벽을 만드는 방법

9. 다음 중 자연독점에 해당하지 않는 경우는?

① 우편　② 전기
③ 안경　④ 도시가스

10. 다음 (　)안에 알맞은 용어는?

> 전력생산을 위하여 댐을 건설하면 홍수조절과 함께 경관이 좋은 관광지를 얻는 유리한 (　　)를 얻을 수 있다.

① 외부경제　② 외부불경제
③ 내부경제　④ 내부불경제

11. 자원배분에 있어 정부가 개입해야 될 필요성에 합당하지 않는 것은?

① 국가는 폭력, 절도, 사기와 같은 범죄로부터 국민들을 보호해야 할 의무가 있다.

② 정부는 각 주체들 사이에 체결된 계약도 잘 이행될 수 있도록 하는 역할도 하여야 한다.

③ 현실의 시장경제는 시장의 실패요인이 전혀 없지만 문제점에 대비하기 위해 국가가 개입한다.

④ 자본주의 시장경제에서는 능력에 따라 분배를 하므로 불평등은 필연적으로 생긴다.

12. 경제에 정부의 적극적 개입을 하게 된 계기에 해당하는 것은?

① 산업혁명　　② 프랑스 대혁명

③ 미국 독립전쟁　　④ 대공황

13. 대공황 극복과 직접적 관계가 있는 경제학자는?

① 케인즈　　② 프리드만

③ 하이예크　　④ 스티글러

14. 실업률과 물가가 동시에 작용하는 현상을 무엇이라 하는가?

① 필립스곡선　　② 인플레이션

③ 실업　　④ 스태그플레이션

15. 다음 중 중앙정부의 재정의 기능에 속하지 않는 것은?

① 이자율 하락을 통한 구매력 증대의 기능

② 공공재 공급을 통한 자원배분의 기능

③ 소득 재분배의 기능

④ 재정정책을 통한 경제안정화 기능

16. 다음 중 성격이 다른 공공재는?

① 상·하수도　　② 도로

③ 소방　　④ 전기

17. 다음 중 세금 징수를 통한 소득재분배에 해당하지 않는 세제는?

① 소득세　　② 부가가치세
③ 전기세　　④ 상속세

18. 다음 중 성격이 다른 것은?

① 건강보험제도　　② 의료보호사업제도
③ 고용보험제도　　④ 노인장기요양보험제도

19. 다음 중 성격이 다른 것은?

① 국민기초생활보장제도　　② 의료보호사업제도
③ 연금보험제도　　④ 재해구호사업제도

20. 다음 중 일정소득 이하의 근로소득자를 대상으로 소득에 비례한 세액공제액이 소득세액보다 많은 경우 그 차액을 환급해 주는 제도는?

① GMI　　② NIT
③ New Deal　　④ EITC

21. 인플레이션·실업·대외수지 등과 관련하여 발생하는 경제문제들을 조세와 정부지출의 수준 및 배분을 조정하여 경제활동에 영향을 미치기 위해 정부가 사용하는 일련의 정책을 무엇이라 하는가?

① 재정정책　　② 통화정책
③ 금융정책　　④ 정책 혼합

22. 시장의 실패를 교정하기 위한 정부개입이 오히려 효율적인 자원배분을 더 저해하는 상황을 가리켜 무엇이라 하나?

① 재정의 실패　　② 통화의 실패
③ 정부의 실패　　④ 정책의 실패

23. 다음 중 정부의 실패의 원인이 아닌 것은?

① 정통성 없는 정부
② 규제자의 불완전한 지식 및 정보
③ 규제수단의 비효율성 혹은 불완전성
④ 외부경제의 존재

24. 미국에서 대공황이 발생한 연도는?

① 1919년 ② 1929년
③ 1939년 ④ 1949년

25. 다음 중 대공황과 직접적 관련이 없는 것은?

① 산업혁명 ② 뉴딜정책
③ 루즈벨트 대통령 ④ 케인즈

26. 뉴딜정책과 관련이 없는 내용은?

① 미국정부는 먼저 금융개혁을 위해 금본위제를 부활한다.
② 농산물가격 하락방지를 위하여 농산물 생산을 제한한다.
③ 국가가 노동 3권 보장을 위하여 적극적으로 나서 노동자들의 임금과 고용을 안정화시킨다.
④ 테네시유역개발공사를 설립해 테네시 강 유역을 개발하는 정부 주도의 대규모 공공사업을 전개하였다.

27. 케인즈(J. M. Keynes) 경제학이 등장하게 된 역사적 배경은?

① 산업혁명 ② 제1차 세계대전
③ 전체주의의 등장 ④ 대공황

28. 케인즈의 일반이론이 출간된 연도는?

① 1935년 ② 1936년
③ 1937년 ④ 1938년

29. 케인즈 경제학에서 경기조절적 수단이 되는 것은?

① 총수요관리정책
② 총공급관리정책
③ 총수요관리정책과 총공급관리정책의 혼합
④ 잉여가치량의 조정

30. 다음 중 케인즈류의 경제학과 가장 먼 용어는?

① 유효수요 ② 총수요관리정책
③ 경제의 완전고용상태의 지속화 ④ 거시경제이론의 출발

31. 케인즈경제학의 경제정책을 무력하게 하는 경우는?

① 수요견인 인플레이션의 발생
② 유효수요의 부족화 현상
③ 스태그플레이션의 발생
④ 불완전고용상태에서 물가의 경직성

32. 다음 중 비경합성과 비배제성을 갖는 재화와 가장 거리가 먼 것은?

① 등대 ② 국방
③ 경찰 ④ 유료식물원

33. 다음 용어 중 관계성이 가장 떨어지는 것은?

① 비경합성 ② 비배제성
③ 무임승차 ④ 야경국가

34. 다음 중 흑자재정과 적자재정을 조정하는 항목을 보전재원항목이라고 한다. 다음 중 보전재원항목을 조정하는 방법이 아닌 것은?

① 중앙은행을 통한 방법 ② 국공채를 통한 방법
③ 일반은행을 통한 방법 ④ 외국을 통한 외평채 방법

35. 다음 중 통화주의를 설명한 내용 중 틀린 것은?

① 스태그플레이션 현상이 나타나면서 통화주의의 사조가 경제학의 중심 사조가 되었다.

② 통화주의는 정부가 시장의 자동조절기능을 방해하는 재량적 정책들을 기본적으로 반대한다.

③ 통화주의의 경제정책적 대안은 화폐를 실업과 인플레이션을 해결할 수 있는 주요 수단으로 보았다.

④ 통화주의의 주장으로 스태그플레이션을 궁극적으로 해결할 수 있었다.

36. 다음 중 세금 징수방법 등을 설명한 내용 중 틀린 것은?

① 국가는 세금뿐만 아니라 복권, 담배 등의 공공기금 사업으로 재원을 확충하여 소득재분배 재원으로 사용하고 있다.

② 특별소비세는 사치성 상품이나 서비스의 소비에 대해서만 별도의 높은 세율로 과세하는 세금이다.

③ 우리나라에서 누진세제도를 적용하고 있는 경우는 소득세, 전기세, 물품세, 상속세, 부동산등록세 등이다.

④ 누진세제도란 과세대상물건의 수량이나 화폐액의 크기가 증가함에 따라 점차 높은 세율이 적용되는 조세제도이다.

37. 다음 중 가입자들의 노령·폐질·사망 등 사회적 사고로 인한 소득의 중단 또는 상실의 위험이 있는 경우에 일정 수준의 생활을 보장해 주기위한 사회보험은?

① 연금보험제도 ② 건강보험제도

③ 고용보험제도 ④ 산재보험제도

38. 다음 중 업무상의 사유에 의하여 근로자가 부상, 질병, 신체상해 또는 업무상 재해로 사망한 경우, 치료비와 보상금을 지급하고 장학금 및 생활정착금 지급 등을 위한 사회보험은?

① 연금보험제도　② 건강보험제도
③ 고용보험제도　④ 산재보험제도

39. 다음 중 국민의 생존권을 보장하기 위하여 국가가 주체가 되어 빈곤한 국민들의 최저생활을 보장하는 것으로 도움을 신청하는 사람들에게 대부분 무기여 급부를 제공하는 제도는?

① 공공부조제도　② 사회보험제도
③ 사회복지서비스제도　④ 산재보험제도

40. 다음 중 사회보험제도와 관련이 없는 제도는?

① 연금보험제도　② 건강보험제도
③ 공공부조제도　④ 산재보험제도

41. 다음 중 공공부조제도와 관련이 없는 제도는?

① 국민기초생활보장제도　② 의료보호제도
③ 재해구호제도　④ 산재보험제도

42. 다음 중 사회적으로 불우하고 열세한 위치에 있는 아동·노인·부녀 및 심신장애인들을 대상으로 전문적인 지식과 방법을 활용하여 이들의 제반 문제들을 해결하여 정상적인 사회인으로 복귀시키는데 그 목적을 둔 제도는?

① 국민기초생활보장제도　② 사회보험제도
③ 사회복지서비스제도　④ 공공부조제도

43. 다음 중 가족 수에 근거한 소득 크기에 따라 그 수혜 여부가 결정되는 조세제도상의 소득프로그램을 말하는 것은?

① GMI　② NIT
③ New Deal　④ EITC

44. 다음 중 재정정책에 대한 설명으로 틀린 내용은?

① 개인이 부담하는 세금의 축소는 수입의 증가를 가져올 것이고 이는 소비를 증가시켜 경제활동을 촉진시킬 것이다.

② 기업 부문에 대한 감세는 투자를 유인할 것이며 이에 따라 일자리가 증가할 것이다.

③ 공공사업 등의 확장을 통한 정부지출 증가는 경기를 활성화시키는 효과가 있다.

④ 재정은 예산편성, 국회에서의 심의절차 등을 거치지만 통화정책보다 그 탄력성이 높다.

45. 다음 중 재정정책의 경제안정화 기능에 대한 설명으로 틀린 내용은?

① 흑자예산은 국민경제활동을 확장하는 역할을 하는 반면, 적자예산은 경기를 약화시키는 기능을 하게 된다.

② 호경기의 징후가 있을 때 정부가 지출을 줄이거나, 세율을 올려서 경기를 진정시키는 긴축정책을 쓴다.

③ 불경기의 조짐이 있을 때 정부는 정부 차원에서 사업을 시행하여 지출을 늘리거나, 세율을 낮춰 경기를 회복시키는 적극적인 정책을 사용한다.

④ 경제안정화 정책은 국민경제의 고용수준을 늘리거나 물가를 안정된 상태에 접근하도록 조정하려는 정책이다.

46. 다음 중 루즈벨트 정부의 경제정책과 관련이 없는 내용은?

① 과잉생산을 방지하고 그리고 노동자와 농민의 소득을 향상시켜 유효수요를 창출하였다.

② 정부는 가계와 기업과 함께 경제의 3주체로 등장하였다.

③ 통화주의자의 주장을 받아들여 정부 지출을 늘렸다.

④ 뉴딜정책의 시행으로 노동자의 권리가 향상되고 사회보장제도가 활성화되었다.

제 10 장

국민소득이론의 기초

제1절 국민소득의 순환
제2절 국내총생산과 물가지수

제 1 절 국민소득의 순환

1. 단순한 국민소득의 순환

경제를 거시적으로 본다는 것은 한 나라 경제활동의 전체적인 크기를 결정하고 그 활동을 평가하는 것이다. 이러한 거시적 경제에 대한 논의는 기본적으로 하나의 중요한 생각을 바탕으로 하고 있다. 그것은 국민경제가 순환적인 흐름을 가진다는 것이다. 즉, 생산 → 소득 → 지출 → 생산의 연속적인 순환이 일어난다.

한 국가경제에서 경제활동을 하는 경제주체를 가계, 기업 그리고 정부의 3부문으로 나눌 수 있다. 여기서 가계부문은 소비의 주체이고, 기업은 생산의 주체이며, 정부부문은 가계와 기업부문을 조정하고 규제하면서 때로는 소비자로 때로는 생산자로 활동하는 부문이다. 우선 정부와 해외부문이 없는 2부문 경제 즉 단순경제를 가정하자. 기업은 소비재만 생산하고 가계는 저축을 하지 않는다고 가정하는 단순경제의 순환적 흐름은 [그림 10-1]과 같다.

그림 10-1 단순한 국민경제의 순환

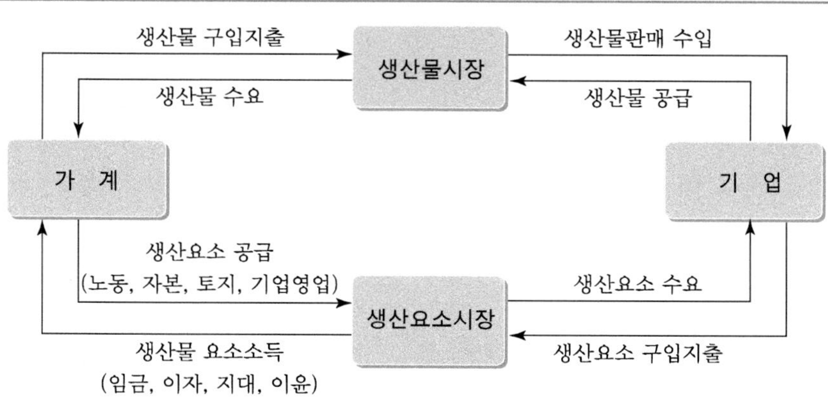

그림과 같이 기업은 여러 가지 유용한 소비재를 생산하여 생산물시장에 공급한다. 가계는 화폐를 가지고서 생산물시장에서 소비재를 구입한다. 가계가 지불하는 화폐는 생산요소시장에서 노동, 토지, 자본 그리고 기업경영과 같은 생산요소를 기업에 제공하고 그 대가로 획득한 것이다. 한편 기업은 생산물시장에서 가계에 판매한 수입으로 생산요소시장에서 생산요소를 구입하고 그 대가로 임금, 지대, 이자 그리고 배당금을 가계에 지불한다.

다시 말해서 단순한 국민경제적 측면에서 보면 가계의 소득은 생산에 참가한 대가로 획득하는 것으로 이것은 생산물의 수요에 직접적인 영향을 미치며, 이 수요는 기업의 생산에 영향을 주고 결국 가계의 소득에 영향을 주는 것이다. 즉, 소득이 지출을 결정하고 지출이 생산을 결정하며 생산은 소득을 결정하는 순환관계를 가지는 것이다. 이러한 순환적인 흐름의 규모가 매번 커진다면 그 경제는 성장을 하는 것으로 볼 수 있다.

2. 일반화된 국민경제의 순환

현실경제에서는 소비재만을 생산하는 것도 아니고 가계와 기업만 경제주체로 있는 것이 아니라 정부와 해외부문이라는 경제주체도 있다. 정부와 해외부문을 고려하여 일반화된 국민경제의 순환모형은 [그림 10-2]와 같다.

그림과 같이 가계는 기업 · 정부 · 해외부문에 노동, 자본, 토지 그리고 기업경영과 같은 생산요소를 제공하고 임금, 이자, 지대 그리고 배당 등의 소득을 받는다. 가계는 이 소득으로 소비지출과 저축을 한다. 기업은 가계, 정부, 해외 그리고 은행부문으로 생산요소를 공급받아 새로운 생산물을 만들어 가계, 정부, 해외 그리고 기업에 판매한다. 정부는 정부지출로써 기업이 생산한 생산물을 구입하거나 가계로부터 노동을 구입한다. 이러한 정부지출은 순환과정에서 주입(injection)의 역할을 담당한다.

그림 10-2 일반적 국민소득순환

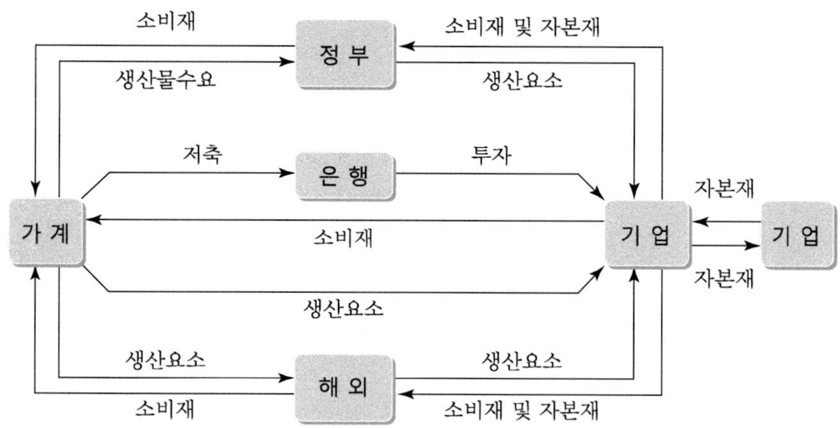

국내생산물의 수출은 외국인의 소득으로 재화를 구입하는 것이기 때문에 외국소득이 국내의 국민소득순환에 주입되는 것과 같다. 반대로 수입은 국내에서 획득한 소득이 외국으로 흘러나가는 것이기 때문에 누출(leakage)이라고 한다. 누출은 국민소득의 흐름에서 빠져나가는 것을 의미한다.

제 2 절 국내총생산과 물가지수

1. 국내총생산

국내총생산(GDP; Gross Domestic Product)은 일정기간 동안에 한 나라의 국경 안에서 생산된 모든 최종생산물의 시장가치를 합한 것이다. 만약 외국인이 소유한 생산요소에 의해서 생산된 것일지라도 국내에서 생산된 것이면 모두 GDP계산에 포함된다.

GDP를 계산하기 위해서는 기간을 명시해야 한다. 보통 1년, 반기(6개월), 분기(3개월)를 기간으로 측정된다. 앞에서 보았듯이 국민경제는 한 순간에 머물러 있는 것이 아니라 순환하는 것이었다. '일정 기간'이라는 말은 해당기간에 일어난 생산과 소득의 유량(flow)을 측정한다는 것을 의미한다. 따라서 해당기간 이전에 생산된 상품의 거래나 이전에 외상거래된 것은 해당기간의 지출에 포함되지 않는다.

'한 나라의 국경 안에서'라는 말은 그 나라 국민이 생산하든 외국인이 생산하든 상관없이 그 나라 국경 내에서 생산된 모든 재화나 서비스는 GDP에 포함된다는 것을 의미한다. 즉, 자국 안에서 생산되면 외국인 및 외국인 소유의 생산요소에 의하여 생산된 것도 모두 자국의 GDP에 포함된다는 것을 뜻한다. 반면 자국인 소유의 생산요소에 의하여 생산된 재화나 서비스라 해도 외국에서 생산된 어떤 것도 자국의 GDP에 포함되지 않는다는 것이다.

'최종생산물의 시장가치를 합한 것'이라 함은 기업간에 거래된 중간생산물의 시장가치는 GDP에서 제외되고 최종사용자에 의하여 구매되어 재판매되지 않는 최종생산물의 시장가치만을 GDP에 포함시킨다는 것을 의미한다. 최종생산물을 생산하는 데 들어가는 중간생산물의 가치를 제외해야 하는 이유는 최종생산물의 가치에 중간생산물의 가치가 포함되어 있기 때문이다. 만약 중간생산물의 가치를 GDP의 계산에 포함시킨다면 GDP는 중간단계의 수만큼 배가되는 이중계산의 문제를 발생시킨다. '생산물의 부가가치를 합한 것'이라는 것은 GDP를 측정할 수 있는 또 하나의 방법으로 이중계산의 문제를 탈피하여 계산되는 방법이다. 하나의 최종생산물이 만들어지기까지는 몇 단계를 거치게 된다. 이 단계들을 거치면서 각 단계별로 부가가치를 만들어내는데 이 부가가치를 합산하면 된다는 것을 의미한다.

그림 10-3 **최종생산물의 가치의 합과 부가가치의 합**

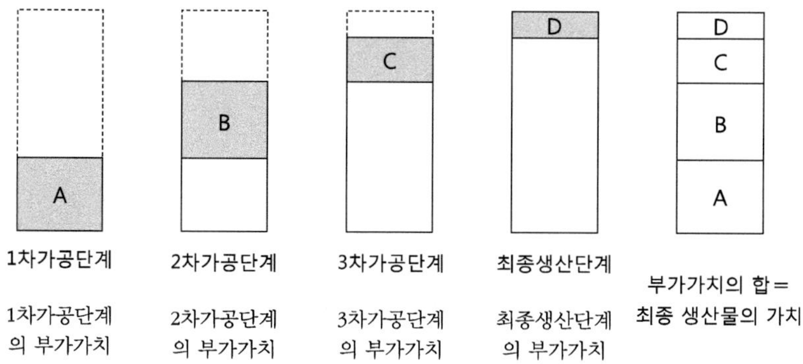

2. 국민소득의 여러 개념

(1) 국민총생산

GDP는 앞에서 정의하였듯이 일정기간 동안에 한 나라의 국경 안에서 생산된 모든 최종생산물의 시장가치를 합한 것이다. 이 정의에 따르면 GDP는 내국이든 외국이든 상관없이 자국내의 생산요소에 의해 생산된 모든 최종생산물을 의미한다.

반면 국민총생산(GNP; Gross National Product)이란 '일정기간에 한 나라의 국민에 의해 생산된 모든 최종생산물의 시장가치를 합한 것'이다. '국민에 의해'라는 말은 그 나라 국민과 그 나라 국민이 소유하는 생산요소에 의해 생산된 재화와 용역을 그 측정대상으로 한다는 의미이다. 국내에서 생산된 것이라도 외국인이 소유한 생산요소에 의하여 생산된 것은 GNP에 계산되지 않는다. 다만 외국에서 생산된 것일지라도 내국인이나 내국인 소유의 생산요소에 의해 생산된 것은 GNP에 계산된다.

GNP = GDP + 해외 유입 순요소소득 − 해외 유출 순요소소득
　　 = GDP + 해외순수유입요소소득

폐쇄경제라면 GDP와 GNP가 같지만 개방경제에서는 GDP와 GNP는 엄연히 다르다. 일반적으로 해외투자를 많이 하는 나라는 GDP가 GNP보다 작지만 거꾸로 외국인에 의한 국내자본유입이 많은 나라는 GDP가 GNP보다 크다.

나라간 투자개방이 활성화되고 있는 요즈음 GDP가 한 나라의 생산활동 정도를 가장 잘 나타내는 총량지표이다. 반면 GNP는 일 국가의 국민소득을 잘 나타내는 총량지표이다. 최근 우리나라는 GDP가 GNP보다 더 크다. 이는 우리나라 사람들이 국외에서 생산활동으로 번 돈보다 외국인들이 우리나라에서 번 돈이 더 크다는 것을 의미한다. 즉, GDP는 속지주의 원칙에 따르고 GNP는 속인주의 원칙에 따른다.

(2) 순국민생산

생산에 있어서 자본재의 감소부문은 계속적으로 보충해야 한다. 자본재의 감소부문은 당해기간에 생산하여 보충하는 것이 아니라 그 이전기간에 생산하여 당해의 최종생산물의 가치에 포함되는 것이기 때문에 이를 공제해야만 당해기간의 순부가가치를 계산할 수 있다. GNP에서 자본재의 감소부문, 즉 감가상각 부문을 빼면 그 기간의 순생산을 계산할 수 있다. 순국민생산(NNP; Net National Product)은 국민총생산에서 감가상각부문을 제외한 것이다.

NNP = GNP − 감가상각비
= 총부가가치 − 감가상각비
= 순부가가치의 합계

개념적인 의미에서 볼 때에는 GNP보다 NNP가 오히려 국민소득에 더 가깝다고 볼 수 있다. 그러나 실제로 감가상각비를 정확히 계산하는 데에는 여러 가지 어려움이 존재하므로 GNP를 일반적으로 사용하고 있다.

(3) 국민소득

국민소득(NI; National Income)은 생산요소의 소유자들이 당기의 생산활동에 참가한 대가로 받는 임금, 지대, 이자, 이윤을 합한 값이다. 만약 정부부문이 없다면 요소소득은 국민소득과 동일하다. 정부부문이 존재하는 현실에서는 요소소득과 국민소득이 같을 수 없다. 정부는 직접세뿐만 아니라 간접세를 징수하고 또 기업에게 일정한 보조금을 지불하기 때문이다. 간접세는 국민소득에 포함되지 않으며, 기업보조금은 요소소득이 아니지만 국민소득에 포함된다. 따라서 일정 기간 중 국민이 받는 순수한 요소소득으로서의 국민소득을 계산하기 위해서는 GNP에서 감가상각비와 간접세를 빼고 보조금은 단기의 생산활동을 반영하지 않기 때문에 GNP에서 제외되지만 기업부문이 받는 이전소득(transfer income)이므로 국민소득에 포함시킨다.

NI＝GNP－감가상각비－간접세＋기업보조금
　＝NNP－간접세＋기업보조금

(4) 개인소득

개인소득(PI; Personal Income)은 개인적인 소득을 의미한다. 앞의 국민소득의 흐름에 따르면 가계부문으로 들어오는 소득을 개인소득이라 한다. 국민소득 모두가 개인소득이 되는 것은 아니다. 국민소득 흐름에서 자금의 움직임을 보면 생산과정에서 만들어진 이윤 중 일부는 법인세로 공제되어 국고로 귀속된다. 그리고 기업이윤은 기업의 장래를 위해 분배하지 않고 남겨두는 유보이윤과 가계부문에 분배되는 소득으로 나누어진다. 사회보장 담당기관은 가계의 소득에서 사회보장부담금을 원천징수한다. 그러므로 법인세, 유보이윤, 사회보장부담금은 개인소득에서 제외된다.

한편 정부와 기업이 가계부문에 이전지출을 제공하기도 한다. 이전지출은 가계의 관점에서는 소득이므로 개인소득에 포함시켜야 한다. 이전지출은 해당기간의 생산활동을 반영한 것이 아니므로 GNP, NNP, NI의 계산에서는 당연히 제외된다.

PI＝NI－법인세－유보이윤－사회보장부담금＋이전지출

(5) 가처분소득

가처분소득(DI; Disposable Income)이란 소득공제를 한 후의 소득으로 개인이 자신의 의사에 의해 마음대로 처분이 가능한 소득을 의미한다. 가처분소득은 개인소득에서 개인이 부담하는 소득세를 공제하면 된다.

DI＝PI－개인소득세

가처분소득은 개인에 의하여 소비되거나 저축됨으로써 처분되므로 다음과 같이 표시하기도 한다.

DI＝소비＋저축

3. 국내총생산(GDP)의 측정의 세 가지 국면

앞에서 보았듯이 한 나라 경제에서 재화와 용역의 생산·분배·지출이 지속적으로 일어나는 것을 보았다. 이러한 점에서 GDP를 일정기간 동안에 한 나라의 국경 안에서 생산이라는 측면 이외에도 분배와 지출되는 국면을 통해서도 측정할 수 있다는 것을 짐작할 수 있다. 즉, 생산물을 통해서 분석하는 생산 측면(＝국내총생산), 소득을 형성시켜 주는 과정에서 파악하는 분배 측면(＝국내총소득), 그리고 경제주체가 지출하는 방법을 통해서 분석하는 지출 측면(＝국내총지출)이라는 세 가지 개념을 얻을 수 있다.

생산 측면과 관련된 국내총생산(GDP; Gross Domestic Product)은 일국에서 주어진 기간에 생산한 재화와 용역의 순생산물의 가치를 화폐로 평가하여 합산한 것이다. 국내총생산에는 모든 재화와 용역의 생산에서 거래가 되지 않은 것은 탈락하기 쉬운데 이도 다음과 같이 구분된다. 가령 농민의 자가 소비생산물은 유통시장에 나타나지 않지만 이것은 시장가치로 계산하여 GDP에 포함된다. 그러나 전업주부의 가사노동은 대체로 무보수이고 평가가 곤란하므로 GDP에 넣지 않는 것이 일반적이다.

분배 측면과 관련된 국내총소득(GDI; Gross Domestic Income)은 소득이 형성되는 과정에서 파악하는 국내소득의 개념으로, 주어진 기간에 한 나라에서 생산요소에 지급한 요소소득의 총계를 집계한 것이다. 그리고 분배 측면과 관련된 소득은 크게 근로소득과 재산소득으로 구분할 수 있다. 분배 관련 국내소득 측정의 경우 생산요소에 지급되는 소득이 화폐형태를 취하는 경우에는 별문제가 없으나 그렇지 않는 경우는 상당히 복잡하다. 가령 노동자에 지급되는 실물임금, 농민의 자가소비, 가옥이나 토지를 소유주가 사용한 경우에는 사용료 또는 임대료는 화폐형태를 취하지 않기 때문에 시장가격으로 환산하여 GDI에 포함시켜야 한다. 그러나 화폐소득의 형태를 취하는 이전소득은 생산과 관계없는 단순한 재분배에서 생긴 파생소득에 지나지 않아도 분배소득에 가산하면 된다.

지출 측면과 관련된 국내총지출(GDE; Gross Domestic Expenditure)은 국내총소득을 받은 경제주체가 이를 어디에 지출하느냐를 포착하여 측정하는 국내소득이다. 개인은 가처분소득 중에서 상당한 것을 소비하고 나머지는 저축을 할 것이다. 기업은 유보이윤을 기업저축으로 하고 나머지는 투자지출할 것이다. 정부도 재정수입을 공공경비로 지출하고 나머지를 정부저축으로 보유할 것이다. 따라서 국내 총소비와 총지출을 합한 것이 지출국내소득 즉 국내총지출이 된다.

이상의 GDP, GDI 그리고 GDE의 차이점은 국내소득의 흐름을 서로 다른 측면에서 파악한 것이다. 궁극적으로 GDP＝GDI＝GDE가 성립한다고 본다. 이를 일반적으로 삼면등가의 원칙이라 한다. 그러나 현실경제에서는 생산·분배·지출 사이에 시차가 존재하므로 이 세 측면에서 포착한 각각의 소득은 동일한 해에 항상 같다는 보장은 없다. 또한 통계를 작성하다 보면 오류도 따를 수 있다. 그러나 삼면등가의 원칙은 위의 세 가지 측면에서 GDP 통계작성을 통해 추계하는 과정에서 나타날 수 있는 오류를 조정하는 데 이용될 수 있다. 결국 GDP=GDI=GDE가 성립할 수밖에 없다.

4. 국내총생산(GDP)의 유용성과 한계

GDP는 한 나라의 경제적 성과와 경제적 후생의 지표이기도 하다. 국내총생산이 증가했다는 것은 그 만큼 소득이 늘어났다는 것을 의미한다. 그러나 GDP는 계측상의 문제점 때문에 정확한 경제적 성과뿐만 아니라 경제적 후생을 반영하지 못하고 있다. 이러한 문제점 때문에 그 한계를 극복하기 위한 다른 계측법을 도입하든지 한계의 내용을 인식한 계수의 비교 및 해석을 하여야 할 것이다.

국내총생산은 그 정의에서 국내에서 생산된 최종생산물 또는 시장 부가가치의 합을 말한다. 먼저, 이와 같은 정의 때문에 시장에서 거래되지 않는 재화와 용역은 국내총소득 계산에서 제외된다. 예를 들어, 타인에게 고용되어 가사노동을 제공한다면 가사노동에 대한 보수는 GDP에 포함된다. 반면 전업주부의 가사노동은 실제로 국내총생산에 차지하는 비중이 상당함에도 불구하고 시장에서 거래되지 않았다는 이유로 추계에서 제외된다. 둘째, 여가는 GDP에 반영되지 않는다. 예를 들어, 탁구를 좋아하는 사람이 있다 하자. 이 사람이 여가시간을 활용하여 탁구를 칠 경우 GDP에 탁구를 치기 위해 지불한 탁구 테이블 사용료만 포함된다. 그러나 GDP에 탁구를 즐기면서 얻는 이 사람의 후생수준이나 만족도는 포함되지 않는다. 셋째, GDP에는 생산과정만 추계하고 생산과정에서 나타나는 환경오염과 교통체증, 범죄 등의 외부불경제는 GDP에 포함되지 않는다. 넷째, 지하경제[1](underground economy)와 상품의 질[2]도 GDP에는 정확하게 반영되지 않는다.

이와 같이 GDP는 경제적 후생을 측정하는 데 많은 제약을 가지고 있다. 이와 같은 한계를 보완하기 위하여 노드하우스(W. D. Nordhaus)와 토빈(J. Tobin)은 경제적 후생을 나타내는 MEW(Measure of Economic Welfare)라는 개념을 만들었다. 경제후생지표(MEW)는 GDP에 각종 가사노동 서비스와 여가 가치를 더하고 공해비용을 뺀 것이다. 그 후 새무엘슨(P. A. Samuelson)은 경제후생지표를 순경제후생이라는 의미에서 NEW(Net Economic Welfare)라고 표현하였다.

GDP보다 순경제후생(NEW)이 경제적 후생을 표시하는 데 더 나은 지표라는 것을 모두 다 알고 있다. 다만 순경제후생은 그 값을 객관화하여 수량화하는 데 한계가 있다. 따라서 본서에서는 위의 여러 문제에도 불구하고 순경제후생의 개념보다는 GDP의 개념을 일반화하여 설명하였다.

5. 물가지수

현실에는 수없이 많은 상품들이 존재한다. 각각의 상품은 각자의 생활에서 차지하는 비중이 다르고 그 값의 변화 정도도 각각 다르다. 이와 같이 다수 상품의 개별적 가격의 변화를 측정하는 것이 아닌 사회 전체의 관점에서 전상품의 평균한 개념이 물가(prices)이다. 이러한 물가의 흐

1) 과세의 대상이나 정부기관이 포착하지 못한 숨은 경제를 말한다. 그 예로는 뇌물, 매춘, 마약거래, 범죄행위를 원천으로 하는 자금, 불법외환 자금이 있으며, 특히 우리나라의 두드러진 지하경제로는 사채(私債), 부동산 투기, 서화·골동품 등에의 투자 및 아파트 등 입주권의 프리미엄, 특정업소의 권리금 등이 있다.

2) 가장 대표적인 것이 컴퓨터의 성능은 지속적으로 향상하고 있는데 가격은 하락하고 있는 점을 반영하지 못하고 있다. 또한 과자나 아이스크림의 경우 가격인상을 억제하여도 양이나 품질의 변화를 통해 소비자의 만족도에 영향을 미쳐도 GDP에는 이를 충분히 반영하지 못한다.

름을 알아보기 위하여 작성되는 것이 물가지수(price index)이다. 물가지수는 수많은 개별 상품 가격의 변동을 수치로 나타내는 지표이다. 그리고 물가지수는 기준 시점의 물가를 100으로 하고 비교하는 시점의 물가를 지수로 나타내어 그 변화의 정도를 파악하고 있다. 물가지수를 작성할 경우 상품의 수량은 고정된 상태에서 가격의 변동을 비교한다. 우리나라에서 보통 사용하는 물가지수에는 생산자물가지수 · 소비자물가지수 · GDP디플레이터 등이 있다.

(1) 생산자물가지수

생산자물가지수(PPI; producer price index)는 기업 사이의 대규모거래에서 이루어지는 모든 상품의 가격의 변동을 측정하기 위해 한국은행에서 작성하는 것으로 이 지수를 작성할 때 사용하는 가격은 제1차 거래단계의 가격을 대상으로 하고 있다. 이 조사는 1910년부터 실시하였으며 1955년 이후에는 가중치를 도입하여 5년마다 가중치를 개편하여 작성하고 있다. 또한 1990년부터 명칭을 도매물가지수에서 생산자물가지수로 바뀌었다.

(2) 소비자물가지수

소비자물가지수(CPI; consumer price index)는 소비자가 구입하는 상품이나 서비스의 가격변동을 나타내는 지수를 말한다. 소비자물가지수 조사는 전국 36개 도시에서 도시마다 2~11개의 시장에서 7,900여개 소매점포 및 서비스업체를 대상으로 재화 및 서비스의 가격을 조사하고 있으며, 약 3,300여개 임대 가구를 대상으로 집세를 조사하고 있다. 가격변화를 정확하게 알기 위하여 농축수산물은 매달 3번씩 조사하고 있으며, 공산품 및 서비스품목은 매달 1번 가격 조사를 하여 그 결과를 활용해서 소비자물가지수를 작성하고 있다. 소비자물가지수는 표본을 통한 통계조사이기 때문에 기준연도의 지수 개편작업은 해가 지난 다음 해에 한다.

즉, 2000년이 기준연도인 경우는 지수개편을 2001년 12월에 하고 2005년이 기준연도인 경우는 지수 개편작업을 2006년 12월에 한다. 소비자물가지수는 통계청이 매월 작성하며 기준연도는 5년마다 개편된다.

(3) 실질GDP와 명목GDP

경제학 책을 읽다보면 실질과 명목이라는 용어를 자주 접하게 된다. 국민경제행위가 명목적이냐 실질적이냐에 따라서 경제정책과 분석에는 아주 커다란 차이를 발견할 수 있게 된다. 일반적으로 경제에서 실질과 명목은 물가를 사용하여 구분하는 용어이다.

GDP는 일국 내에서 일정 기간 생산된 최종생산물의 시장가치의 합이라 정의하였다. 그런데 이 시장가치를 당해 연도의 시장가격으로 계산할 경우 이 가격은 물가만 오른다면 언제든지 증가하는 것이다. 이와 같이 한 나라의 생산량을 당해 연도의 시장가격으로 측정하는 것을 명목GDP(nominal GDP)라고 한다. 반면에 실질GDP(real GDP)는 한 나라의 생산량을 기준연도의 가격으로 측정하는 것이다. 명목GDP를 실질GDP로 나누어 백분비로 표시하면 소득추계 결과 사후적으로 계산되는 물가지수인 GDP디플레이터(deflator)가 된다. 이들 관계를 표시하면 다음과 같다.

$$\text{실질GDP} = \frac{\text{명목GDP}}{\text{GDP디플레이터}} \times 100$$

기준연도에는 명목GDP와 실질GDP는 같다. 그러므로 기준연도의 GDP디플레이터는 100이 된다는 것을 알 수 있다. 명목GDP를 실질GDP로 환산하면 실제로 국민소득이 증가했는가 또는 실질적으로 경제성장이 이루어졌는가를 평가할 수 있다.

GDP를 정확히 산출하려면 물가상승효과를 제거하여야 한다. 물가가 오르면 그 만큼 GDP도 커지기 때문이다. 그래서 모든 재화와 용역의 시장가격을 특정 기준연도에 고정시켜 놓고 계산하는데 이를 고정가중법이라 한다. 이 고정가중법도 한계가 있다. 최근 기술혁신과 가격파괴로 인하여 물가가 하락하는 상품이 나타나기 때문이다. 예를 들면 80년대는 컴퓨터 한 대의 가격이 고급 자동차의 가격보다 훨씬 비싸더니 90년대에는 소형승용차 한 대 값으로 떨어지다가 오늘날에는 타이어 한 세트 값에 불과하다.

이러한 한계를 시정하고자 하는 것이 연쇄가중법이다. 연쇄가중법이란 당해 연도가 계속 새로운 기준연도가 되는 것으로 GDP는 그 해 가격을 기준으로 직전 연도 GDP를 다시 계산하여 비교·산출하는 방법이다.

6. 실제GDP와 잠재GDP

현대자본주의에서 나타나는 현상 중 하나가 유휴생산설비가 많다는 것이다. 이 유휴생산설비는 판로가 없거나 개척되지 않았다는 점도 있지만 독과점가격의 유지차원에서 유지되고 있다. 이와 같은 비정상적인 생산설비의 유휴화를 감안해서 국민총생산을 계산할 필요도 있다. 실제GDP(actual GDP)는 실제로 생산한 모든 최종생산물에 대한 것인 데 비해서 잠재GDP(potential GDP)는 이용가능한 모든 생산자원을 정상적으로 완전 고용하였을 때 생산할 수 있는 모든 최종생산물의 시장가치와 관련된 개념이다.

잠재GDP를 완전고용GDP라고 부르며 완전고용산출고와 같은 의미이다. 잠재GDP와 실제GDP와의 차이를 GDP갭(gap)이라고 한다. 이 GDP갭은 모든 생산요소를 완전고용하지 못함으로써 발생할 수 있는 국민경제의 손실인 것이다. 경제가 호황기이면 GDP갭은 작아지고 불황기이면 GDP갭은 커진다. 경제 호황이 지나치게 지속화되면 GDP갭이 (−)의 값이 될 수도 있다.

실제GDP가 잠재GDP보다 낮으면 경제가 최대로 생산할 수 있는 수준보다 낮기 때문에 물가를 상승시키지 않고 공급을 증가시킬 수 있다. 일반적으로 실제GDP와 잠재GDP가 일치하는 경우는 드물다. GDP갭이 (−)의 값은 잠재GDP를 정의할 때 이용가능한 모든 생산자원을 정상적으로 완전 고용하였을 때 생산할 수 있는 모든 최종생산물의 시장가치라고 하였기에 가능하다.

완전고용을 추구해온 서방국가들은 1970년대 이후 높은 물가상승을 경험하면서 물가안정을 완전고용 이상으로 중요하게 보는 계기가 되었다. 그래서 1970년대 후반부터는 잠재GDP를 물가상승률을 가속화시키지 않고 달성할 수 있는 최대생산수준으로 정의하기 시작하였다. 요즘은 잠재GDP는 이 의미를 사용한다. 이 개념을 적용한 잠재GDP를 자연산출고라 하고 이에 대응한 실업률을 자연실업률(natural rate of unemployment)이라고 한다. 이러한 의미에서 잠재GDP를 정확하게 추정하는 것은 중장기 경제운영계획 수립에 중요하다고 할 수 있다.

7. GNP와 압솝션(Absorption)

국민총생산은 생산된 재화와 용역의 총량을 추계하는 데 반해 압솝션은 사용된 재화와 용역의 총량을 추계한다. 즉, 압솝션은 일정 기간 한 나라의 국민에 의해 사용된 재화와 용역의 총량, 즉 총자원사용량을 의미한다.

한 나라에서 사용된 재화와 용역의 총량은 내국에서 생산된 것도 있겠지만 수입해서 사용하는 것도 많을 것이다. 뿐만 아니라 내국에서 생산되었을지라도 수출되어 내국인에 의해 사용되지 못한 것도 많을 것이다. 압솝션은 이를 모두 고려해야 한다.

$$A = GNP + 수입 - 수출$$

즉, 압솝션은 GNP에다가 수입을 더하고 수출을 공제한 것이다.

따라서 압솝션이 GNP보다 크다면 그것은 수입보다 수출이 적다는 것을 의미하며 그 차액은 외환보유고의 감소 또는 외채의 증가를 의미한다. 압솝션이 GNP보다 작다면 그것은 수입보다 수출이 많다는 것을 의미하며 외환보유고의 증가 또는 외채의 감소를 의미한다.

$A > GNP \Rightarrow$ 수출 $<$ 수입: 외환보유고 감소

$A < GNP \Rightarrow$ 수출 $>$ 수입: 외환보유고 증가

보론 12 케인즈(John Maynard Keynes, 1883~1946)와 일반이론

케인즈

케인즈는 영국의 대표적 경제학자로 1883년 영국 케임브리지(Cambridge)에서 태어났다. 경제학자이자 논리학자인 아버지는 케임브리지 대학 강사를 지냈으며 어머니는 케임브리지 시장을 역임했다. 이튼고등학교를 거쳐 케임브리지대학의 킹스칼리지에 수학전공으로 입학하였으며, 뛰어난 학생들이 모여 논쟁을 펼치는 비밀결사인 케임브리지 어포슬스(Apostles Society)에 가입하여 젊은 윤리학자 무어(George Edward Moore)의 영향을 받았다. 대학 졸업 후 1905~1908년 공무원으로 인도성 및 재무성에 근무한다. 1909년 케임브리지대학 강사 겸 회계관이 되었다. 대학에서 금융론을 강의하였고 그 후 약 20년간 피구(Alfred Cecil Pigou)와 함께 마샬(Alfred Marshall)의 후계자로서 케임브리지학파(신고전학파)를 이끈다. 동시에 「이코노믹 저널(Economic Journal)」의 편집자로 활동하면서 세계적으로 권위 있는 경제학 잡지로 만들었다.

케인즈는 제1차 세계대전 후 파리강화회의에 재무성 수석대표, 재무상 고문, 보험회사 사장 및 투자회사의 경영자, 자유당 주간 기관지의 사장, 금융산업관련 위원회인 맥밀란 위원회 위원, 왕립 인도 통화위원회 위원, 브레턴우즈 협정 영국대표, 국제통화기금(IMF)과 국제부흥개발은행(IBRD) 총재, 블룸즈버리그룹[3] 회원, 국립미술관 이사, 음악미술장려회 회장 등을 역임한다. 케인즈는 훗날 귀족 작위를 받고 상원의원이 된다.

케인즈는 1919년 그의 이론의 출발점인 「자유방임 자본주의(laissez-faire capitalism)는 1914년 8월에 끝났다」는 내용을 담고 있는 『평화의 경

3) 블룸즈버리그룹(Bloomsbury Group)은 주로 런던과 케임브리지 출신의 학자·문인·예술가·문화계 인사 등이 주축이 되어 모인 사교 모임으로 20세기 초반 영국의 문예운동을 주도한 단체이다.

제적 귀결(The Economic Consequences of the Peace)』을 발표하여 세상에 자신을 알렸다. 이 책을 출간하면서 케인즈는 일시에 세계적인 인물이 되었다.

케인즈의 대표적 저서는 1923년 『화폐개혁론(A Tract on Monetary Reform)』, 1930년 『화폐론(A Treatise on Money)』 그리고 이들의 결정판은 1936년에 발표된 『고용 · 이자 및 화폐의 일반이론(The General Theory of Employment, Interest and Money)』이다.

1929년의 대공황을 계기로 케인즈의 입지는 달라지기 시작한다. 미국에서 케인즈의 사상을 중심으로 하여 루즈벨트(Franklin Delano Roosevelt) 대통령은 뉴딜정책을 시행하고 『일반이론』은 그 이론적 지침서가 된다. 그는 이를 계기로 고전파이론과 완전 결별한다. 1936년 이후 경제학은 큰 변화를 하여 케인즈 혁명(Keynesian revolution) 또는 케인즈학파라는 표현을 사용하기 시작한다. 이와 같이 혁명적인 일이 일어나게 된 배경은 케인즈의 이론만이 대공황을 설명하고 대공황을 극복하게 한 유일한 경제이론이었기 때문이다. 우리는 이러한 제도를 수정자본주의(Revised capitalism)라고 한다.

제2차 대전이 발발하자 케인즈는 재무성에 다시 들어갔고 그의 이론은 급진적인 것을 제외하고 영국 전시경제정책의 기초가 되었다. 그는 브레턴우즈 협정 영국대표, 국제통화기금(IMF) 그리고 국제부흥개발은행(IBRD) 총재를 역임한다. 또한 케인즈는 전후 영국경제부흥을 위해 많은 차관을 얻어 노동당의 사회정책의 촉진에 많은 공헌을 하였다.

제2차 세계대전 이후 자본주의 황금기와 함께 케인즈 경제학도 전성기를 누린다. 그러나 1970년대 석유와 원자재 파동으로 인해 세계경기가 침체하게 된다. 1970년대 경제위기의 해결책으로 밀턴 프리드먼(Milton Friedman)을 중심으로 한 신자유주의 경제이론이 맞아 떨어지기 시작하면서 케인즈학파에 대한 의문이 제기되었고 그 영향력 또한 크게 반감한다. 하지만 2008년 이후의 금융 위기로 인해 케인즈 경제학은 다시 조명받기 시작하고 있다.

■ 고용 · 이자 및 화폐에 관한 일반이론

(The General Theory of Employment, Interest and Money)

1936년 출간된 케인즈(John Maynard Keynes)의 『고용 · 이자 및 화폐에 관한 일반이론(이하 일반이론으로 명기함)』은 20세기의 가장 중요한 경제학 저서 중 하나이다. 『일반이론』은 소위 「케인즈혁명」을 주도한 경제이론 서적으로 이 책의 발표는 당시 경제학계뿐만 아니라 대공황과 맞물려 세계는 새로운 전환점을 맞게 된다. 『일반이론』은 현재도 거시경제학과 재정정책의 이론적 기초가 되는 서적이다.

케인즈의 『일반이론』

케인즈는 『일반이론』을 집필할 때 주류 경제학인 고전학파의 세이의 법칙[4]과 자유방임주의를 부정하면서 그의 경제학 이론체계를 수립하였다. 그의 주요 이론은 유효수요의 원리 및 유효수요이론을 바탕으로 하여 공공투자의 유효성, 유동성 선호설, 승수효과 등이다. 그 후 이러한 이론을 중심으로 거시경제학이 장족의 발전을 한다.

승수이론이란 고전학파의 이론은 이율을 기준으로 저축과 투자의 균등화를 강조한 반면 케인즈는 소득 변화를 기준으로 저축과 투자가 균등화 한다고 주장한 내용이다. 그리고 투자유인은 고전학파의 주장대로 이율에 의해 결정되는 것이 아니라 유동성선호와 중앙은행의 정책에 따른 화폐수요에 따라 결정된다고 케인즈는 주장한다. 이러한 이론을 근거로 기존의 고용이론을 비판하고 불완전고용 상태에서 균형의 가능성을 설명한다. 그리고 그는 경제 불황기에는 국가가 경제에 적극적으로 개입함으로써 위기극복을 할 수 있다고 주장하였다.

---

4) 세이의 법칙(Say's law)이란 자유경쟁 경제하에서는 일반적으로 생산과잉은 발생하지 않고 공급은 그 스스로의 수요를 창조한다고 주장한 세이(Jean Baptiste Say)의 이론이다. 즉, 공급이 이루어지면 그만큼의 수요가 생겨나므로 경제 전체로 볼 때 수요부족에 따른 초과공급이 발생하지 않는다는 것을 의미한다. 「판로의 법칙」이라고도 한다.

연 | 습 | 문 | 제

1. 다음 중 케인즈(J. M. Keynes)와 관계가 없는 것은?

① 동태경제이론 ② 유효수요이론
③ 일반이론 ④ 수정자본주의의 등장

2. 다음 중 유량(flow)이 아닌 것은?

① 국제수지 ② 차입금
③ 소득 ④ 임금

3. 다음 중 저량(stock)이 아닌 것은?

① 자본 ② 투자
③ 인구 ④ 통화량

4. 국민소득을 크기 순으로 나열하면?

① GNP > NNP > PI > NI > DI ② NNP > GNP > PI > NI > DI
③ GNP > NNP > NI > PI > DI ④ NNP > GNP > NI > PI > DI

5. 국민총생산(GNP)를 나타내고 있는 것은?

① 일정 기간에 한 나라의 국민에 의해 생산된 모든 최종생산물의 시장가치를 합한 것
② 일정 기간 국내에서 생산된 생산물의 총액
③ 일정 기간 생산된 재화총량을 당시의 물가로 표시한 액
④ 국내생산과 수입 및 외국원조의 합계액

6. 다음의 용어 중 일정기간에 한 나라의 국민에 의해 생산된 최종생산물의 순부가가치의 합계에 해당하는 것은?

① NI ② PI

③ NNP ④ GNP

7. (GNP−감가상각비−간접세+기업보조금)과 동일한 의미를 가지는 용어는?

① NNP ② PI

③ DI ④ NI

8. 개인소득(PI)에 해당하는 것은?

① GNP − 감가상각비

② NNP − 간접세 + 기업보조금

③ NI − 법인세 − 유보이윤 − 사회보장부담금 + 이전지출

④ 소비 + 저축

9. 개인소득에서 개인소득세를 뺀 개념은?

① DI ② NNP

③ GNP ④ NI

10. 다음 중 국민소득의 계산에 포함되는 것은?

① 주부의 가사노동 ② 불법거래

③ 밀수 ④ 지대

11. 명목국민소득이 400원이고 물가지수가 200일 때 실질국민소득은 얼마인가?

① 2원 ② 20원

③ 200원 ④ 2,000원

12. 3면등가의 원칙을 나타내는 기준은?

① 생산, 판매, 지출 ② 생산, 유통, 지출

③ 구매, 판매, 유통 ④ 생산, 분배, 지출

13. GNP에서 각종 서비스와 여가의 가치를 더하고 공해비용을 뺀 개념은?

① NEW ② MEW
③ 압솝션(Absorption) ④ 잠재GNP

14. 다음 중 압솝션(Absorption)의 개념에 해당하는 내용은?

① 일정 기간 한 나라의 국민에 의하여 사용된 재화와 용역의 총량 즉 총자원사용량을 의미
② 실제GNP와 잠재GNP의 차 즉 GNP갭을 의미
③ 명목GNP를 GNP디플레이터로 나눈 값을 의미
④ MEW를 순경제적 후생에서 측정한 개념

15. 다음 중 유효수요(effective demand)를 설명하는 것은?

① 구매욕구 ② 행정부의 수요
③ 기업의 원자재수요 ④ 실질구매력

16. 기업에서 빠져나간 소득이 다시 기업으로 환원되지 않고 국민소득계정에서 빠져 저축으로 흘러가는 것을 무엇이라 하는가?

① 누출(leakage) ② 주입(injection)
③ 순환 ④ 재생산

17. 다음 중 GDP 측정의 한계가 아닌 것은?

① 국민총생산을 표시할 때는 달러로 한다.
② 전업주부의 가사노동은 실제로 국내총생산에 시장에서 거래되지 않았다는 이유로 추계에서 제외된다.
③ 여가는 GDP에 반영되지 않는다.
④ 외부불경제는 GDP에 포함되지 않는다.

18. 다음 중 케인즈와 관련이 없는 것은?

① 일반이론 ② 뉴딜정책
③ 대공황 ④ 금본위제의 등장

19. 다음 중 소비자물가지수와 GDP디플레이터의 차이로 알맞은 것은?

① 소비자물가지수는 상품종류를 바꿀 수 없지만 GDP디플레이터는 바꿀 수 있다.

② 소비자물가지수는 소비자물가의 변동추이를 보여주는 반면 GDP디플레이터는 GDP의 명목가치의 변동을 표시한다.

③ 소비자물가지수는 상품종류를 바꿀 수 있지만 GDP디플레이터는 바꿀 수 없다.

④ 소비자물가지수는 소비자물가의 명목가치추이를 보여주는 반면 GDP디플레이터는 GDP의 실질가치의 변동을 표시한다.

20. 다음 중 부가가치에 해당하지 않는 것은?

① 이윤 ② 임금
③ 지대 ④ 정부이전지출

21. 다음 중 GDP에 포함되지 않는 것은?

① 사내유보이윤 ② 주식의 배당
③ 자본재 ④ 감가상각비

22. GDP에서 해외순요소소득의 차는 무엇인가?

① NNP ② NI
③ GNP ④ PI

23. 전업주부의 가사노동은 실제로 국민경제에 차지하는 비중이 엄청남에도 불구하고 ( )(하다)는 이유로 제외한다고 할 때 ( )안에 알맞은 말은?

① 계산하기 어렵다.

② 화폐를 매개로 하여 계산되지 않는다.

③ 보수가 없기 때문이다.

④ 보수가 너무 많기 때문이다.

24. 국민소득순환에서 주입에 해당하는 것은?

① 조세 ② 저축
③ 정부지출 ④ 수입

25. 다음 중 유량(flow)은?

① 투자 ② 인구
③ 통화량 ④ 저축

26. 국민소득순환에서 누출에 해당하는 것은?

① 조세 ② 정부지출
③ 수출 ④ 투자입

27. 다음 중 국민소득에 포함되는 것은?

① 밀수 ② 상속
③ 증여 ④ 군수품

28. 1인당 GDP를 한 사회의 후생지표로 사용하는 데는 여러 가지 문제가 있다. 다음 중 해당사항이 없는 것은?

① 효율적 자원배분이 불가능하다.
② 환경오염, 교통체증 그리고 범죄 등은 포함되지 않는다.
③ 가정에서 일어나는 부가가치는 포함되지 않는다.
④ 상품의 질 및 여가는 반영되지 않는다.

29. 다음 중 GNP와 NNP의 차는 어느 것인가?

① 간접세 ② 기업보조금
③ 감가상각비 ④ 사회보장부담금

30. 다음 중 GDP에 포함되지 않는 것은?

① 사내유보이윤 ② 자본재
③ 감가상각비 ④ 사회보장부담금

31. 다음 중 GDP에 포함되지 않는 것은?

① 가정부의 일 ② 가정주부의 일
③ 공인회계사의 일 ④ 의사의 일

32. 다음 중 GDP 추계에 포함되지 않는 것은?

① 지대 ② 변호사의 변호비
③ 특강비 ④ 밀수

33. 다음 중 개인의 가처분소득은?

① NI－간접세＋기업보조금 ② 순부가가치의 합계
③ 소비＋저축 ④ PI＋개인소득세

34. 다음 중 주어진 기간에 한 나라에서 생산요소에 지급한 요소소득의 총계를 집계한 것은?

① GDI ② GNP
③ GDE ④ GDP

35. 다음 중 국내총소득을 받은 경제주체가 이를 어디에 지출하느냐를 포착하여 측정하는 소득은?

① GDI ② GNP
③ GDE ④ GDP

36. 다음 중 한 나라의 생산량을 당해 연도의 시장가격으로 측정하는 소득은?

① 명목GDP ② 실질GDP
③ 실제GDP ④ 잠재GDP

37. 다음 중 한 나라의 생산량을 기준연도의 가격으로 측정하는 소득은?

① 명목GDP ② 실질GDP
③ 실제GDP ④ 잠재GDP

38. 다음 중 이용가능한 모든 생산자원을 정상적으로 완전 고용하였을 때 생산할 수 있는 모든 최종생산물의 시장가치와 관련된 소득은?

① 명목GDP ② 실질GDP
③ 실제GDP ④ 잠재GDP

39. 다음 중 완전고용GDP와 관련 있는 것은?

① 명목GDP ② 실질GDP
③ 실제GDP ④ 잠재GDP

40. 다음 중 GDP갭은 어느 것인가?

① 명목GDP－실질GDP ② 실질GDP－명목GDP
③ 실제GDP－명목GDP ④ 잠재GDP－실제GDP

41. 다음 중 자연실업률(natural rate of unemployment)과 관련 있는 것은?

① 명목GDP ② 실질GDP
③ 실제GDP ④ 잠재GDP

42. 다음 중 압솝션(Absorption)을 설명한 내용 중 틀린 것은?

① 일정 기간 한 나라의 국민에 의해 사용된 재화와 용역의 총량, 즉 총자원사용량을 의미한다.
② GNP에 수출을 더하고 수입을 공제한 것이다.
③ 압솝션이 GNP보다 크다면 외환보유고가 감소할 것이다.
④ 압솝션이 GNP보다 작다면 외채가 감소할 것이다.

43. 다음 중 케인즈(J. M. Keynes)와 관련 없는 것은?

① 통화주의자
② 고용·이자 및 화폐의 일반이론
③ 수정자본주의
④ 뉴딜정책

44. 다음 중 '자유경쟁 경제하에서는 일반적으로 생산과잉은 발생하지 않고 공급은 그 스스로의 수요를 창조한다는 주장'과 관련이 있는 사람은?

① 세이(J. B. Say) ② 케인즈(J. M. Keynes)

③ 스미스(A. Smith) ④ 프리드만(M. Friedman)

제 11 장

화폐시장과 금융

시장에서는 가격기구를 통하여 다양한 상품을 판매하거나 구매하는 것과 같이 상대적으로 유한하고 희소한 자원을 효율적으로 배분하고 있다. 시장경제의 생명력은 흔히 우리 몸의 신진대사에 비유되는 것으로 이 같은 경제 교류(economic trade)에 의하여 유지될 수 있다. 그러나 경제 교류의 활성화는 화폐의 매개적 기능이 없으면 불가능할 것이다. 이 장에서는 화폐의 역할과 그 기능을 중심으로 하여 금융과 관련된 기본 내용만 살펴볼 것이다.

제 1 절 화폐와 통화

1. 화폐의 정의와 기능

화폐가 무엇인가라고 물어보면 일반적으로 화폐란 필요한 재화나 용역을 구입하기 위하여 지불하는 수단이라고 쉽게 대답할 것이다. 물론 이와 같은 화폐의 정의가 틀렸다고 할 수는 없다. 왜냐하면 화폐의 기능 중 지불수단으로서의 역할이 가장 중요하기 때문이다. 그러나 화폐는 이와 같은 기능 이외에도 다양한 기능들을 가지고 있다. 그러므로 경제학에서 화폐는 그 형태야 어떻든지 간에 교환의 매개수단(medium of exchange)이라고 정의된다. 이는 경제학에서 가장 오래된 통설이자 넓은 의미의 정의이다. 더욱이 화폐란 교환을 매개수단으로 하여 다음과 같은 본원적 기능과 파생적 기능도 수행하고 있다.

먼저 화폐의 본원적 기능은 화폐로서 반드시 수행하여야 할 기능을 말한다. 이러한 본원적 기능에는 먼저 지불수단(means of payment)으로서의 기능과 가치척도로서의 기능을 들 수 있다. 넓은 의미로서 화폐를 정의할 경우 화폐의 가장 본원적인 기능은 시장에서 상품의 교환을 위한

그림 11-1 화폐의 기능

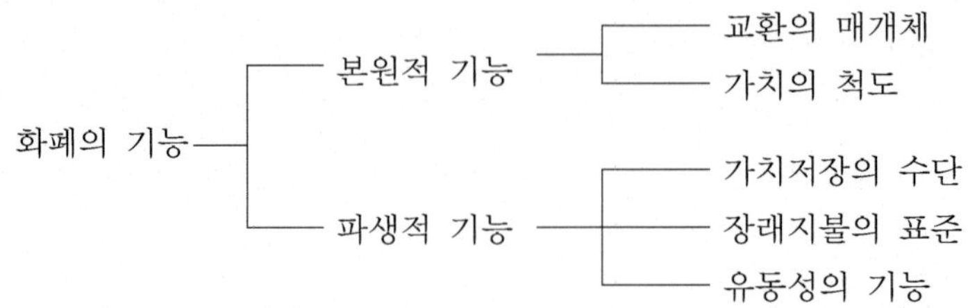

매개체로서의 기능이 된다. 나아가 화폐가 교환의 매개적 수단이 되면 곧 지불수단으로 사용될 수 있음을 의미한다. 만약 화폐가 없다면 일어날 현상에 대해 생각해 보면 교환수단으로서의 화폐의 기능이 얼마나 중요한가를 짐작할 수 있을 것이다. 한편 가치척도로서의 기능이란 어떤 생산물의 가치를 측정할 수 있다는 것을 말한다. 따라서 화폐는 회계단위(unit of account) 즉 가치단위 또는 가치기준으로서 한 생산물의 다른 생산물에 대한 상대적 가치를 비교할 수 있는 기준이 된다. 예를 들어, 컴퓨터 한 대와 스마트폰 한 대의 가치비교는 그들의 가치를 측정할 수 있는 가치척도로서의 화폐의 기능으로부터 생겨난다.

다음으로 화폐의 파생적 기능이란 화폐의 본원적 기능을 제외한 그 밖의 기능을 말한다. 이러한 파생적 기능으로는 첫째, 가치저장(store of value)의 수단, 둘째, 장래지불의 표준(standard of deferred payments), 그리고 셋째, 유동성(liquidity)의 기능 등을 들 수 있다. 일상생활에서 사람들은 저축, 부동산, 귀금속, 골동품, 주식 등을 통하여 화폐를 저장하였다가 이들을 다시 화폐로 바꾸어 필요한 재화가 있으면 구입하기도 한다. 마찬가지로 화폐 그 자체를 보관하였다가 필요한 때에 그 화폐로 필요한 재화를 구입하기도 한다.

물론 화폐가 가치저장의 수단이 되기 위해서는 화폐의 본원적 기능이 성립해야만 한다. 화폐가 본원적 기능인 교환의 매개체 또는 가치의 척도로서의 기능을 수행하기 때문에 사람들은 돈을 모으려 하는 것이다. 그래서 화폐는 가치 저장의 수단으로서의 기능을 하는 것이다.

일상적인 거래에서 채무를 지는 경우 일반적으로 화폐단위로 표시하고 그에 상응하는 매개체(주로 화폐)를 통해서 청산을 한다. 이는 바로 화폐가 장래지불의 기준이 되는 기능을 한다는 것을 의미한다. 파생적 기능으로서 화폐는 유동성으로서의 기능을 한다. 유동성이란 일정한 기간 내에 어떤 자산의 가치를 손실받지 않고 그 자신을 화폐의 형태로 전환할 수 있는 능력을 말한다. 부동산이나 현물은 유동성이 적은 데 반해서 화폐는 100%의 유동성을 가지고 있다.

2. 통화와 통화량

화폐가 무엇이며 어떠한 기능을 담당하고 있는지를 앞에서 살펴보았다. 그러나 경제학에서 화폐를 분석하는 것은 화폐 그 자체가 아니라 화폐의 존재적 형태와 양적 형태를 각각 의미하는 통화와 통화량이라는 개념과 이들이 경제에 미치는 영향을 파악하기 위함이다.

통화 혹은 통화량[1)]은 국민경제 내에 통용되고 있는 화폐를 어느 한 시점에서 측정한 총액을 의미한다.[2)] 우리나라에서는 통화량의 크기와 변동량을 측정하는 지표인 통화지표로 M1, M2, M3로 구분하여 사용하여 왔다. 2006년부터는 통화지표를 M1(협의통화), M2(광의통화), Lf(금융기관

1) 한 나라에서 사용하는 화폐가 곧 바로 통화는 아니다. 반면에 통화는 화폐가 된다. 여기서 의미하는 것은 화폐와 통화를 구분해야 한다는 것이다. 즉, 화폐가 경제적 교류를 매개하는 역할을 하는 제수단이라면, 통화는 실제로 현실에서 사용되고 있는 현금과 현금처럼 사용될 수 있는 준화폐(near money)로 보다 구체화시킨 화폐를 의미한다. 가령 개인의 호주머니에 있는 돈은 화폐도 되고 통화도 될 수 있지만, 어두운 지하에 숨겨둔 돈은 화폐가 될 수는 있지만 통화는 될 수 없는 것이다. 그러므로 한 나라의 통화량이란 일정 시점에서 그 나라의 경제적 교류에 쓰이고 있는 화폐의 총량을 의미한다.

2) 통화량은 특정 시점에 측정하므로 저량(stock)이다. 현재 한국은행의 통화량을 측정하는 방식으로 평잔기준과 말잔기준을 동시에 집계하고 있다.

유동성), L(광의유동성)로 구분하여 사용하고 있다. Lf는 M3의 포괄범위를 2006년에 개칭하여 사용하고 있는 것이다. 즉, 여기에서 통화지표를 M1, M2, Lf, L로 나누어 설명하면 다음과 같다. 금융과 관련된 용어는 금융상품에서 자세히 설명하기로 한다.

첫째, M1(협의통화)은 현금통화와 결제성예금을 합한 것으로 정의한다. M1은 지급수단으로 화폐의 지급결제기능을 중요시한 통화지표이다. 실제로 사용되고 있는 현금을 의미하는 현금통화는 교환의 매개수단으로 직접 사용하는 지폐와 동전을 말한다. 결제성예금은 요구불예금과 수시입출금식예금의 합이다. 요구불예금(demand deposit)은 예금주의 요구가 있을 때 언제든지 지급해 주어야 하는 예금으로 그 예는 보통예금, 당좌예금, 별단예금 등이 있다. 결제성예금은 현금은 아니지만 수표발행 등을 통해 지급결제수단으로 사용되거나 즉각적으로 현금과 교환될 수 있어 기능면에서 현금과 거의 같기 때문에 M1에 포함된다.

M1＝현금통화＋결제성예금(＝요구불예금＋수시입출금식예금)

둘째, M2(광의통화)는 화폐의 지급수단으로 화폐의 지급결제기능을 중요시했을 뿐만 아니라 가치를 저장하는 수단기능까지 포함한다. M1에 예금취급기관의 정기예금, 정기적금 및 부금, 양도성예금증서 · 환매조건부채권 · 표지어음 등 시장형 상품, 금전신탁 · 수익증권 · MMF 등 실적배당형상품, 금융채, CMA, 2년 미만 외화예수금, 자발어음 등을 포함한다. 단, 만기 2년 이상의 장기 금융상품은 제외한다. M2는 정기예금, 정기적금 및 상호부금 등 단기 저축성 예금과 각종 수익성 상품인 시장형 상품 및 실적배당형 상품 등을 포함하는 것이므로 약간의 이자소득만 포기하면 항상 인출이 가능하다. 따라서 이들 상품들은 유동성면에서 결제성예금과 큰 차이가 없다고 보아 화폐개념에 포함시킨 것이 M2이다.

M2＝M1＋정기 예 · 적금 및 부금＋시장형 상품＋실적배당형 상품
＋금융채＋기타(CMA, 2년 미만 외화예수금, 자발어음 등)(단, 만기 2년 이상의 장기금융상품은 제외)

셋째, 금융기관유동성(Lf; Liquidity aggregates of financial institutions)은 전체 금융기관의 자금상황을 표시하는 지표로 M3의 명칭을 변경한 것이다. Lf는 M2에 금융기관의 기타 예수금을 포함한 것이다.

설명한 통화지표의 구성내용을 정리하면 〈표 11-1〉과 같다.

표 11-1 통화 및 유동성 구성내역

(2014년 현재)

(단위: 조원)

			L(광의유동성) (말잔: 3,635.5)
		Lf(금융기관유동성) (평잔: 2,841.8) (말잔: 2,721.5)	정부, 기업발행 유동성상품 등 (말잔: 793.7)
	M2(광의통화) (평잔: 2,077.2) (말잔: 2,009.6)	예금은행 및 비은행금융기관 기타예수금 등 (평잔: 764.6) (말잔: 711.9)	(좌 동)
M1(협의통화) (평잔: 585.8) (말잔: 536.7)	정기예적금 등 2년미만 금융상품 (평잔: 1,491.4) (말잔: 1,472.9)	(좌 동)	(좌 동)
결제성예금 (평잔: 521.4) (말잔: 478.5)	(좌 동)	(좌 동)	(좌 동)
현금통화 (평잔: 64.4) (말잔: 58.2)	(좌 동)	(좌 동)	(좌 동)

출처: 한국은행 경제통계시스템, 주요통화금융지표(2014년 연간, 원자료)

Lf＝M2＋M2 포함 금융상품 중 만기 2년 이상 정기예금 · 적금 및 금융채 등＋한국증권금융(주)의 예수금＋생명보험회사(우체국보험 포함)의 보험계약준비금＋농협 국민생명공제의 예수금 등

넷째, 광의유동성(L; Liquidity aggregates)은 국가의 경제가 보유하고 있는 전체 유동성의 크기를 측정하기 위한 통화지표로 Lf에 국채 · 지방채 · 회사채와 같은 채권과 기업어음과 같은 유동성 금융상품까지 포괄한 가장 광의의 통화지표이다. 즉, L은 Lf에 정부 및 기업 등이 발행한 유동성 시장 금융상품까지 포괄한 개념이다. 따라서 L은 국민경제 전체유동성의 크기를 나타내는 통화지표이다.

L＝Lf＋정부 및 기업 등이 발행한 유동성 시장금융상품[3)]

제 2 절 금융과 금융기관

1. 금 융

모든 경제주체는 현재와 미래의 소득 중에서 현재에 얼마를 소비하고 미래에 얼마를 사용할 것인가 하는 문제에 직면한다. 이러한 과정 중 현재의 여유자금을 다른 경제주체에 빌려주거나 혹은 현재의 부족자금을 다른 경제주체로부터 빌려 쓰는 것을 금융이라 한다. 즉, 금융이란 가계 · 기업 · 정부 등 경제주체 사이에 이루어지는 자금의 융통을 의미한다. 일반적으로 실물거래를 할 때에는 실물과 화폐가 거래되지만 금융거래를 할 때는 화폐와 증서가 거래된다.

---

3) 여기에는 증권회사 RP, 여신전문기관의 채권, 예금보험공사채, 자산관리공사채, 자산유동화전문회사의 자산유동화증권, 국채, 지방채, 기업어음, 회사채 등이 포함된다.

2. 금융시장과 금융상품

일반적으로 저축은 경제주체에 의한 자본공급이고 투자는 경제주체에 의한 자본수요라고 할 수 있다. 따라서 저축과 투자를 연결하는 시장이 필요한데 양자를 연결하는 시장이 바로 금융시장이다. 저축과 투자에 중요한 영향을 미치는 변수는 이자율이다. 즉, 이자율은 자금의 가격이 된다.

(1) 금융시장

금융시장에는 직접금융시장(direct finance market)과 간접금융시장(indirect finance market)이 있다. 직접금융시장이란 자금의 최종 수요자와 공급자가 직접 자금을 거래하는 시장이다. 기업이 주식이나 채권을 발행하고 매각하여 자금을 조달하는 곳이 직접금융의 한 예이다. 직접금융시장에서 기업이 발행한 채권을 회사채, 국가가 발행한 채권을 국공채, 그리고 기업이 발행한 지분을 주식(stock)이라 한다. 직접금융시장의 채권과 주식 등이 매매되는 곳은 증권시장이다. 직접금융시장에서 거래하는 채권이나 주식의 최저거래단위는 크기 때문에 이러한 문제점을 보완한 것이 간접금융이다. 간접금융시장이란 금융기관이라는 중개기관을 사이에 두고 자금을 융통하는 시장을 말한다. 기업이 은행을 통하여 예금자의 예금을 대부 받아 자금을 조달하는 것이 바로 간접금융의 한 예이다.

(2) 금융상품

금융상품은 금융상품의 만기나 특징, 거래단계 및 거래장소 등을 기준으로 여러 유형으로 분류할 수 있다. 여기에서는 광의의 금융상품이라 할 수 있는 예금과 대출 및 단기금융시장과 장기금융시장의 금융상품만 대상으로 한다.

1) 예금과 대출

예금의 종류에는 요구불예금(demand deposit)과 저축성예금(savings deposit) 또는 정기예금(time deposit)으로 구분된다.

요구불예금은 예금자가 지급을 원할 경우 언제든지 지급받는 예금으로 예치기간을 정하지 않고 입출금이 자유로운 예금이다. 반면 금융기관의 안정적인 자금운용을 위하여 저축성예금에 비해 이자가 없거나 매우 낮은 것이 특징이다. 요구불예금에는 보통예금, 당좌예금, 별단예금 등이 있다. 보통예금은 가입대상, 예치금액, 예치기간, 입출금 횟수 등에 아무런 제한을 하지 않고, 은행이 저리로 자금을 조달할 수 있는 예금을 말한다. 당좌예금은 은행과 당좌거래계약을 체결한 사람이 일반 상거래로 취득한 자금을 은행에 예치하고 예치잔액이나 당좌대출 한도의 범위 안에서 거래은행을 지급인으로 하는 당좌수표 또는 거래은행을 지급장소로 하는 약속어음을 발행할 수 있는 예금을 말한다. 별단예금이란 금융기관이 업무수행과정에서 발생하는 미결제·미정리된 일시적 보관금이나 예수금 등을 처리하기 위해 설치한 일시적·편의적 예금을 말한다. 일반적으로 주식불입금, 자기앞수표의 발행을 위한 자금, 부도대금 및 부도제재대금 등이 별단예금으로 처리된다. 저축성예금은 예금하는 사람이 미리 약정기간이 경과 후 예금을 찾을 것을 계약하면서 일정 금액을 은행에 예치하고, 은행은 이에 대해 일정 이율의 이자를 지급하는 예금을 말한다. 저축성예금은 거치식과 적립식으로 구분할 수 있다. 거치식예금은 일정금액을 약정기간 동안 예치하고 약정기간의 경과 후 원리금을 찾을 수 있는 예금이고, 적립식예금은 약정기간 동안 일정금액을 불입하여 계약기간이 지난 후 불입한 금액과 이자를 인출할 수 있는 예금이다. 저축성예금에는 일반정기예금 유형인 정기예금, 정기적금, 상호부금[4)]과 장기저

---

4) 상호부금은 제도상 정기적금과 그 성격이 비슷하나 일정한 기간을 정해 부금을 납입한 경우에는 일정 금액을 대출받을 수 있는 권리가 보장되는 예금을 말한다.

축자금을 흡수할 목적으로 발행하는 주택청약관련 예금이 있다. 앞에서 M1을 정의하면서 결제성예금은 요구불예금과 수시입출금식예금으로 정의한 적이 있다. 수시입출금식예금(MMDA; Money Market Deposit Account)은 계좌의 입출금이 자유롭고 각종 이체와 결제가 가능하며 확정금리가 적용되는 고금리 단기금융상품을 말한다. 수시입출금식예금은 고객이 은행에 맡긴 자금을 콜론이나 양도성예금증서 등 단기금융상품에 투자해 얻은 이익을 이자로 지불하는 구조로 되어 있다. 수시입출금식예금의 금리는 시장실세금리가 적용되어 보통예금보다 높고 예치금액에 따라 차등된다. 즉, 다른 예금상품들은 예치기간이 길수록 금리가 높지만 수시입출금식예금은 기간에 상관없이 금액이 많을수록 금리가 높다. 최근에는 자금의 효율적 운용에 대한 관심이 높아짐에 따라 입·출금이 자유로운 상품에 대해서도 금리경쟁이 심화되고 있다. 이에는 수시입출금식예금과 경쟁하고 있는 단기실적 배당상품인 자산운용회사의 MMF와 증권회사의 CMA를 예를 들 수 있다. MMF(Money Market Funds)는 자산운용회사가 고객들의 자금을 모아 펀드를 구성한 다음 금리가 높은 만기 1년 미만의 기업어음·양도성예금증서·콜론 등 주로 단기금융상품에 집중 투자하여 얻은 수익을 고객에게 되돌려주는 만기 30일 이내의 초단기금융상품이다. MMF는 보통 1개월을 경과해야 환매가 가능한 클린MMF와 언제든지 환매가 가능한 신종MMF로 나뉜다. MMF는 하루만 돈을 예치해 놓아도 펀드운용 실적에 따라 이익금을 받을 수 있기 때문에 단기자금을 운용하는 데 적합한 상품이다. MMF의 최대 장점은 가입 및 환매가 청구 당일에 즉시 이뤄지므로 자금 마련에 불편함이 없고 펀드내에 있는 채권에 대해 시가평가를 적용하지 않으므로 시장금리의 변동과 무관하게 안정적인 수익률을 기대할 수 있다. CMA(Cash Management Account)는 예탁금을 증권회사가 단기국공채, 기업어음, 양도성예금증서 등에 투자해 얻은 수익을 고객에게 돌려주는 실적배당 금융상품이다. CMA는 일반적으로 만기가 되어도 예탁자가 인출하지 않으면 자동적으로 재예탁되고 복리로

운영된다. CMA의 장점은 최저 예탁한도, 자유로운 입출금, 통장식 거래 그리고 증권회사가 책임지고 운영하기 때문에 안정성이 높다는 것이다. 가입기간은 180일 이내이다. CMA는 미국의 대형증권사인 메릴린치사가 1977년에 개발한 복합금융상품으로 우리나라에서는 어음관리계좌란 명칭으로 부르고 있다.

대출은 일반은행이 주로 사용하는 신용공여수단이다. 주요 대출자는 기업과 가계이다. 기업은 은행의 주요 차입자로 상업어음할인, 무역금융 등 단기운전자금과 장기시설자금을 취급한다. 가계도 최근 대출비중이 높아지고 있는데, 주로 부동산담보대출, 예 · 적금담보대출, 주택관련대출 그리고 신용대출이 그 주종을 이루고 있다.

2) 단기금융시장과 장기금융시장의 금융상품

단기금융시장은 대부기간 1년 미만인 금융상품이 거래되는 시장으로 화폐시장(money market)이라고도 한다. 단기금융시장에는 콜시장(call market)과 할인시장(discount market)이 있다.

콜시장은 주로 금융기관 상호간의 일시적인 유휴자금이 거래되는 최단기 금융시장이다. 콜거래는 만기가 일반적으로 최장 2주 정도까지인데 이를 더 장기화하여 30일 만기인 콜도 있다. 콜시장에서는 대여하는 자금 즉 공급자 측에서는 콜론(call loan)이라 하고, 차입하는 자금 즉 수요자 측에서는 콜머니(call money)라고 부른다. 이때 발생하는 이자율을 콜레이트(call rate)라고 한다.

할인시장은 어음 · 양도성예금증서 · 통화안정증권 · 재정증권 · 환매조건부채권 등의 할인을 자유롭게 하여 상공업자와 은행에 큰 이익을 주기 위해 설치된 금융시장이다. 어음이란 상품을 외상으로 구입하거나 차입한 자금을 일정기일 후에 일정금액을 지급하겠다는 것을 약속하는 증권을 말한다. 발행되는 어음의 종류에는 약속어음과 환어음이 있다. 약속어음은 발행인이 일정한 금액을 소지인에게 지급한다는 내용의 단순약속을 기재한 형식을 가지고 발행되는 유가증권을 말한다. 발행인이 기명날인을 하고 지급인에 대해 일정한 금액을 수취인에게 지급할 것을 의뢰하는 형식의 증권으로 지급인의 신용을 이용하려고 하는 경우에는 환어음을 사용한다. 무역할 때 사용하는 신용장 거래의 환어음은 법률을 달리하고 있는 국가 사이의 거래에 적용되는 외국환어음으로, 환어음의 효력은 원칙적으로 행위지의 법률에 따른다. 환어음 및 수표가 지급위탁증권임에 반하여 약속어음은 지급약속증권이다. 약속어음은 발행인이 처음부터 주채무자이기 때문에 어음지급의 의무를 부담하고 있어 발행인 외에 지급인은 존재하지 않는다. 그리고 약속어음은 어음발행목적에 따라 상품의 매매대금으로 발행한 어음인 상업어음 혹은 진성어음과 단순히 자금을 융통하기 위하여 발행하는 어음인 융통어음으로 나눌 수도 있다. 우리나라에서 융통어음의 대표적인 것이 기업어음이다. 기업어음(CP; Commercial Paper)이란 신용도가 높은 우량기업이 단기 자금조달을 목적으로 발행하는 어음형식의 채권을 말한다. 우리나라의 기업어음은 금리자율화정책에 따라 국내기업이 발행한 어음형 채권을 금융회사가 인수하여 일반고객에게 판매하고 있다. 즉, 기업어음 발행 이전까지는 고정이율로 발행되던 기존 어음과는 달리 기업어음은 기업과 투자자 사이의 자금 수급관계 등에 따라 금리를 자율 결정한다. 기업어음은 신용도가 높은 우량기업이 자기신용도에 따라 발행하기 때문에 발행기업이 부도를 내면 원금은 날려버리게 되므로 신용도가 높은 우량 기업어음이 인기를 얻고 있다. 또한 융통어음에는 표지어음이 있다. 표지어음은 금융기관들이 기업이 발행한 어음을 할인해 사들인 후 매매의 편의성을 위해 이 어음을 바탕으로 별도의 어음을 발행하여 일반투자자에게 판매하는 어음을 의미한다. 몇 가지 어음을 근거로 해서 대표적인 어음 즉 표지를 새로 만든다는 의미에서 붙여진 명칭이다. 표지어음제도는 일본에서 원래 금융기관 사이에 채권을 유동화하기 위하여 도입된 제도였다. 일반적으로 기업이 발행하는 각종 어음은 기업의 발행사정에 따라 그 규모와 만기일이 다양하므로 금융기관이 이 어음을 되팔아 현금화하는 데 큰 어려움이 있다. 이러한 이유로 표지어음은 각종 어음을 표준화하여 판매하기 쉽도록 재발행한 것이다. 즉, 액면이 큰 어음은 작은 어음으로 나누고 액면이 작은 어음은 큰 어음으로 다시 만들어 금융기관이 원금 지급을 보장하는 방식으로 발행하는 단기투자상품이다. 표지어음은 최장 180일까지 만기를 자유롭게 설정할 수 있어 단기자금 운용에 유리하고 금리는 단기상품 중 최고수준인 경우가 일반적이다. 이러한 표지어음으로 금융기관은 어음할인 자금을 빨리 회수할 수 있어 기업의 지원자금도 쉽게 확보할 수 있다는 장점이 있다. 양도성예금증서(CD; Certificate of Deposit)는 은행의 정기예금 중에서 양도성을 부여한 것이다. 이 증서는 은행이 발행하고 증권사나 종금사를 통해 유통된다. 양도성예금증서는 예금통장과는 달리 무기명이며 중도해지는 불가능하지만 양도가 자유로워 현금화가 용이한 상품이다. 즉, 예금자는 이 증서를 만기일 이전이라도 금융시장에서 자유로이 거래할 수 있다. 양도성예금증서는 최소 1,000만원부터 발행되며 발행기간은 최소 30일 이상 270일까지 가능해 대규모 자금의 단기투자에 적합하다. 통화안정증권(Monetary Stabilization Bond)은 한국은행이 통화량을 조절하기 위해 금융기관 또는 일반인을 대상으로 발행하는 증권을 말한다. 통화긴축이 필요한 경우에는 공개시장에서 통화안정증권을 발행하고 반대로 통화확충이 필요한 경우에는 이를 환매하거나 만기 전에 상환하여 시중의 통화량을 조절한다. 통화안정증권의 자세한 설명은 장기금융시장에서 한다. 재정증권(Treasury Bills)은 국가 또는 지방자치단체가 재정적자를 보전하거나 국고의 일시적인 자금부족을 메우기 위한 목적으로 발행하는 단기 유가증권을 말한다. 재정증권은 발행 주체가 국가인 국채와 지방자치단체인 지방채로 구분할 수 있다. 재정증권은 국고금의 출납과 금융통화에 관한 정책의 효율적 수행을 위하여 기획재정부장관이 금융통화위원회의 자문을 거쳐 일반회계·특별회계 또는 국고여유자금 조정계정의 부담으로 발행한다. 환매조건부채권(RP; Repurchase Agreement)은 환매채라고도 한다. 환매조건부채권이란 금융기관이 일정 기간 경과 후 일정의 이자를 붙여 재매입하는 조건으로 채권을 판매함으로써 채권투자의 약점인 환금성을 보완하는 단기금융거래방식이다. 보통 만기일까지 채권을 보유하면 최초 채권매입부터 약정확정이자를 계속 받고 만기 때 원금을 되돌려 받는다. 일반적으로 채권은 만기 전에 현금화하면 그에 따른 불이익이 발생한다. 환매조건부채권은 만기 전 현금화에 따른 손해를 방지하고 채권의 유동성을 향상시키기 위한 금융상품이다. 우리나라의 환매채거래 형태는 한국은행환매채, 금융기관의 대고객환매채, 기관간 환매채가 있다.

장기금융시장은 대부기간 1년 이상인 금융상품이 거래되는 시장을 말한다. 장기금융시장은 장기대출시장 및 주식시장과 채권시장으로 구별된다. 장기대출시장은 금융기관이 자금공급자인 예금자로부터 차입한 자금을 기업의 설비자금과 같은 장기자금을 자금수요자에게 대출해주는 시장을 말한다. 주식시장과 채권시장은 주로 기업, 정부 등이 부족한 자금을 장기적으로 확보하기 위하여 활용되는 시장이므로 자본시장(capital market)이라고도 부른다. 장기적으로 자본시장은 주식·공채·사채 등의 거래에 의해 자금의 수급이 이루어지는 시장을 말한다. 자본시장은 다시 새로운 유가증권이 발행되는 발행시장과 이들이 매매되는 유통시장으로 구분된다. 유통시장에는 유가증권 등이 상장되어 거래되는 거래소[5]와 비상장으로 거래되는 장외시장[6] 등이 포함된다.

주식(stock)은 상법상 주식회사의 자본을 이루는 단위로서의 금액 및 이를 전제로 한 주주의 권리·의무의 단위인 주주권을 말한다. 주식은 배당방법에 따라 보통주와 우선주로 구분된다. 보통주(common stock)는 주

5) 우리나라의 거래소시장으로는 한국거래소가 있고 그 하부시장으로 유가증권시장, 코스닥시장, 파생상품시장 등이 있다.

6) 장외시장은 거래소 이외의 시장에서 상장 또는 비상장 유가증권, 외국환 등 거래가 이루어지는 시장을 말한다.

식회사에서 출자의 증거로 발행하여 주는 증권이며 일반적인 주식이라는 의미에서 보통주라 한다. 보통주의 주주는 기업의 소유주로 회사의 경영에 참여할 수 있으며, 자기가 소유하고 있는 주식의 지분에 따라 주총에서 의결권을 가진다. 보통주 주주는 1주당 1의결권을 가지며 보통주에 대한 투자로부터 기대되는 수익의 원천은 배당과 시세차익이다. 우선주(preferred stock)는 회사채의 성격과 보통주의 성격이 혼합된 주식의 형태라 할 수 있다. 배당과 회사 도산시 잔여재산에 대한 청구권에 있어서 보통주보다 우선하기 때문에 우선주라 한다. 우선주 주주는 이러한 특권 때문에 대개의 경우 주총에서 의결권을 가질 수 없다. 회사의 입장에서는 의결권을 확대하지도 않으면서 자본을 조달할 수 있고 우선주 배당을 제때에 지급하지 못하더라도 채무불이행 처리가 되지 않는 장점을 갖는다. 그러나 기업의 인수합병 시 인수합병의 대상이 되는 기업의 보통주는 일반적으로 주가는 상승하지만 우선주는 인수합병 시 주가의 상승효과를 누릴 수 없다는 단점이 있다. 새로운 주식을 발행하는 경우 유상주와 무상주로 구분할 수 있다. 유상주(shares with consideration)는 자금조달을 위한 신주발행 시 주주에게 소유주식의 비율에 따라 신주를 배정하고 주식대금을 납입받는 방법으로 배정하는 주식을 말한다. 무상주(shares without consideration)는 주주에게 주식대금 납입의무를 지우지 않고 무상으로 발행하여 나누어 주는 주식을 말한다.

채권(bond)이란 정부·공공기관·특수법인·주식회사 등이 법률에 따라 일정한 채무이행약속증서를 발행하여 직·간접적인 방법으로 일반 투자자로부터 장기자금을 조달하기 위한 유가증권이다. 채권[7]은 발행주체

7) 채권은 또한 이자지급방법에 따라 이표채, 할인채, 복리채로 구분할 수 있다. 첫째, 이표채란 채권의 권면에 이표가 붙어 있어 이자지급일에 이에 따라 일정이자를 지급하는 채권을 말한다. 둘째, 할인채란 액면금액에서 상환기일까지의 이자를 선공제한 금액으로 판매하는 채권을 말한다. 즉 액면가 10만원, 표면연이율 10%, 3년만기 할인채를 발행할 경우 매입가격을 계산해보면 100,000−(100,000×0.1×3)=7만원이다. 셋째, 복리채란 이자가 약정한 기간만큼 복리로 재투자하여 만기 때 이자와 원금을

에 따라 국채, 지방채, 특수채, 금융채, 회사채로 분류할 수 있다. 국채란 국가가 발행하는 채권으로 재정증권은 단기채인 반면 장기금융시장의 국채는 국고채권, 외국환평형기금채권, 국민주택채권 1,2종 등이 있다. 국고채권은 '국채법'에 따라 정부가 공공목적에 필요한 자금 확보 및 공급하는 공공자금관리기금의 부담으로 기획재정부장관이 발행하고 한국은행이 사무 대행하는 채권이다. 국고채는 3년 만기·5년 만기·10년 만기·20년 만기·30년 만기 5종류이며, 보통 3년 만기와 5년 만기가 주종을 이룬다. 국내 통화의 대외가치의 안정과 투기적 외화의 유출입에 따른 영향을 최소화하기 위해 정부가 조성한 자금을 '외국환평형기금'이라고 하는데, 외국환평형기금채권이란 이 기금의 재원을 조달하기 위해 정부가 발행하는 채권을 의미한다. 이 채권은 5년 만기와 10년 만기 2종류이며 미국 재무부채권금리의 위험도에 의거하여 가산금리가 붙는다. 가산금리가 오르면 채권가격과 국가 신인도가 낮아지는 것이다. 국민주택채권이란 정부가 국민주택사업에 필요한 자금을 마련하기 위하여 발행하는 채권이다. 국민주택채권은 정부가 국회의 의결을 거쳐 국토교통부장관의 요청에 의하여 기획재정부장관이 발행한다. 국민주택채권 중 1종 채권은 만기가 5년이며 2종 채권은 10년 만기이다. 지방채는 지방자치단체에서 발행하는 채권으로 지역개발공채, 도시철도채권, 상수도채권, 도로공채 등이 있다. 특수채[8]는 특별법에 의하여 설립된 특별법인이 발행한 채권으로 한국가스공사채권, 한국도로공사채권, 한국수자원공사채권, 예금보험공사채권, 한국전력공사채권 등이 있다. 금융채는 특수채 중 발행주체가 은행인 채권으로 통화안정증권[9], 금융채권 등이 있다. 금융채

같이 수령하는 채권을 말한다. 즉 액면금액이 10만원이고, 표면연이율이 10%이고, 3년 만기로 연복리일 경우 만기지급액을 계산하면 $100{,}000 \times (1+0.1)^3 = 133{,}100$원이다.

8) 국채에다 지방채와 특수채를 묶어 '국공채'라 부르기도 한다.

9) 통화안정증권은 한국은행 '통화안정증권법'에 근거한 증권으로 만기는 28일, 63일, 91일, 182일, 364일, 2년 등 6종류로 발행된다. 통화안정증권은 특수채 중 발생주체가 은행인 금융채에 해당한다. 통화안정증권은 만기가 1년 미만은 할인채권이며, 만기 2

권은 특별법에 의해 설립된 금융기관이 장기융자를 위한 자금을 흡수할 목적으로 발행하는 채권을 말한다. 금융채권의 발행은 장기융자를 위한 자금흡수 수단으로 이용된다. 금융채권은 일반적으로 무기명채권으로 발행되며, 발행기관별로 한국산업은행의 산업금융채권, 장기신용은행의 장기신용채권, 중소기업은행의 중소기업금융채권 등이 있다. 회사채(corporate bonds)는 상법상 주식회사가 자금조달을 위해 직접 발행하는 유가증권을 말하며 사채라고도 한다. 회사채는 주식과는 다르게 회사의 수익에 상관없이 일정률의 이자를 지급하는 것이 특징이다. 주식회사가 발행할 수 있는 채권으로 보증유무에 따라 보증사채, 무보증사채, 담보부사채로 나눌 수 있다. 그리고 주식관련사채로는 전환사채(CB; Convertible Bond), 신주인수권부사채(BW; Bond with Warrants), 교환사채(EB; Exchangeable Bond), 옵션부사채(BO; Bond with Imbedded Option), 이익참가부사채(PB; Participating Bond) 등으로 나눌 수 있다. 보증사채는 금융기관이 원리금 지급이행을 보증하는 회사채를 말한다. 무보증사채는 발행자의 신용도에 따라 발행되어 유통되는 회사채이다. 담보부사채란 채권에 물상담보권이 붙어 있는 회사채를 의미한다. 전환사채는 사채로 발행되나 일정기간 경과 후 채권 소유자의 요청이 있을 때 발행회사의 주식으로 전환할 수 있는 특약이 있는 사채이며, 주식 전환 전에는 사채로 확정이자를 받을 수 있고 전환 후에는 주식으로 이익을 얻을 수 있는 사채와 주식의 중간 형태의 채권을 말한다. 신주인수권부사채는 사채를 소유한 사람이 일정기간 경과한 후 일정한 가격으로 발행회사의 일정 수의 신주를 인수할 수 있는 권한이 부여된 채권이다. 교환사채란 교환사채의 보유자에게 교환

년인 채권은 이표채권이다. 채권은 이자지급방법에 따라 이표채(=액면가로 채권을 발행한 후 채권의 권면에 표시된 이표에 따라 연간 지급해야 하는 이자를 일정기간 나누어 이자지급일에 일정이자를 지급받는 채권), 할인채(=액면금액에서 상환일까지 이자상당액을 미리 차감한 채권), 복리채(=이자가 단위기간 수만큼 복리로 재투자되어 만기상환 시 원리금이 일시에 지급되는 채권으로 현재, 우리나라에서 발행된 복리채로는 국민주택채권, 전신전화채권, 부산시 지하철채권, 상수도채권 등)로 나눌 수 있다.

사채를 발행한 기업들이 보유하고 있는 주식을 특정 가격에 교환해 주기로 하고 발행하는 회사채를 말하며, 이때 교환대상 유가증권은 상장유가증권으로 한정된다. 옵션부사채는 회사채를 발행할 때 일정한 조건이 성립되면 만기일 전이라도 사채의 원리금을 상환할 수 있다는 단서조항이 첨부된 사채를 말하며, 옵션부채권은 향후 일정한 조건이 충족되면 발행회사는 사채권자에게 매도청구(call option)할 권리와 사채권자는 매수청구(put option)를 할 수 있는 권리를 행사할 수 있다는 조건으로 발행되는 채권이다. 이러한 옵션은 전환사채 또는 신주인수권부사채에도 발행조건으로 첨부할 수 있다. 이익참가부사채란 회사채로서 확정된 이자를 지급받을 뿐 아니라 회사수익의 급증으로 주주가 일정률 이상의 배당을 받을 때 사채권자도 이익배당에 참가할 수 있는 권리가 부여된 채권이다. 즉, 이익참가부사채는 상장법인에 한해서 발행할 수 있다. 일반적으로 회사채는 보통 3년 만기이며 이자는 3개월마다 후불하며 만기가 되면 액면금액을 지급받는다. 회사채는 회사가 직접금융시장에서 자금을 조달하기 위하여 공모 또는 사모로 채권을 발행한다.

3. 금융기관

금융기관이란 금융시장에서 자금의 수요와 공급을 매개하는 기관을 말한다. 금융기관을 분류하는 기준은 다양하지만 일반적으로 국제통화기금(IMF)의 통화성 기준으로 금융기관의 통화창출 기능의 유무에 따라 구별한다. 국제통화기금에 따르면 금융기관은 통화금융기관, 비통화금융기관 그리고 기타금융기관으로 분류된다.

(1) 통화금융기관

통화금융기관이란 통화를 창출하는 금융기관으로 본원통화를 공급하는 한국은행과 예금통화를 창출하는 예금은행으로 구성된다. 예금은행은 예금을 수취하여 대출하는 업무를 반복적으로 수행하는 과정에서 예금통화를 창출한다. 즉, 통화금융기관은 중앙은행과 예금은행으로 나누어지며 예금은행은 다시 일반은행과 특수은행으로 분류된다.

우리나라의 중앙은행은 한국은행이다. 중앙은행은 ① 화폐를 발행하는 발권은행으로서의 기능, ② 통화량을 조절하는 은행의 은행으로서의 기능, ③ 통화정책을 수립하고 집행하는 기능, ④ 국고의 출납과 정부의 여신을 담당하는 정부의 은행으로서의 기능, ⑤ 외환관리업무를 수행하는 기능을 한다. 발권은행으로서의 중앙은행이 화폐가치를 안정시키지 못한다면 스스로의 위상뿐만 아니라 국가의 위상도 떨어뜨리는 것이 된다. 따라서 물가안정을 통한 화폐가치의 안정이 가장 중요한 임무 중의 하나이다. 생산자 물가지수를 한국은행이 조사하는 것도 이와 같은 맥락으로 파악할 수 있다. 이와 같은 임무를 수행하는 중앙은행은 통화량이나 이자율을 조절하여 국민경제의 안정적 성장을 실현하기 위한 통화정책의 주도적 역할을 한다.

신용창조를 함으로써 대부에 필요한 자금을 조달하는 예금은행은 일반은행과 특수은행으로 나누어진다. 일반은행은 은행법에 의해 설립되는 금융기관으로서 가계와 기업 등으로부터 예금을 받아 기업 등에 대출해 주는 상업금융을 주로 취급한다. 우리나라의 일반은행은 시중은행, 지방은행, 외국은행 국내지점으로 나누어진다. 현재 시중은행과 지방은행은 완전한 민간 출자에 의해 운영되고 있으며, 지방은행은 금융업무의 지역 분산과 지역경제의 균형발전을 위해 각 지방단위로 설립되어 있다. 반면 특수은행은 일반은행이 소홀히 하기 쉬운 부분을 관장하는 은행이다. 특수은행은 특별법에 의거하여 대부분 정부의 직접적인 감독을 받고 있다. 특수은행의 운영자금은 정부의 출자에 의존하고 있다는 것이 일반은행과 구별되는 특징이다. 기업은행, 농업중앙회의 농협은행, 수산업협동조합의 신용사업 부문 등이 있다.

(2) 비통화금융기관

비통화기관은 통화를 창조하지 못하는 금융기관이다. 비통화금융기관을 크게 개발기관, 저축기관, 투자기관, 보험기관으로 구분할 수 있다. 비통화금융기관은 수신업무에 있어 요구불예금의 형태로 자금을 흡수할 수 없고, 출자금·기금·보험료·부금·계금 등의 형태로 자금을 조달한다는 특징이 있다. 개발기관에는 한국산업은행, 한국수출입은행, 장기신용은행 등이 있다. 투자기관에는 종합금융회사, 자산운용회사, 증권금융회사 등이 있으며, 저축기관으로는 은행신탁계정, 저축은행, 우체국예금, 신용협동기구(신협, 새마을금고, 상호금융 등) 등이 있다. 보험기관은 생명보험회사, 외국생명보험 국내지사 및 법인, 손해보험회사, 우체국보험, 한국수출보험공사, 공제기관(농업협동조합공제, 수산업협동조합공제, 신용협동조합공제, 새마을금고공제) 등이 있다.

(3) 기타금융기관

기타금융기관은 통화금융기관이나 비통화금융기관에 포함되어 있지는 않지만 금융중개기능을 수행하거나 금융기관과 관련성이 많은 업무를 수행하는 금융기관을 말한다. 기타금융기관에는 증권회사와 증권관련기관(투자자문회사 포함), 신용보증기관(신용보증기금, 기술신용보증기금), 벤처관련금융기관, 여신전문금융회사(리스회사, 신용카드회사, 할부금융회사, 신기술사업금융사 등) 등이 포함된다.

4. 통화정책

통화정책[10](monetary policy)이란 중앙은행의 통화량 공급에 대한 개

10) 통화정책을 금융정책, 화폐정책, 통화금융정책, 통화신용정책이라고 한다. 그리고 재정정책과 통화정책을 같이 실시하는 것을 정책혼합(policy mix)이라 한다.

입을 통해 이자율이나 통화량을 조절하여 국민경제활동의 안정을 실현하려는 정책이다. 통화정책의 목표는 통화정책이 이룩하고자 하는 국민경제상의 목표를 의미한다. 즉, 통화정책의 최종목표는 재정정책과 같이 완전고용 · 물가안정 · 국제수지균형 · 경제성장 · 분배의 공정 등으로, 이들은 국민경제활동의 안정을 달성하기 위한 것들이다. 통화정책의 최종목표를 달성하기 위하여 통화정책당국이 조정 · 통제하는 통화정책의 운영목표가 되는 주요 지표는 이자율과 통화량이다. 이자율과 통화량을 조정하는 일반적인 수단으로는 지급준비율정책 · 재할인율정책 · 공개시장조작이 있다.

지불준비율[11)]정책(reserve requirements ratio policy)이란 중앙은행이 예금은행의 지불준비율을 변경시킴으로써 통화량을 조절하는 정책을 말한다. 중앙은행이 시중에 자금이 모자란다고 판단되면 지불준비율을 낮추어 예금은행의 대출을 증가시켜서 통화량을 늘린다. 반대로 중앙은행이 시중에 자금이 너무 많이 풀렸다고 생각하면 지급준비율을 인상하여 예금은행의 지급준비금을 확대시키면 대출이 감소하기 때문에 통화량은 줄어든다.

재할인율정책(rediscount rate policy)이란 중앙은행이 예금은행에서 차입하는 자금의 금리를 조정하여 중앙은행으로부터 예금은행이 빌리는 자금양의 조절을 통해 이자와 통화량을 조정하는 통화정책수단이다. 재할인(rediscount)이란 예금은행이 기업에 할인해 준 어음을 중앙은행이 예금은행에 다시 할인해 주는 것을 말한다. 재할인율(rediscount rate)은 중앙은행이 예금은행에 적용하는 이자율이다. 만약 중앙은행은 시장에 현금이 상대적으로 과도하다고 판단하면 재할인율을 인상하여 예금은행이 중앙은행으로부터 차입하는 현금규모를 축소시킴으로써 예금은행이 시장에 공급하는 현금의 양을 줄이도록 유도할 것이다. 그 반대의 경우에는

11) 중앙은행은 예금은행이 예금자의 예금인출에 대비하기 위하여 예금금액 중 일정률 이상을 대출하지 못하도록 규제하고 있다. 이 경우 예금금액 중 일정률을 지불준비율이라 한다.

중앙은행은 재할인율을 낮추어 현금의 공급을 늘릴 것이다.

공개시장조작[12](open market operation)이란 중앙은행이 유가증권을 기관투자가나 민간에 매입하거나 매각하는 방식을 통해 통화량을 조절하거나 이자율에 영향을 미치는 정책수단을 말한다. 즉, 중앙은행이 금융기관을 통해 국공채 등 각종 증권을 사거나 팔아서 각종 금융기관의 자금규모를 조절하고 이를 통해 이자율이나 통화량을 조절하는 정책수단이다. 만약 중앙은행이 국공채를 사들이면 국공채의 가격이 상승하고 시중통화량이 증가하므로 이자율이 하락한다. 즉, 중앙은행이 국공채를 매입하면 시중의 통화량이 증가하므로 확대통화정책이라 한다. 반대로 중앙은행이 국공채를 팔면 국공채의 가격은 하락하고 시중 통화량이 감소하므로 이자율은 상승한다. 즉, 중앙은행이 국공채를 매각하면 시중의 통화량이 감소하므로 긴축통화정책이라 한다.

12) 일반적으로 공개시장조작 대상이 선진국에서는 국공채이나 우리나라에서는 한국은행이 발행하는 통화안정증권이다. 통화안정증권은 시중 통화량의 조절을 목적으로 해서 한국은행이 발행하는 단기증권임을 앞에서 설명한 바 있다.

보론 13 오일쇼크(Oil Shock)

오일쇼크란 1973과 1978년 각각 원유 값의 급등으로 인해 전 세계 각 국가가 경제적 타격을 입은 석유파동을 말한다.

제1차 오일쇼크는 1973년 10월 발발한 제4차 중동전쟁이 석유전쟁으로 발전된 사건이다. 1973년 10월 페르시아만의 6개 석유수출국들은 석유수출국기구(OPEC) 회의에서 원유 가격을 17% 인상한다고 발표하고 이스라엘이 아랍 점령지역에서 철수하지 않을 경우 매달 원유생산을 5%씩 감산하겠다고 발표한다. 즉, OPEC는 중동전쟁을 통해 석유를 정치적 무기로 사용하였다. 이에 따라 1973년 초에 비해 중동산 원유가격은 1년 만에 1배럴당 약 11달러 50센트 내외로 약 4배 가까이 오른다. 제1차 석유파동으로 원유수입국들은 석유공황에 직면하고 대다수의 국가들은 전력제한, 석유공급 감축 그리고 에너지 절감 등을 시행하게 된다. 세계경제는 위기에 직면해 경제성장률은 하락하고 급기야 1975년 서구 선진국 경제는 (−)성장을 하게 된다. 또한 물가상승은 가속화되고 국제수지도 악화되어 대다수의 국가들은 대폭적인 적자를 기록한다. 제1차 오일쇼크를 계기로 OPEC는 원유가격의 결정권을 장악하고 자원민족주의(resource nationalism)를 강화시키는 결과를 초래하게 된다. 그리고 오일쇼크는 중동 산유국의 국제적 정치위상도 올렸을 뿐 아니라 외교적인 측면에서도 서방세계가 지금까지 친이스라엘정책에서 친아랍 중동정책으로 기울게 하는 역할을 하였다. 또한 이 사건을 시작으로 서구 선진국들은 원유수입에 따른 경제적 문제점을 노출시켰을 뿐만 아니라 이 문제를 안전보장과 연결시키게 하였다. 오일쇼크는 제2차 세계대전 후 계속된 자본주의의 황금시대를 마감시키고 실업과 물가가 동시에 작용하는 스태그플레이션(stagflation) 시대의 시작을 알렸다. 그리고 제1차 오일쇼크는 1978년 초에 진정된다.

제2차 오일쇼크는 1978년 말 이란의 내부의 정치 혼란과 1979년 초 이슬람혁명을 계기로 발생한다. 당시 세계 원유 공급시장의 약 15%를 점유하고 있던 이란은 원유수출을 전면 금지한다. 그리고 석유공급자들의 매점

매석과 투기까지 이루어져 세계원유시장은 갑작스러운 혼란에 빠진다. 설상가상으로 1980년 이란 · 이라크전쟁을 전후해서는 원유가격이 1배럴당 30달러를 넘게 되고 1981년 10월에는 34달러 선으로 묶인다. 제2차 오일쇼크의 결과는 제1차 오일쇼크와 같이 세계 경제는 경제성장률 하락, 물가폭등, 국제수지 악화 등 연쇄적인 위기에 직면하게 되었다.

보론 14 신자유주의(Neoliberalism)

케인즈(John Maynard Keynes) 경제학은 1929년 이후 대공황을 겪은 많은 나라들의 경제정책에 이론적 기초를 제공한다. 미국, 영국, 독일 등 선진 여러 국가들은 케인즈이론을 중심으로 수정자본주의를 채택한다. 이들 나라들이 수정자본주의(Revised capitalism)를 선택한 목적은 정부가 시장에 적극적으로 개입하여 소득평준화와 완전고용을 통해 복지국가를 지향하는 것이다. 케인즈 경제학은 제2차 세계대전 이후 「자본주의의 황금기」와 그 맥을 같이 하였으나 1970년대 이후 오일쇼크와 함께 세계적 경제침체기가 시작되면서 케인즈 이론에 대한 의문이 제기된다.

신자유주의는 1920년대 독일 프라이부르크대학의 오이켄(Walter Eucken)을 중심으로 한 새로운 경제사조로 고전적 자유주의와 구분하기 위한 용어이다. 이들은 보호주의시대와 같은 국가의 지나친 개입주의는 기업활동을 제한하고 시장기능을 위축시켜 국민경제발전을 저해한다고 주장하였다. 그러나 시장이 바로 자연적 질서는 아니므로 시장기능 활성화를 위해 정부의 강력한 개입을 역설하는 것이 고전적 자유주의와 다른 면이다. 1970년대 이후 지속적인 스태그플레이션(stagflation)은 케인즈 경제학에 근거한 경제정책의 실패의 산물이라고 지적하면서, 신자유주의(Neoliberalism)는 본격적으로 등장한다. 신자유주의의 대표적 학자는 미제스(Ludwig von Mises), 하이에크(Friedrich August von Hayek), 밀턴 프리드먼(Milton Friedman), 스티글러(George Joseph Stigler) 등이다. 시카고대학의 경제학과를 중심으로 한 신자유주의자들의 주장은 닉슨(Richard Milhous Nixon) 정부 때 경제정책으로 반영되기 시작하여 미국의 레이건(Ronald Wilson Reagan) 대통령 때 레이거노믹스(Reaganomics)와 영국 대처(Margaret Hilda Thatcher) 수상의 대처리즘(Thatcherism)의 골간이 된다.

신자유주의이론의 핵심은 작은 정부지향, 규제완화, 공기업의 민영화, 노동시장 유연화, 정부지출 축소, 감세를 통한 기업경쟁력 제고, 산업의 구조조정, 권력의 지방정부 이양, 자본의 자유로운 이윤추구를 위한 세계화 등을 중시한다. 신자유주의자들은 정부의 시장개입을 완전히 부정하지는 않지만 정부의 시장개입을 축소하고 가능하면 시장에 맡기자고 주장하였다. 따라서 「준칙에 입각한」 통화정책과 국제금융의 자유화를 통하여 경제성장을 안정화시키는 것이 목표였다. 또한 사회복지제도를 지나치게 확대하는 것은 정부재정을 증가시킬 뿐 아니라 근로의욕을 감퇴시켜 사회적 문제를 야기시킨다고 주장한다.

신자유주의자들은 자유무역과 국제 분업을 통해 시장개방을 강조한 결과 세계무역기구(WTO)나 우루과이라운드(UR)와 같은 다자간 협상을 위한 기구도 생겼다. 신자유주의의 등장으로 자유시장경제를 강조함에 따라 비효율을 해소, 경쟁을 통한 효율성 제고 그리고 국가경쟁력 강화 등의 긍정적 측면이 있는 반면 불황의 만연, 실업의 확대, 빈부격차 심화 그리고 선진국과 후진국 간의 갈등 등의 부정적인 측면도 있다.

하지만 2008년 이후 금융 위기로 인해 최근 신자유주의 경제이론이 위기를 맞고 케인즈 경제학이 다시 조명받기 시작하고 있는 실정이다.

연 | 습 | 문 | 제

1. 케인즈학파 경제학이 절실한 사회경제적 문제로 부상한 인플레이션 현상을 해명하지 못하자 이를 공박하여 반혁명적 분위기를 유도한 경제학파는?

① 신고전학파 ② 통화주의자
③ 공급중시경제학 ④ 새고전학파

2. 통화주의자들이 기본으로 삼은 경제이론의 근거는?

① 고전학파 ② 신고전학파
③ 중농주의 ④ 케인즈학파

3. 다음 화폐의 기능 중 저량(stock)의 기능을 가지는 것은?

① 가치저장의 수단 ② 교환의 수단
③ 가치척도의 기능 ④ 지불 수단의 기능

4. 다음 중 화폐의 주요 기능이 아닌 것은?

① 가치저장의 수단 ② 교환의 수단
③ 가치척도의 기능 ④ 생산수단의 기능

5. 현금통화와 결제성예금의 합을 무엇이라 하는가?

① L ② Lf
③ M2 ④ M1

6. 화폐의 지급수단으로 화폐의 지급결제기능을 중요시했을 뿐만 아니라 가치를 저장하는 수단 기능까지 포함한 것을 무엇이라 하는가?

① L ② Lf
③ M2 ④ M1

7. 다음 중 가장 광의의 개념은?

① L ② Lf

③ M2 ④ M1

8. 다음 중 직접금융시장에서 융통되는 것이 아닌 것은?

① 회사채 ② 국공채

③ 주식 ④ 대출

9. 다음 중 요구불예금이 아닌 것은?

① 보통예금 ② 당좌예금

③ 별단예금 ④ 정기예금

10. 다음 중 수시입출금식예금이란?

① MMDA ② MMF

③ CMA ④ CP

11. CD란 무엇인가?

① 양도성예금증서 ② 통화안정증권

③ 재정증권 ④ 환매조건부채권

12. 상법상 주식회사의 자본을 이루는 단위로서의 금액 및 이를 전제로 한 주주의 권리·의무의 단위인 주주권을 말하는 것을 무엇이라 하는가?

① 양도성예금증서 ② 통화안정증권

③ 주식 ④ 환매조건부채권

13. 다음 중 성격이 다른 것은?

① 전환사채 ② 신주인수권부사채

③ 국채 ④ 옵션부사채

14. 다음 중 성격이 다른 것은?

① 지방채 ② 특수채
③ 신주인수권부사채 ④ 금융채

15. 다음 중 중앙은행 고유의 기능이 아닌 것은?

① 화폐를 발행하는 발권은행으로서의 기능
② 통화량을 조절하는 은행의 은행으로서의 기능
③ 통화정책을 수립하고 집행하는 기능
④ 통화정책을 안정적으로 수행하기 위해 기업에 대출을 하는 기능

16. 다음 중 비통화금융기관이 아닌 것은?

① 개발기관 ② 저축기관
③ 한국은행 ④ 투자기관

17. 중앙은행이 예금은행에서 차입하는 자금의 금리를 조정하여 중앙은행으로부터 예금은행이 빌리는 자금양의 조절을 통해 이자와 통화량을 조정하는 정책수단을 무엇이라 하는가?

① 재할인율정책 ② 지불준비율정책
③ 통화정책 ④ 공개시장조작

18. 중앙은행이 유가증권을 기관투자가나 민간에 매입하거나 매각하는 방식을 통해 통화량을 조절하거나 이자율에 영향을 미치는 정책수단을 무엇이라 하는가?

① 재할인율정책 ② 지불준비율정책
③ 통화정책 ④ 공개시장조작

19. 다음 중 신자유주의와 직접적 연관이 없는 것은?

① 오일쇼크 ② 케인즈
③ 프리드만 ④ 레이거노믹스

20. 다음 중 금융기관유동성을 의미하는 것으로 전체 금융기관의 자금상황을 표시하는 지표로 M3의 명칭을 변경한 것은?

① M1　　② M2

③ Lf　　④ L

21. 다음 중 광의유동성을 의미하는 지표로 국가의 경제가 보유하고 있는 전체 유동성의 크기를 측정하기 위한 통화지표는?

① M1　　② M2

③ Lf　　④ L

22. 다음 중 기업이 주식이나 채권을 발행하고 매각하여 자금을 조달하는 금융시장은?

① 직접금융시장　　② 간접금융시장

③ 단기금융시장　　④ 장기금융시장

23. 다음 중 금융기관이라는 중개기관을 사이에 두고 자금을 융통하는 금융시장은?

① 직접금융시장　　② 간접금융시장

③ 단기금융시장　　④ 장기금융시장

24. 다음 중 가입대상, 예치금액, 예치기관, 입출금 횟수 등에 아무런 제한을 하지 않고, 은행이 저리로 자금을 조달하는 예금은?

① 보통예금　　② 당좌예금

③ 별단예금　　④ 정기예금

25. 다음 중 금융기관이 업무수행과정에서 발생하는 미결제·미정리된 일시적 보관금이나 예수금 등을 처리하기 위하여 설치한 일시적·편의적 예금은?

① 보통예금　　② 당좌예금

③ 별단예금　　④ 정기예금

26. 다음 중 별단예금의 대상이 아닌 것은?

① 주식불입금　　② 자기앞수표의 발행을 위한 자금
③ 부도대금 및 부도제재대금　　④ 단기거래를 위한 자금

27. 다음 중 예금하는 사람이 미리 약정기간이 경과 후 예금을 찾을 것을 계약하면서 일정 금액을 은행에 예치하고, 은행은 이에 대해 일정 이자를 지급하는 예금은?

① 보통예금　　② 당좌예금
③ 별단예금　　④ 저축성예금

28. 다음 중 저축성예금이 아닌 예금은?

① 정기예금　　② 당좌예금
③ 상호부금　　④ 주택청약관련 예금

29. 다음 중 계좌의 입출금이 자유롭고 각종 이체와 결제가 가능하며 확정금리가 적용되는 고금리 단기금융상품은?

① MMDA　　② MMF
③ CMA　　④ CP

30. 다음 중 자산운영회사가 고객들의 자금을 모아 펀드를 구성한 다음 금리가 높은 만기 1년 미만의 기업어음·양도성예금증서·콜론 등 주로 단기금융상품에 집중 투자하여 얻은 수익을 고객에게 되돌려주는 만기 30일 이내의 초단기금융상품은?

① MMDA　　② MMF
③ CMA　　④ CP

31. 다음 중 증권회사가 단기국공채, 기업어음, 양도성예금증서 등에 투자해 얻은 수익을 고객에게 돌려주는 실적배당 금융상품은?

① MMDA　　② MMF
③ CMA　　④ CP

32. 다음 중 금융기간 상호간의 일시적인 유휴자금이 거래되는 최단기 금융시장은?

① 콜시장 ② 할인시장
③ 직접금융시장 ④ 단기금융시장

33. 다음 중 어음·양도성예금증서·통화안정기금·재정증권·환매조건부채권 등의 할인을 자유롭게 하여 상공업자와 은행에 큰 이익을 주기 위해 설치된 금융시장은?

① 콜시장 ② 할인시장
③ 직접금융시장 ④ 단기금융시장

34. 다음 중 상품을 외상으로 구입하거나 차입한 자금을 일정 기일 후에 일정 금액을 지급하겠다는 것을 약속하는 증권은?

① 어음 ② 양도성예금증서
③ 통화안정기금 ④ 재정증권

35. 다음 중 예금통장과는 달리 무기명이며 중도해지는 불가능하지만 양도가 자유로워 현금화가 용이한 상품은?

① 어음 ② 양도성예금증서
③ 통화안정기금 ④ 재정증권

36. 다음 중 한국은행이 통화량을 조절하기 위하여 금융기관 또는 일반인을 대상으로 발행하는 증서는?

① 어음 ② 양도성예금증서
③ 통화안정증권 ④ 재정증권

37. 다음 중 국가 또는 지방자치단체가 재정적자를 보전하거나 국고의 일시적인 자금부족을 메우기 위한 목적인 단기유가증서는?

① 어음 ② 양도성예금증서

③ 통화안정증권　　④ 재정증권

38. 다음 중 금융기관이 일정 기간 경과 후 일정의 이자를 붙여 재매입하는 조건으로 채권을 판매함으로써 채권투자의 약점인 환금성을 보완하는 단기금융거래방식은?

① 환매조건부채권　　② 신주인수권부사채
③ 전환사채　　④ 교환사채

39. 다음 중 장기금융시장에서 거래되는 상품이 아닌 것은?

① 주식　　② 공채
③ 회사채　　④ MMDA

40. (　)의 주주는 기업의 소유주로 회사의 경영에 참여할 수 있으며, 자기가 소유하고 있는 주식의 지분에 따라 주총에서 의결권을 가진다. (　)안에 알맞은 것은?

① 보통주　　② 우선주
③ 유상주　　④ 무상주

41. 다음 중 주총에서 의결권을 가질 수 없는 주식은?

① 보통주　　② 우선주
③ 유상주　　④ 무상주

42. 다음 중 정부·공공기관·특수법인·주식회사 등이 법률에 따라 일정한 채무이행약속증서를 발행하여 직·간접적인 방법으로 일반 투자자로부터 장기기금을 조달하기 위한 유가증권은?

① 채권　　② 양도성예금증서
③ 별단예금　　④ 어음

43. 다음 중 특별법인이 발행한 채권은?

① 특수채　　② 국채

③ 지방채 ④ 환매조건부채권

44. 다음 중 국내 통화의 대외가치의 안정과 투기적 외화의 유출입에 따른 영향을 최소화하기 위해 정부의 자금을 조달하기 위한 채권은?

① 국민주택채권 ② 공공자금관리채권
③ 외국환평형기금채권 ④ 국고채권

45. 다음 중 특수채가 아닌 것은?

① 한국도로공사채권 ② 상수도채권
③ 한국가스공사채권 ④ 한국수자원공사채권

46. 다음 중 특수채 중 금융채가 아닌 것은?

① 국민주택채권 ② 통화안정증권
③ 산업은행채권 ④ 장기신용채권

47. 다음 중 사채로 발행되나 일정기간 경과 후 채권 소유자의 요청이 있을 때 발행회사의 주식화 할 수 있는 것은?

① 전환사채 ② 신주인수권부사채
③ 교환사채 ④ 옵션부사채

48. 다음 중 사채로 사채를 소유한 사람이 일정기간 경과한 후 일정한 가격으로 발행회사의 일정 수의 새로운 주식을 인수할 권한이 부여된 채권은?

① 전환사채 ② 신주인수권부사채
③ 교환사채 ④ 옵션부사채

49. 다음 중 회사채를 발행할 때 일정한 조건이 성립되면 만기일 전이라도 사채의 원리금을 상환할 수 있다는 단서조항이 첨부된 사채는?

① 전환사채 ② 신주인수권부사채
③ 교환사채 ④ 옵션부사채

50. 다음 중 통화를 창출하는 통화금융기관이 아닌 것은?

① 한국은행　② 일반은행
③ 특수은행　④ 저축은행

51. 다음 중 성격이 다른 은행은?

① 기업은행　② 국민은행
③ 신한은행　④ 하나은행

52. 중앙은행은 예금은행이 예금자의 예금인출에 대비하기 위하여 예금금액 중 일정률 이상을 대출하지 못하도록 규제하고 있다. 이 때 일정률을 무엇이라고 하는가?

① 재할인율　② 공개시장 이자율
③ 신용창조률　④ 지불준비율

53. 다음 중 성격이 다른 하나는?

① 레거노믹스　② 수정자본주의
③ 신자유주의　④ 대처리즘

54. 다음 학자 중 관련이 없는 경제학자는?

① 미제스(L. von Mises)　② 하이에크(F. A. von Hayek)
③ 프리드먼(M. Friedman)　④ 아담 스미스(A. Smith)

55. 다음 중 성격이 다른 하나는?

① 신자유주의　② WTO
③ UR　④ 케인즈(J. M. Keynes)

제 12 장

인플레이션과 실업

제 1 절 인플레이션이론

1. 인플레이션의 정의

인플레이션(inflation)이란 일반적으로 물가수준이 지속적으로 상승하는 현상을 말한다. 물가수준의 상승을 의미하는 인플레이션이 경제 분석 대상이 되는 것은 인플레이션이 국민소득을 감소시키는 요인으로 작용하기 때문이다. 가령 한 해 동안 명목국민소득이 7%만큼 상승했다고 하자. 반면 물가수준이 10%만큼 상승했다면 그 해의 실질국민소득은 오히려 3%만큼 감소한 것이 된다. 인플레이션으로 인한 실질국민소득의 감소는 개개인의 실질소득을 감소시키게 되고 나아가 현재의 개개인의 소득으로는 더 이상 과거와 동일한 구매력을 유지할 수 없도록 만든다. 반면 물가수준이 지속적으로 하락하는 현상을 디플레이션(deflation)이라 한다. 디플레이션은 음(−)의 인플레이션을 의미한다.

2. 인플레이션의 원인

인플레이션은 생산물에 대한 총수요 또는 총공급의 변화요인으로부터 발생한다. 따라서 인플레이션의 원인은 결국 생산물에 대한 총수요 또는 총공급을 변화시키는 요인을 살펴봄으로써 알 수 있다.

인플레이션이 총수요측 요인에 의하여 발생하는 경우를 수요견인 인플레이션(demand-pull inflation)이라고 한다. 수요견인 인플레이션이 일어나는 경우는 대체로 통화당국의 재량에 의해 과도한 통화 공급의 증가, 정부의 재정지출의 확대 및 세율인하 등의 확대재정정책 그리고 수요충격[1](demand shock) 등이다. 특히 수요충격이란 민간부문의 소비 또는 투

1) 경제학에서 어떤 변수가 예상하지 못하게 변동하는 것을 충격이라 한다.

자의 행태가 급변하거나 정부부문의 통화정책과 재정정책이 예기하지 않게 변동하여 그 결과 총수요가 불안정적으로 변화하는 경우를 말한다. 예를 들어, 민간부문에서 과소비풍조가 갑자기 확산되는 경우, 기업가가 경험적 직감으로써 특정한 부문에 대규모로 투자할 것을 결정하는 경우 그리고 통화당국이 통화 공급을 공표한 수치보다 더 많이 증가시키는 경우가 수요충격의 예이다. 수요충격이 발생했을 때 물가상승의 심리가 형성되어 갑작스런 가수요가 생기는 경제현상이 나타나 예상하지 못한 인플레이션(unanticipated inflation)이 발생한다. 인플레이션이 생산비용을 반영하는 총공급 측면에서 발생하는 경우를 비용인상 인플레이션(cost-push inflation)이라고 한다. 예컨대 높은 예상물가수준으로 인한 명목임금의 상승과 에너지 또는 원자재 가격의 상승 등의 생산요소비용의 증가는 총국민소득의 감소와 함께 물가상승을 초래하게 된다. 즉, 생산요소비용의 상승으로 비용인상 인플레이션이 발생하게 된다. 비용인상 인플레이션의 대표적인 경우가 1970년대에 2차례에 걸쳐 일어났던 석유파동(oil shock)이다.

한편 총수요측 요인과 총공급측 요인이 동시에 작용하여 발생하는 인플레이션을 혼합형 인플레이션(mixed inflation)이라고 한다. 현실에 있어서 국민소득은 크게 변동하지 않음에도 불구하고 물가수준이 상승하는 경우가 있다. 이때 인플레이션의 원인을 규명하기가 어렵다. 왜냐하면 수요견인 인플레이션과 비용인상 인플레이션이 동시에 일어나는 경우가 일반적이기 때문이다. 대부분의 인플레이션은 총수요측과 총공급측 요인들이 혼합적으로 작용하여 발생한다. 예컨대 1970년대 두 차례에 걸친 석유파동(oil shock)은 공급충격의 요인으로 작용하여 비용인상 인플레이션을 초래하였다. 이러한 비용인상 인플레이션은 생산의 감소와 그로 인한 실업의 증가로 나타났다. 정부당국은 고용의 증대를 위하여 재정지출을 확대시켰으나 이러한 정책적 선택은 물가를 상승시키고 다시 임금상승을 가져오게 하였다. 결국 석유파동은 비용인상 인플레이션을 발생시키고 나아가 수요견인 인플레이션을 야기하게 되고 이는 다시 비용인상 인플레이션을 더욱 심화시키는 악순환이 지속되었던 것이다.

3. 인플레이션의 경제적 파급효과

인플레이션이 국민경제에 미치는 파급효과 중 가장 중요한 것은 인플레이션이 화폐의 실질구매력을 하락시켜 지금까지 누려오던 생활수준을 더 이상 유지할 수 없게 한다는 것이다. 따라서 어떠한 요인에 의해서든지 일단 인플레이션이 일어나게 되면 그에 따라 소득 역시 상승할 수밖에 없을 것이다. 일반적으로 소득의 원천인 임금의 인상이 인플레이션을 야기하는 주요인으로 간주된다.

그러나 임금인상과 물가상승 중 어느 것이 원인이고 결과인지를 구별하는 것은 그렇게 용이한 일도 아니고 중요하지 않을 수 있다. 반면에 인플레이션이 물가와 임금을 시간적인 간격을 두고 더욱 상승시킨다는 현상에 주목해야 할 필요가 있다. 결과적으로 임금상승률과 물가상승률 중 어느 것이 더 높은가 하는 것이 관심의 주요 대상이다. 예를 들어, 물가상승률이 임금상승률보다 더 높다면 노동자의 실질소득수준은 감소하게 되고 이는 임금인상의 요인으로 작용할 것이다.

인플레이션은 그 자체가 예상된 것인가 아닌가에 따라서 경제에 미치는 영향의 정도가 다를 수 있다. 어쨌든 인플레이션은 생산과정 외에서도 소득과 부의 재분배를 일으킬 수 있다는 점, 경제적 효율성을 저하시킬 수 있다는 점, 그리고 생산과 고용을 변동시킬 수 있다는 점 등에서 한 나라의 국민경제에 큰 영향을 미칠 수 있다.

먼저 예상하지 못한 인플레이션이 국민경제에 미치는 파급효과를 살펴보자. 예상하지 못한 인플레이션은 현금, 예금, 채권, 어음 등과 같은 금융자산을 보유한 사람이나 채권자에게는 손해인 반면 채무자에게는 이익이다. 예를 들어, 다른 조건이 불변이라고 할 때 어떤 사람이 계약기간이 5년인 정기예금을 하여 원금 1억원과 이자 1,000만원을 받았다고 하자. 5년 전 원금 1억원으로 면적 85㎡ 형 아파트를 살 수 있었다고 하고 5년 이후인 지금 원리금 1억 1천만원으로 면적 85㎡형 아파트를 구입할 수 없다면 정기예금을 한 그 사람은 결국 손해를 보게 된 셈이다.

반면에 어떤 사람이 1년 전에 1억원을 은행에서 대출을 받아 1,000㎡의 토지를 구입하였다고 하자. 1년 후인 지금 그 대출금을 은행에 상환하려 하는데 1년 동안 물가상승률이 30%였다면 비록 지금 그 채무자가 은행에 1억원을 상환하더라고 현재 그 1억원의 실질구매력은 7,000만원에 불과할 것이다. 즉, 현재의 시점에서는 1억원으로 1,000㎡의 토지를 구입할 수 없다는 것이다. 반면에 그 1,000㎡의 토지는 인플레이션과 무관하게 본래의 값을 받을 수 있을 것이다. 만약 그 토지의 소유주가 지금 그 토지를 판다고 하면 그는 1억 3,000만원을 받으려 할 것이다. 이와 같이 인플레이션은 화폐의 실질구매력을 저하시킴으로써 채권자보다 채무자가 그리고 화폐와 같은 금융자산보다는 토지와 같은 실물자산을 소유하고 있는 사람이 더 많은 이득을 보게 된다는 것을 보여 준다.

다음은 예상된 인플레이션의 경우이다. 인플레이션을 예상할 수 있다면 채권자보다 채무자에게로 재분배되는 효과는 일어나지 않을 것이다. 왜냐하면 인플레이션을 정확하게 예상하면 합리적인 채권자는 계약을 체결할 때 인플레이션으로 인한 화폐가치의 하락을 보상받을 수 있는 인플레이션 프리미엄을 고려할 것이다. 마찬가지로 채무자는 채권자의 이러한 제안을 수용할 것이다. 따라서 채권자와 채무자는 공히 명목이자율을 다음과 같이 계산하게 된다.

명목이자율＝실질이자율＋예상인플레이션율

위의 식은 인플레이션이 예상된다면 예상인플레이션율을 명목이자율에 반영함으로써 실질이자율을 일정하게 유지할 수 있다는 것을 나타내고 있다. 장기에는 사람들이 인플레이션을 정확하게 예상할 수 있으므로 장기에 실현된 인플레이션율과 예상된 인플레이션율은 같게 된다. 따라서 장기에 있어서 예상인플레이션율과 명목이자율 간에는 정(+)의 관계가 있음을 알 수 있다. 실제로 선진자본주의국가들의 경험에 의하면 실질이자율은 장기적으로 상승추세나 하강추세를 보이지 않고 안정적(약 3~4%)이며, 명목이자율은 경기변동과정에서 인플레이션율과 동일한 방향으로 움직이는 것으로 나타난다.

예상된 인플레이션은 또한 생산과 고용에 별다른 영향을 미치지 못한다. 인플레이션이 예상되면 개별생산자는 생산물의 가격이 상승할 것이라고 보고 생산물의 공급을 증가시킬 것이며 따라서 시장 전체의 총공급은 증가될 것이라고 말하기 쉽다. 그러나 인플레이션이 예상되면 기업으로서는 자신이 생산하는 생산물의 가격만 오르는 것이 아니라 그 기업이 필요로 하는 여러 생산요소의 가격도 상승할 것이라고 판단함으로써 공급량을 증가시키려고 하지 않을 것이다.

결국 개별기업은 총수입의 증가에 비례하여 총비용도 증가한다고 생각하기 때문에 생산물의 공급량은 이윤극대화의 원칙을 따르게 된다. 그렇다면 생산요소들 중 매우 큰 부분을 차지하고 있는 임금은 예상인플레이션율 만큼 정확히 상승할 수 있을까를 생각해 보자. 현실에서 임금은 노동계약에 의해 결정되므로 제품가격처럼 즉시 오르지는 않는다고 본다. 시간이 지나면서 생산요소의 가격이 생산물가격과 같은 비율로 오르지 않는다면 생산요소의 실질소득의 가격이 줄어들 것이고 나아가 생산요소의 공급은 감소하게 된다.

결론적으로 예상된 인플레이션이 소득재분배와 생산에 미치는 파급효과는 무시할 수 있을 정도로 작다는 것을 알 수 있다. 그러나 이 경우에는 인플레이션에 따라 사회의 제도, 법률 및 규정 등이 충분히 조정되어야 한다는 전제가 반드시 필요하다. 만약 그렇지 못하다면 예상된 인플레이션은 소득재분배와 생산에 부정적인 영향을 미칠 수 있다.

예를 들어, 금융기관이 명목이자율에 예상인플레이션율을 반영한다면 기존의 저축에는 큰 영향을 미치지 않을 것이다. 그런데 만약 정부가 이자율을 통제하여 명목이자율에 물가상승률을 충분히 반영하지 못하게 하면 실질이자율이 하락하게 된다. 그 결과 저축은 감소할 것이다. 저축의 감소는 투자재원의 감소를 가져오고 따라서 투자를 감소시켜 장기적으로 경제성장에 부(−)의 파급효과를 미치게 될 것이다. 또한 정부당국이 인플레이션을 고려하여 누진세율을 조정하면 문제는 없으나 만약 그것을 무시하게 되면 명목소득에 부과하는 누진세율은 종전보다 더 많은 세금을 거두어들이는 결과를 가져와서 납세자의 납세 후 실질소득은 감소하게 될 것이다.

끝으로 예상된 인플레이션이 지속되면 국민경제의 효율성이 낮아진다는 것이다. 예상된 인플레이션하에서 인플레이션 조세를 회피하고 나아가 이득을 보기 위하여 골동품, 귀금속, 부동산, 외환 등의 현물을 구입할 것이다. 예상된 인플레이션은 자원을 생산적인 투자로부터 비생산적인 투기로 유출시킴으로써 경제의 생산능력을 낮추고 자원의 배분을 비효율적으로 만든다.

제 2 절 실업이론

1. 실업률과 고용률

일반적으로 실업(unemployment)이란 일할 능력과 의사를 지니고 있는 사람이 취업의 기회를 얻지 못한 상태를 말한다. 경제학에서는 생산요소를 일반적으로 자본과 노동으로 구분한다. 미시경제학에서는 이들 생산요소에 대한 비용을 주어진 것으로 간주하고 무엇을, 어떻게 그리고 얼마만큼 생산할 것인가를 설명한다. 반면에 거시경제학에서는 일정기간

한 나라 전체의 국민소득을 좌우하는 생산능력은 자본의 고용총량과 노동의 고용총량에 의하여 결정된다는 것을 보여준다. 따라서 이들 유휴자본과 실업자를 얼마나 많이 고용하는가에 따라서 국민소득을 증가시킬 수 있다는 것을 의미하게 된다. 그러나 우리는 공식 실업률과 우리가 체감하는 실업률에 차이가 있다는 것을 느끼고 있다. 이러한 차이를 알아보기 위하여 실업과 고용과 관련된 용어를 정리해 보려 한다.

(1) 생산가능인구와 실업률

1) 생산가능인구

일반적으로 생산가능인구[2]는 15세 이상의 인구를 말한다. 우리나라에서는 0~14세 인구를 유소년인구, 15~64세 인구를 생산가능인구, 65세 이상 인구를 고령인구로 구분한다. 즉, 우리나라에서 생산가능인구는 15~64세 인구를 말하며 경제활동인구와 비경제활동인구로 구분된다.

2) 경제활동인구

경제활동인구란 생산가능인구 중 일할 수 있는 능력과 취업 의사를 동시에 가진 사람을 말한다. 경제활동인구는 현재 취업상태에 있는지 여부에 따라 취업자(employed person)와 실업자(unemployed person)로 나누어진다. 정부는 취업자란 매월 15일이 포함된 1주일 동안 수입을 목적으로 1시간 이상 일한 사람과 본인 또는 가족이 소유·경영하고 있는 사업장에서 주당 18시간 이상 일한 무급 가족종사자를 가리킨다. 그리고 일정한 직장이나 사업장은 갖고 있지만 일시적인 질병, 일기불순, 휴가, 노동쟁의 등의 이유로 조사기간 중 일을 하지 않고 있는 사람도 취업자로 분류된다. 즉, 취업자란 임금근로자 중 상용근로자, 임시근로자, 일용근

---

2) 우리나라 경제관련 책을 찾아보면 생산가능인구를 노동가능인구, 생산활동가능인구, 경제가능인구, 경제활동가능인구 등으로 각각 사용하고 있다. 이 책에서는 통일하여 생산가능인구로 사용한다.

로자와 비임금근로자 중 자영업자, 무급 가족근로자로 구분된다. 반면 실업자란 매월 15일이 포함된 1주일 동안에 적극적으로 구직활동을 하였으나 1시간 이상 일을 하지 못한 사람으로 즉시 취업이 가능한 사람을 의미한다.

3) 비경제활동인구

비경제활동인구란 생산가능인구 중 경제활동인구에 포함되지 않은 사람을 의미한다. 일반적으로 일할 능력이 없거나 일하고자 하는 의사가 없는 사람이 비경제활동인구이다. 즉, 비경제활동인구에는 가정주부, 학생, 연로자와 심신장애자, 구직단념자 등이 포함된다.

4) 실업률

경제활동인구에서 취업자를 제외하면 실업자가 되는데 경제활동인구 중 실업자가 차지하는 비율을 실업률이라고 한다. 흔히 한 나라의 생산 능력의 정도를 파악하는 하나의 지표로서 취업률보다는 실업률을 사용한다.

$$\text{실업률} = \frac{\text{실업자수}}{\text{경제활동인구(취업자수} + \text{실업자수)}} \times 100$$

(2) 경제활동참가율과 고용률

실업률은 경제활동인구 중 실업자가 차지하는 지표라고 정의하였다. 즉, 비경제활동인구는 실업률에 포함되지 않으므로 체감실업률과 공식실업률은 차이가 있을 수 있다. 정부도 공식실업률의 한계를 보완하기 위한 고용지표로 경제활동참가율과 고용률을 사용하고 있다.

1) 경제활동참가율

경제활동참가율은 생산가능인구 중 경제활동인구가 차지하는 비중을 말한다.

$$경제활동참가율=\frac{경제활동인구}{생산가능인구}\times 100$$

2) 고용률

고용률(employment rate)은 생산가능인구에서 취업자가 얼마인지 구하는 것으로 취업자가 얼마나 되는지를 볼 수 있는 지표이다. 최근 정부는 실업률보다 비경제활동인구가 포함된 고용률에 주목하고 있다. 경제활동인구 중 실업자가 몇 명인가보다 생산가능인구 중 몇 명이나 일할 수 있는 사회를 만드는 것이 더 중요하다고 판단하기 때문이다.

$$고용률=\frac{취업자수}{생산가능인구(=경제활동인구+비경제활동인구)}\times 100$$

우리나라는 2010년 말 현재 총인구가 49,410천명이고 15세 이상 인구는 40,803천명이며 이 중 경제활동인구는 24,538천명이고 비경제활동인구는 16,265천명이다. 따라서 경제활동참가율은 60.1%가 된다. 또한 경제활동인구 중 취업자 23,684천명을 제외하면 실업자는 854천명이므로 실업률은 3.5%이다. 그리고 고용률은 58%이다.

2. 실업의 종류

실업은 그 발생 원인에 따라서 다양한 형태로 구분된다. 실업을 발생원인에 따라 구분하는 것은 실업을 해결하기 위한 경제정책의 수단들이 달라야 한다는 것을 의미한다.

실업을 크게 구분하면 자발적 실업과 비자발적 실업으로 나눌 수 있다. 자발적 실업(voluntary unemployment)이란 일할 능력을 가지고 있음에도 불구하고 현재의 임금수준에서 일할 의사가 없어서 취업의 기회를 갖지 않는 상태를 말한다. 자발적 실업의 예인 마찰적 실업[3](frictional

3) 보다 나은 일자리를 탐색한다는 의미에서 다른 말로 탐색적 실업(search unemployment)

unemployment)은 보다 나은 일자리를 찾기(job search) 위하여 직업을 바꾸고자 하는 과정에서 일시적으로 실업상태에 있는 것을 말한다. 따라서 정부는 마찰적 실업상태에 있는 사람이 고용기회에 대한 정보를 쉽게 확보하고 탐색과정을 단축시킬 수 있는 경제정책을 사용하고자 할 것이다.

한편 비자발적 실업(involuntary unemployment)은 일할 능력과 현재의 임금수준에서 일할 의사를 가지고 있음에도 불구하고 일자리를 갖지 못하는 상태를 말한다. 실업이론에서 관심의 대상이 되는 것이 바로 비자발적 실업인데, 여기에는 경기적 실업과 구조적 실업이 있다. 경기적 실업(cyclical unemployment)은 경기변동, 특히 경기침체로 인하여 발생하는 실업을 의미한다.

구조적 실업(structural unemployment)은 새로운 기술의 개발로 사용하고 있던 기술이 퇴출되거나 기존 산업이 사양화됨으로 인하여 발생하는 실업을 말한다. 구조적 실업에 놓인 실업자들은 다른 직종에 일자리가 있다고 하더라도 그 직종에서 요구하는 기술이 없기 때문에 일자리를 쉽게 구할 수 없다. 구조적 실업은 경기적 실업보다 장기화되는 편이다. 그러므로 정부는 구조적 실업의 문제는 적극적 고용시장 정책과 계획에 의한 산업구조재편 정책을 통하여 해결해야 한다.

이라고도 한다.

연 | 습 | 문 | 제

1. A라는 사람의 소득이 작년 동기에 비하여 60% 올랐다. 반면 이 기간 동안 물가는 100% 상승하였다. A의 실질소득은 어떻게 되었는가?
   ① 60% 감소 ② 60% 증가
   ③ 40% 감소 ④ 40% 증가

2. 화폐로 지급되는 임금을 무엇이라 하는가?
   ① 실제임금 ② 실질임금
   ③ 성과임금 ④ 명목임금

3. 실물의 측정을 기준으로 하여 평가하는 임금은?
   ① 실제임금 ② 화폐임금
   ③ 명목임금 ④ 성과임금

4. 노동생산성이 100% 향상되었는데 임금과 물가변화는 없었다면 이 때 이익을 보는 사람은?
   ① 산업자본가 ② 채권자
   ③ 임금생활자 ④ 채무자

5. 농업·어업·임업 등 산업에서 일어나는 실업은?
   ① 계절적실업 ② 기술적실업
   ③ 구조적실업 ④ 자발적실업

6. 자기가 다니던 직장의 보수가 적어서 실직상태에 있는 경우의 실업이라 할 수 없는 것은?
   ① 마찰적 실업 ② 탐색적 실업
   ③ 구조적 실업 ④ 자발적 실업

7. 경제적 상황에서 논의의 대상으로 보기 힘든 실업은?

① 마찰적 실업 ② 경기적 실업
③ 구조적 실업 ④ 비자발적 실업

8. 노동능력과 노동을 할 의사는 있지만 일자리가 없어서 집안의 농업이나 가게의 일을 돕고 있는 실업은?

① 마찰적 실업 ② 위장 실업
③ 구조적 실업 ④ 자발적 실업

9. 최저생활비는 받고 있고 실질적으로는 실업의 상태이지만 고용통계상 실업이라고 보기 어려운 실업은?

① 위장실업 ② 탐색적 실업
③ 마찰적 실업 ④ 자발적 실업

10. 기술진보에 의하여 생긴 실업으로 그 진보의 효과 및 경제체제의 변화에 의하여 보상되지 않는 실업은?

① 기술적 실업 ② 탐색적 실업
③ 마찰적 실업 ④ 자발적 실업

11. 다음 중 완전고용을 의미하는 것은?

① 실업자가 한 사람도 없는 경우
② 자발적 실업자만 존재하는 경우
③ 경기적 실업이 없는 경우
④ 기술적 실업이 없는 경우

12. 산업예비군이라는 용어와 관계있는 사람은?

① 마르크스(K. Marx) ② 스미스(A. Smith)
③ 프리드만(M. Friedman) ④ 토빈(J. Tobin)

13. 케인즈이론에서 실업을 해소하는 방법은?

① 적극적인 재정정책으로서 유효수요를 증대시켜 경기적 실업을 해결함
② 한계소비성향이 높은 산업에 투자함
③ 실업을 해소하기 위하여 자유재량정책을 사용하고 이를 뒷받침하는 정책은 통화정책임
④ 화폐임금인하에 의한 물가하락과 실질통화량증가를 통하여 이자율을 하락시키고 고용을 증대시킴

14. 생산가능인구를 설명하고 있는 것은?

① 비취업자를 뺀 인구
② 총인구에서 14세 이하의 인구와 65세 이상 인구를 뺀 인구
③ 총인구에서 14세 이하의 인구를 뺀 인구
④ 총인구에서 65세 이상 인구를 뺀 인구

15. 세이(Say)의 법칙과 어울릴 수 없는 것은?

① 기술적 실업　② 마찰적 실업
③ 자발적 실업　④ 공급이 중심

16. 다음 중 인플레이션의 원인으로 볼 수 없는 것은?

① 정부지출　② 국민저축
③ 공채의 매입　④ 세금의 삭감

17. 수요견인 인플레이션(demand-pull inflation)의 원인으로 볼 수 없는 것은?

① 원료의 부족　② 과도한 통화량의 공급
③ 정부의 재정지출의 증대　④ 국민소득의 증대

18. 비용인상 인플레이션(cost-push inflation)의 직접적인 원인은?

① 과도한 통화량을 공급　② 정부의 재정지출의 증대
③ 국민소득의 증대　④ 임금의 과도한 상승

19. 다음 중 비용인상 인플레이션의 근본 원인으로 보기 힘든 것은?

① 재정지출 ② 명목임금의 증가
③ 원자재가격의 상승 ④ 생산요소비용이 증가

20. 완전고용이 성립된 이후 수요의 증가로 인하여 화폐 수요의 증가와 동일한 비율로 물가가 상승하는 인플레이션은?

① 비용인상 인플레이션 ② 수요견인 인플레이션
③ 초인플레이션 ④ 진정인플레이션

21. 물가상승의 원인과 관계없는 경우는?

① 공급보다 수요가 많은 경우
② 재정수입보다 재정지출이 많은 경우
③ 투자보다 저축이 많은 경우
④ 수입보다 수출이 많은 경우

22. 다음 중 가장 건전한 물가안정책으로 생각되는 것은?

① 통화량의 증가 ② 소비증대
③ 생산량의 증가 ④ 무역증대

23. 다음 중 물가상승 현상이 발생되었을 때 가장 유리한 사람은?

① 채권자 ② 채무자
③ 임금생활자 ④ 예금생활자

24. 다음 중 물가상승을 억제하기 위하여 가장 유효한 조치가 되지 못하는 것은?

① 지불준비율을 올린다. ② 금리를 올린다.
③ 중앙은행이 국공채를 매각한다. ④ 재정지출을 늘린다.

25. 다음 중 예상된 인플레이션이 지속될 경우 인플레이션 조세를 회피하기 위하여 중산층들의 선택 구매대상이 되지 못하는 상품은?

① 공장과 설비 ② 귀금속
③ 부동산 ④ 골동품

26. 물가와 실업이 동시에 진행되는 현상은?

① 인플레그네이션(inflagnation)/ ② 스태그플레이션(stagflation)
③ 리플레이션(reflation) ④ 디플레이션(deflation)

27. 물가지수가 100%에서 200%로 상승하였다. 다음 설명 중 틀린 것은?

① 구매력이 50% 떨어졌다. ② 화폐가치가 50% 떨어졌다.
③ 물가가 100% 올랐다. ④ 화폐가치가 100% 떨어졌다.

28. 우리나라에서 생산가능인구란?

① 0~14세 인구 ② 20~64세 인구
③ 15~64세 인구 ④ 65세 이상 인구

29. 실업률이란?

① 실업자 수÷경제활동인구 ② 실업자 수÷생산가능인구
③ 실업자 수÷취업자 수 ④ 실업자 수÷노동가능인구

30. 고용률이란?

① 취업자 수÷경제활동인구 ② 취업자 수÷생산가능인구
③ 취업자 수÷취업자 수 ④ 취업자 수÷비경제활동인구

31. 물가상승의 압력을 감소시키기 위한 정책 중 바르지 않는 것은?

① 지나친 화폐수요를 감소시키는 정책
② 세금을 확장시키는 정책
③ 정부투자를 증대시키는 정책
④ 보조금을 축소시키는 정책

32. 디플레이션의 결과로 나타나는 현상은?

① 물가가 상승하는 현상
② 은행금리가 상승하는 현상
③ 생산이 확대되는 현상
④ 통화가치가 등귀하는 현상

33. 디플레이션(deflation)이 지속화 될 때 가장 유리한 사람은?

① 채무자
② 현물소유자
③ 채권자
④ 생산업자

34. 다음 중 물가하락의 원인으로 보기에 옳은 것은?

① 수요가 증가하여 생산과잉이 발생되는 경우
② 수요가 감소하여 생산축소가 발생되는 경우
③ 수요의 변화에 따라 생산부족이 나타나는 경우
④ 수요가 증가해도 생산이 감소하는 경우

제 13 장

경기변동 · 경제성장 · 경제발전론

제 1 절 경기변동론

1. 경기변동의 의의

경제활동은 아무런 변화과정 없이 평탄하게 이루어지는 것이 아니라 어느 정도의 규칙성을 띠면서 호황과 불황을 반복한다. 자본주의의 역사를 살펴보면 이러한 경기변동이 두드러지게 나타났음을 알 수 있다. 자본주의경제의 활동수준의 변화가 어떻게 일어나며, 어떤 이유로, 어떤 경로를 거쳐서 경기가 교체되는가를 고찰하는 경제분야가 경기변동론이다.

경기변동은 물가수준 · 고용수준 · 국민소득수준 등이 등락하는 현상을 말한다. 경기변동은 어떤 특정기업 또는 특정산업의 경제변동을 의미하는 것이 아니고 모든 산업의 경제변동을 의미한다. 경기변동은 물가 · 임금 · 실업 · 국민소득 등의 통계값에서 명백하게 인식할 수 있다. 즉, 경기변동 혹은 경기순환이란 경제활동이 확장국면과 수축국면이 반복되어 나타나는 현상을 말한다.

경기변동의 원인으로는 경제외적 요인과 경제적 요인이 있다. 경제외적 요인은 천재지변이 대표적인 것으로 외생변수로 나타난다. 경제적 요인은 소비, 투자 등 유효수요[1)]의 변동에 영향을 미치는 것이 대표적이다. 특히 투자의 가변성, 불확실성 그리고 현대 화폐경제의 복잡성으로 인하여 경기변동은 끊임없이 일어나게 된다.

2. 경기변동의 4국면

경기의 전환은 호황에서 경기후퇴로의 전환점과 불황에서 회복으로

---

1) 유효수요(effective demand)란 실제로 물건을 살 수 있는 돈을 갖고 물건을 구매하려는 욕구를 말한다.

그림 13-1 경기순환의 4국면

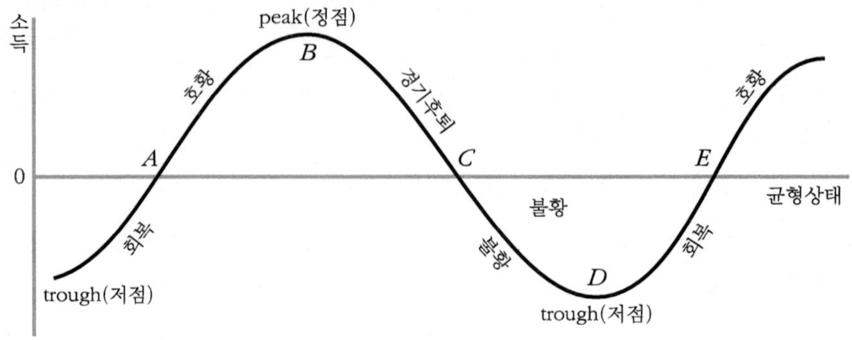

의 전환점에서 일어난다. 호황에서 경기후퇴로의 전환점을 정점 또는 정상(peak)이라고 하고 불황에서 회복으로의 전환점을 저점 또는 계곡(trough)이라 한다. 저점에서 정점까지를 확장국면(expansion)이라 하고 정점에서 저점까지를 수축국면(contraction)이라 한다. 저점에서 다음 저점까지를 경기변동의 한 주기(cycle)라 한다. 정점과 저점까지의 폭을 진폭(amplitude)이라 한다. 경기는 대체로 회복기(recovery) → 호황기(prosperity) → 후퇴기(recession) → 불황기(depression)의 네 단계를 거치며 순환한다. 이들 각 기간에서 나타나는 여러 현상들의 특징은 일반적으로 다음과 같다.

1) 불황기(depression)

생산, 소득 그리고 고용이 최저수준이고 실업률은 높다. 투자와 소비지출이 감소되며 유휴자본은 증가하며 이자율은 하락하게 된다.

2) 회복기(recovery)

생산이 회복되면서 고용과 소득이 증가한다. 이에 따라 유효수요가 증가하면 물가도 상승한다. 금리는 처음에는 완만하나 점점 상승하게 된다.

3) 호황기(prosperity)

생산, 소득 그리고 고용이 최고수준으로 되며 실업은 거의 없다. 이자율이 높으며 물가도 높게 나타난다.

4) 후퇴기(recession)

생산이 위축되고 소득과 고용이 감소된다. 이자율의 폭등과 자금수요의 과다로 신용이 떨어지며 이에 따라 물가도 떨어지게 된다.

3. 경기변동의 특징

경기변동의 특징은 대체로 다음과 같다.

첫째, 경기변동은 반복적이며 비주기적이다. 즉, 수축국면과 확장국면을 되풀이한다는 면에서 반복적이고, 경기변동의 주기와 진폭이 경기변동마다 다르다는 점에서 비주기적이다. 둘째, 경기변동은 지속적으로 일어난다. 셋째, 경기변동의 확장국면과 수축국면의 강도와 기간이 다르기 때문에 경기변동은 비대칭성을 띤다. 넷째, 경기변동은 특정분야나 경제변수에서만 발생하는 것이 아니라 경제활동 전반에서 동시에 발생한다. 이와 같이 많은 경제변수들이 경기과정에서 예측 가능한 방향으로 같이 움직이는 경향을 공동변동 혹은 공행(comovement)이라 한다.

4. 경기변동의 유형

(1) U자형

U자형은 가장 일반적인 경기변동유형이라 볼 수 있지만 경기 저점에서 정점까지 걸리는 기간이 평균(34개월)보다 길다. 이는 경기가 오랫동안 바닥에서 머물러 국민경제에 많은 고통을 줄 수 있다. 모든 경기변동이 U자형은 아니다. 경기변동 유형은 정부의 개입, 경제환경의 변화, 기

술개발, 천재지변 등 경제적 요인과 외적 요인이 경기에 영향을 주어 다양하게 나눌 수 있다.

(2) V자형

V자형은 경기 정점에서 저점까지 걸린 기간이 일반적인 경기수축기간(보통 18개월)보다 짧고 경기가 빨리 반등하는 모습을 띤다. 즉, 순간적인 경제체질의 변화나 외부 충격에 의해 불황기에 빠졌다가 정부의 적극적이고 빠른 상황 대처로 경기를 회복하는 경우이다. 1998년의 IMF 경제위기와 2008년 글로벌 금융위기 때 정부의 신속한 대처로 우리나라가 경제 불황을 빨리 극복한 경우가 그 예이다.

(3) L자형

L자형은 경기가 바닥을 탈출할 기미를 보이지 않고 저점인 상태에서 계속 머물러 있는 유형이다. 즉, L자형은 장기불황인 상태가 지속화되는 것을 의미한다. L자형 경기변동의 개념은 1990년대 이후 일본의 버블경제가 붕괴되고 장기침체가 지속화되면서 나온 용어이다.

(4) W자형

경기회복 모양이 V자형으로 진행되는 경우 가장 우려되는 것은 급속한 경기회복 직후 바로 경기가 하락하는 것이다. 즉 W자형은 경기침체 후 잠시 회복기를 보이다가 다시 침체에 빠지는 이중침체 현상을 말하며 더블딥(double-dip)이라고도 한다. 이 같은 형태는 남미 여러 나라에서 주로 확인되었다.

5. 경기변동의 종류

(1) 원인을 기준으로 한 분류

1) 계절변동

계절변동은 1년을 하나의 변동주기로 하고 각 계절에 따라 규칙적으로 반복하는 변동을 의미한다. 계절변동의 원인으로는 4계절의 기후변동에서 오는 자연적 원인, 사회제도 · 관습 등의 사회적 원인이 있다.

2) 추세변동

추세변동은 경제가 10년, 20년 등의 장기에 걸쳐 일정한 경향을 가지고 변동하는 것을 말한다. 장기적 추세변동은 인구증가, 자본축적, 기술진보 등에 의하여 생긴다. 따라서 장기적 변동은 경제성장론이나 경제발전론에서 중점적으로 연구된다.

3) 경기변동

경기변동은 1년 이상의 기간에서 생산, 소득, 고용 등이 어느 정도 규칙적으로 반복되는 현상을 추적하는 것을 의미한다. 경기변동은 일반적 경향이 아닌 순환적 성격을 가지므로 추세변동과 다르고, 기간이 1년 이상이고 규칙적인 주기가 없다는 점에서 계절변동과 구별된다.

4) 우연적 변동

우연적 변동은 전쟁, 질병 등과 자연적 조건의 우발적 원인에 의하여 경제가 변동하는 것을 말한다. 따라서 우발적 변동은 규칙성이 없으나 경제에 미치는 효과는 매우 크다.

(2) 주기를 기준으로 한 분류

경기변동에 관한 여러 가지 문제 중에서 주기성(periodicity)은 하나의 중요한 문제이다. 경제발전이 표면적 형태로 진행된다는 것에 대체로 일치하고 있으나 당초에는 단순한 하나의 파동(one wave)으로서만 생각하였다. 그러던 것이 최근에는 많은 학자들에 의해서 새로운 주기적 파동으로 발견되었다.

슘페터(J. Schumpeter)는 주기를 기준으로 다음과 같이 구분하였다.

1) 소순환(키친 순환)

소순환은 평균 40개월을 1주기로 하는 경기순환인데 발견자의 이름을 따서 키친파동(Kitchin's wave)이라고도 한다. 이 소순환은 이자율의 변화에 따른 화폐량의 증감에 따라 설명하거나 상품재고량의 순환과도 일치하기 때문에 재고순환(inventory cycles)이라고도 한다.

2) 주순환(쥬글라 순환)

경기순환(business cycles)은 순환기간의 길이에 따라서 주순환, 소순환, 건축순환, 장기순환 등으로 구분된다. 주순환은 9-10년의 주기를 가지고 있고, 이 파동의 정점에서 때때로 나타나는 공황현상이 경제에 심각한 타격을 주기도 하였다. 이 주순환을 발견자의 이름을 따서 쥬글라파동(Juglar's wave)이라고도 한다. 일반적으로 경기순환이라고 할 때 대체로 주순환을 가리키는 경우가 많다. 이 순환은 회복·호황·후퇴·불황기 등이 주기적으로 반복된다. 쥬글라파동의 원인은 기술혁신 등에 의한 설비투자의 파동에 있다고 생각된다.

3) 장기순환

콘드라티에프(N. D. Kondratiev)가 50년 내지 60년을 1주기로 하는 장기순환을 발견하였기 때문에 장기순환을 콘드라티에프순환(Kondratiev's cycles)이라고도 한다. 그 동안 ① 1780년대 말부터 1810년대의 호황기를 시작하여 1850년대 초의 불황기까지, ② 1850년대부터 1870년대 초의 호황기를 거쳐 1890년대 초의 불황기까지, ③ 1890년대부터 1920년대 초의 호황기를 거친 파동 등 3개의 장기파동이 있었다고 한다. 이러한 파동은 각각 산업혁명기, 증기기관·철도의 발전 및 철강생산의 확대기, 전

그림 13-2 3개 순환의 진행

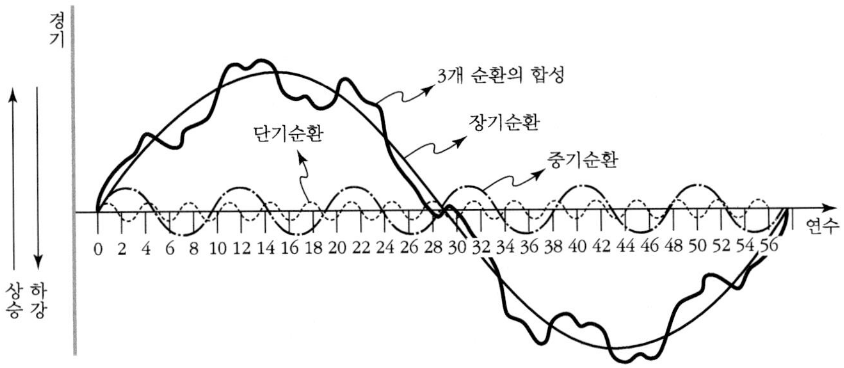

력 · 화학 · 자동차산업의 발전기에 상응하는 시기이다. 즉, 이 장기파동의 원인으로 기술진보, 기업의 혁신, 금광의 발견, 전쟁과 혁명 등이 거론되고 있다.

이상의 순환 간의 관계는 3개의 소순환이 하나의 주순환을 형성하고, 6개의 주순환이 하나의 장기파동을 형성한다. 따라서 하나의 장기파동은 18개의 소순환과 중첩하여서 나타난다.

일반적으로 일상생활에 있어서 경기순환이라 하면 소순환을 가리키고 경제학에서 경기순환이라 하면 주순환을 중심으로 분석한다.

이상의 3개의 순환과정관계는 [그림 13-2]에서 자세히 볼 수 있다.

이 외에도 국민소득을 기준으로 본 경제성장률은 약 20년의 주기를 가지고 있는데 이러한 순환을 쿠즈네츠순환(Kuznets cycles)이라고 한다. 그리고 17~20년을 주기로 영국이나 미국 등에서 일어나는 주택건설 변동을 축으로 한 건축순환 등이 있다. 이러한 각종 파동이 서로 겹쳐서 현실의 경기변동을 형성하고 있다.

제 2 절 경제성장론

1. 경제성장론과 경제발전론의 구분

경제성장에 관한 이론은 각 학파마다 상이하게 나타났다. 고전학파의 경우 경제성장의 원동력을 자본축적에 있다고 보고 경제성장을 강조했다. 아담 스미스는 국부론에서 부의 증가의 원인을 분업과 자본축적이라고 하였다. 케인즈와 근대경제학자들은 경제성장을 도외시하였다. 즉, 경제가 발전하자 자원의 효율적 이용에 관심을 두고 실업과 인플레이션의 제거에 중점을 두었다. 그러나 세계대전 이후 경제성장의 중요성을 다시 인식하게 되어 경제성장론에 관한 연구가 활발하였고 후진국의 경제개발을 위한 경제발전론도 대두하게 되었다.

경제성장론은 분석의 초점을 총체적인 산출물의 증대에 두고 그것을 어떻게 하면 증대시킬 수 있는가 그리고 증대시킬 수 있는 조건은 무엇인가를 다룬다. 총체적인 산출물은 노동투입량의 증대, 자본의 투입량증대 및 기술진보에 의하여 증대될 수 있다. 따라서 이는 주로 선진국을 분석대상으로 한다.

그런데 경제발전론은 각종 노동 및 자본의 수요·공급이 사회적·경제적 구조의 변화에 따라 어떻게 변화하는가와 사회적·경제적 구조의 변화와 기술의 진보가 생산함수를 어떻게 변화시키게 되는가라는 경제의 양적인 성장만이 아니라 질적인 변화도 다루게 된다. 즉, 경제발전이란 일반적으로 사람들의 삶이 더 풍부한 물질적 만족을 누릴 수 있도록 사회전반의 모습이 변화되어가는 것을 의미한다. 따라서 경제발전은 경제성장보다 훨씬 더 넓은 개념이고 그 분석대상은 주로 개발도상국이다.

2. 경제성장의 의의

경제성장은 국민경제의 생산능력을 증대시키는 것을 말한다. 생산능력은 생산요소의 존재량이 증대하거나 생산요소의 생산성이 증대될 때 증가한다. 따라서 기간의 경과와 더불어 규모가 확대되어가는 것을 의미한다. 여기서 경제의 규모가 확대된다는 것은 생산량이 증가되고 아울러 국민소득도 증대되고 따라서 저축이 증가되고 자본축적이 증대되어 이것이 재투자됨으로써 생산량을 증가시켜 경제제량이 장기에 걸쳐서 일정한 방향으로 상승되어 가는 추세를 말한다.

경기순환은 확실히 자본주의경제의 불안정성을 상징하는 것임에 틀림없다. 그러나 경기순환을 어떤 종류의 영속적인 균형성장을 이루는 파동이라고 생각한다면 그것은 장기적 안정성과 성장을 전제로 한다. 이리하여 처음에는 경기순환과 관련하여 고찰되었던 경제성장이론은 일보 전진하여 순환파동의 기반을 이루고 있는 장기적 추세에서 그 답을 구하려는 새로운 방향으로 움직이게 되었다.

이리하여 경제성장이론은 새로운 문제의 영역을 형성하게 되었다. 그러나 경제규모가 반드시 해마다 확대되어 간다고 할 수는 없다. 경기변동 때문에 어느 해의 경제규모는 그 전해의 경제규모보다 적을 때도 있게 된다. 그러나 장기적으로 보면 경제의 규모는 대체로 과거보다는 크다. 제2차 세계대전 이후 각국은 여러 가지 경기부양정책으로 경기변동을 완화시키고 완전고용과 경제발전을 이룩하기 위한 경제계획을 적극적으로 추진함에 따라 경제성장이론이 새로운 각광을 받게 되었던 것이다.

3. 경제성장의 요인

경제성장(economic growth)이란 생산능력의 향상에 의해서 실질국민소득이 장기적으로 증대하는 현상을 말한다. 그런데 생산능력은 노동·토지(자연)·자본 등의 생산요소의 투입증가와 기술진보에 의해서 향상된다.

노동의 양은 인구, 소득과 여가에 대한 개인적 평가, 교육연한, 노동시간, 노동연령 등에 의해서 결정된다. 노동량의 증가나 노동시간의 증가는 경제성장의 원인이 되며, 그리고 교육이나 훈련에 의한 노동의 질적 향상은 노동생산성을 증가시켜 소득을 증대시킨다.

토지라는 생산요소는 농지·삼림·석탄·철광·석유·수산자원 등 자연에 의해서 주어진 자원, 즉 자연자원을 의미한다.

자본의 투입증가란 자본축적을 의미하는데 자본축적은 기계·건물·도구 등의 적정량을 증가시키는 과정이다. 자본축적은 신기술의 도입을 촉진시키고 우회생산을 가능하게 함으로써 노동의 생산력을 크게 향상시킬 수 있다. 기술진보는 생산함수를 변경시키고 생산요소의 생산성을 높이는 효과를 가진다. 기술진보는 재화와 용역을 생산하는 기술만을 의미하는 것이 아니라 판매나 소비, 사회조직이나 운영의 모든 부문에서의 기술 및 지식의 진보를 의미한다. 따라서 생산요소의 결합에서 효율성이 증대하면 경제는 성장하게 되고 또한 규모의 경제가 발생해도 경제는 성장한다.

이상에서 본 경제성장의 요인들 중에서 토지, 즉 자연자원은 인간의 능력으로 그 사용가능량을 증대시킬 수는 있지만 천부의 절대량은 증대시킬 수 없다. 그러나 노동·자본·기술 등은 인간의 의지에 의해서 좌우될 수 있는 요소들이므로 경제성장이론에서는 주로 이러한 요소들만 다루게 된다.

제 3 절 경제발전론

1. 경제발전의 의의

경제발전은 총생산량의 증가뿐만 아니라 생산구조의 변화, 생산요소 배분의 변화, 생산의 환경 및 제도적 측면의 변화까지를 포함한다.

인구증가, 자본축적, 기술진보, 사회문화의 발전 등 경제 · 사회의 모든 변화에 기인하는 생산력의 증가추세를 경제발전이라 한다. 이 경제발전은 국민의 생활수준을 향상시키고, 나아가 국가의 안정과 번영을 가져다주며 사회적 · 정치적 정의의 실현이나 문화의 발달에도 크게 기여한다.

1인당 국민소득뿐만 아니라 1인당 자본량, 산업별 구성비, 저축률, 경제의 이중구조 여부, 교육수준, 문맹률, 출생률과 사망률, 수출입품의 종류, 국제수지 등의 지표가 경제발전의 척도로 사용될 수 있다.

2. 경제발전의 단계설

(1) 역사학파의 발전단계설

과거의 사회적 경제질서가 역사적으로 어떠한 단계를 거쳐서 오늘날까지 발전해 왔는가를 몇 개의 단계로 나누어 고찰한 것을 경제발전단계설이라 한다. 이 경제발전단계설을 가장 체계적으로 주장한 학자들이 19세기 초 독일의 역사학파였다.

독일 역사학파의 선구자인 리스트(F. List)는 생산방법과 주요한 산업을 기준으로 삼아 경제발전의 단계를 ① 수렵단계, ② 목축단계, ③ 농업단계, ④ 농 · 공업단계, ⑤ 농 · 공 · 상업단계의 5단계로 구분하였다. 리스트는 독일과 같이 농 · 공업단계에 처해 있는 국가는 자유무역보다는 보호무역을 해야 한다고 주장함으로써 보호무역론자로서 유명하게 되었다. 즉, 그는 제4단계인 농·공업단계에 있는 국가는 유치산업을 보호하기 위하여 보호관세제도를 채택하는 것이 바람직하다고 주장하였다.

역사학파의 경제발전단계설은 그 내용에 있어서는 무엇을 기준으로 삼느냐에 따라 상이한 형태로 분기된다. 그러나 그들의 공통된 점은 당시 선진자본주의국가였던 영국에 비하여 약 1세기 가까이 뒤떨어진 후진국 독일자본주의로 하여금 어떠한 이론과 정책에 의해서 단시일내에 급속도로 발전할 수 있느냐에 대한 정치적이고도 실천적인 기준을 주려는 것이었다. 물론 각 이론은 일장일단이 있고 또한 어느 단계설로도 모든 국가의 경제발전단계를 일률적으로 설명할 수는 없다. 그러나 경제발전의 기본적인 논리를 명백히 그리고 체계적으로 내세웠다는 것은 하나의 공적이라고 인정해야 될 것이다.

(2) 마르크스의 발전단계설

하나의 경제단계로부터 다른 경제단계로 필연적으로 이행되어 나가는 동기를 생산력과 생산관계의 모순에서 변증법적 해명에 성공한 것이 마르크스(K. Marx)이다. 그는 생산력과 생산관계를 기준으로 삼아 인류의 경제발전의 단계를 ① 원시공산사회, ② 고대노예사회, ③ 중세봉건사회, ④ 자본주의사회 및 ⑤ 공산주의사회로 구분하였고, 자본주의사회는 그 자체의 모순 때문에 필연적으로 붕괴하여 사회주의로 이행한다고 주장한다. 그에 따르면 사회주의사회는 최고단계인 공산주의사회의 준비단계에 지나지 않으며 "능력에 따라 노동하고, 필요에 따라 가지게 되는" 공산주의사회로 발전한다고 주장하였다.

즉, 어느 경제사회 내지 경제질서는 영원불변의 것이 아니라 생산력과 생산관계의 상관관계에 의하여 생산양식(mode of production)이 변화한다는 것이다. 이는 생산력과 생산관계의 모순 대립에서 필연적으로 하나의 생산양식에서 다른 생산양식으로 변천해 간다는 유물사관(materialistic interpretation of history)이다.

생산양식을 규정지우는 생산력은 진보적인 데 비하여 생산관계(productive relation)는 보수적이므로 이 양자 사이에 모순 대립이 생긴다. 생산력의 발전을 가로막는 보수적인 생산관계를 지양하여 새로운 생산관계를 만들어 내는 과정은 진보적 세력의 계급투쟁 내지 혁명에 의해서 이루어진다.

(3) 로스토우의 사회발전 5단계설

역사학파나 마르크스의 경제발전단계설 이외에는 다른 학설이 없었으나 2차 세계대전 이후 근대경제학파는 경제발전단계설과는 다른 경제성장단계설을 로스토우(W. W. Rostow)가 주장하게 되었다. 그는 모든 사회는 ① 전통적 사회(traditional society), ② 선행조건기(transitional society), ③ 이륙기(take-off stage), ④ 성숙기(maturity stage)를 거쳐 ⑤ 고도대중소비기(high-mass consumption stage)에 이르게 된다고 하였다.

전통적 사회에서는 대부분의 자원이 농업부문에 집중되고 가족 및 부족적 연고가 사회조직에 있어서 커다란 역할을 담당한다. 이륙을 위한 선행조건기에는 농업 및 공업에 있어서 근대과학이 다소 응용됨으로써 생산성이 향상되기 시작한다. 이륙을 위한 저력이 충족되고 경제성장이 그 사회의 정상적인 상태로 된다. 성숙으로의 전진기는 이륙기가 시작해서 약 60년 후에 또는 이륙이 끝나고서 약 40년 후에 도달한다. 이 단계에서는 무엇이든지 생산하고자 하면 생산할 수 있는 기술능력 및 기업능력을 가지게 된다. 고도의 대중소비시대에는 선도적 산업이 내구소비재 및 서비스부문으로 옮겨지고 자동차의 대량생산으로 대중에게 자가용자동차가 대량으로 보급되며 자원의 일부가 사회복지나 사회보장에 할당되어 그 나라는 복지국가로 지향한다.

(4) 산업구조변화에 의한 발전단계구분설

콜린 클라크(C. Clark)는 산업을 제1차산업, 제2차산업, 제3차산업으로 구분하고 각 산업의 비중의 변화에 따라 경제발전의 단계를 설명하고 있다. 경제가 진보함에 따라 소득, 노동력 및 자본의 높은 비중이 제1차산업에서 제2차산업으로, 또 제2차산업에서 제3차산업으로 이행해 가는 역사적 경향이 있다고 말한다.

3. 후진국경제발전론

후진경제의 개발을 위한 노력은 제2차 세계대전 이후 나타난 많은 신생국에 의하여 시작되었다. 이들 후진경제의 특징은 대체로 다음과 같다.

① 실질적 생활수준이 낮다.
② 공업의 발달이 저위에 있어서 국민총생산에서 차지하는 공업생산의 비중이 낮다.
③ 모든 산업의 생산성이 낮다.
④ 인구의 증가율이 높으며, 노동인구가 많은 부양가족을 안고 있다.
⑤ 교육수준이 낮고 문맹률이 높다.
⑥ 명시적 내지 잠재적 실업률이 높다.
⑦ 농업과 그 밖의 제1차산품의 수출이 총수출에서 차지하는 비중이 높다.
⑧ 국제경제 특히 선진국경제에 많이 의존한다.

신생국들은 경제발전이야말로 그들의 지상목표인 것처럼 경제발전을 추구하여 왔다. 이들은 지난날에 경제적·군사적으로 위약했던 까닭에 강대국에 의하여 강점당하였던 굴욕의 역사를 돌이켜 보거나 오늘날의 낮은 물질적 생활수준을 생각해 본다면 경제발전이 이들 신생국의 지상과제처럼 된 이유를 능히 이해할 수 있다.

보 론 15 슘페터(Joseph Alois Schumpeter, 1883~1950)

슘페터

슘페터는 체코의 모라비아(Moravia)에서 태어났으며 케인즈(John Maynard Keynes)와 함께 20세기 전반의 대표적 경제학자의 한 사람이다. 오스트리아 출신의 미국경제학자이다. 그는 빈대학을 졸업하고 체르노비츠대학, 그라츠대학, 빈대학 교수를 역임하였다. 그리고 1919년 오스트리아의 재무상으로 재임하면서 제1차 세계대전 후의 재정난을 해결하기 위해 노력하였다. 1921년 빈 시의 바이다만 은행총재를 거쳐 독일의 본대학 교수가 되지만 나치스(Nazis)의 압박을 피하여 미국으로 망명하게 된다. 미국 시민권자이며 1932년 이후 하버드대학의 경제학교수로 강의를 한다. 계량경제학회의 창립자이고 1937~1941년 이 학회의 회장과 미국경제학회 회장도 지냈다. 그는 한계효용학파의 완성자로 동 학파의 주관성을 수리적 균형 개념을 통해 수정한 수리경제학의 영향을 받은 경제학자이다.

슘페터는 여러 학파들의 이론들을 연구하여 슘페터 본인의 독창적인 경제발전이론체계를 구축한다. 슘페터의 이론에 따르면 자본주의 발전을 책임지고 있는 기업가가 도입하는 새로운 방안이 경제발전의 원동력이고 발전을 담보하는 것이 바로 은행의 신용창조라고 강조한다. 그리고 한걸음 더 나아가 「기업가의 혁신(Innovation)」이라는 용어를 사용하여 그에 따른 경제과정 내부의 변화, 모든 결과 그리고 경제체계의 반응을 경제발전이라고 새롭게 정의한다. 이러한 이론적인 구상은 「창조적 파괴[2](creative destruction)」가 경기순환을 일으키는 원천인 동시에 경제발전의 원동력이라는 주창으로 이어진다. 그는 이론들을 더 발전시키기 위해 이론적 · 역사

2) 슘페터는 자본주의의 발전을 가능하게 하는 가장 큰 요인으로 창조적 혁신을 주창하였으며, 특히 경제발전 과정에서 가장 중요한 것으로 기업가의 창조적 파괴행위를 강조하였다. 즉, 슘페터는 「기술혁신」을 통해 오래된 것을 파괴하고 도태시켜 새로운 것을 만들고 변혁시키는 「창조적 파괴」 과정이 기업활성화의 원동력이라는 것이다.

적 · 통계적 분석을 통해 노력을 지속적으로 하였다. 다른 한편 슘페터는 여기에 그치지 않고 경제사회학적 영역까지 연구범위를 넓혀 기업가 역할의 약화와 정부기능의 강화의 결과로 인해 자본주의가 붕괴한다는 독특한 이론을 전개하였고, 이와 함께 사회주의가 민주주의적으로 될 수 있는 방법인 비교체제론분야까지 연구한다.

이러한 내용들을 총합하는 저서들은 다음과 같다. 첫 번째 출간은 1908년 왈라스(Marie Esprit Léon Walras)의 영향을 받은 『이론경제학의 본질과 주요내용(Das Wesen und der Hauptinhalt der theoretischen National Ökonomie)』이며 이론적으로 더욱 진일보된 저서는 1912년 출간한 『경제발전의 이론(Theorie der wirtschaftlichen Entwicklung)』이다. 이러한 체계를 종합한 저서가 1939년 발간한 『경기순환론(Business Cycle)』이다. 그리고 새로운 관점에서 스미스(Adam Smith) 이래 독점죄악관을 반박하는 독점옹호론을 설명한 저서가 1942년 발표한 『자본주의 · 사회주의 · 민주주의(Capitalism, Socialism and Democracy)』이다. 그 밖에 유고로 1954년 간행된 『경제분석의 역사(History of Economic Analysis)』 등의 저서가 있다.

연 | 습 | 문 | 제

1. 자본주의하에서는 경기변동이 있다. 경기변동이 일정한 주기로 나타나기 시작한 시기는?

① 중상주의시대 ② 제국주의시대
③ 자유방임시대 ④ 독점자본주의시대

2. 다음 중 경기변동의 대책으로 유효하지 않는 것은?

① 이자율정책 ② 산아제한정책
③ 재할인율정책 ④ 재정투자정책

3. 다음 중 경기변동에 가장 민감하게 반응하는 시장은?

① 노동시장 ② 증권시장
③ 상품시장 ④ 소비시장

4. 뉴딜정책은 다음 중 무엇을 목적으로 한 정책인가?

① 고용확충 ② 물가조정
③ 수출확대 ④ 수입확대

5. 다음 중 경기변동에 가장 민감한 경제는?

① 자본주의경제 ② 계획경제
③ 전시경제 ④ 후진국경제

6. 경기변동의 4국면의 순서로 맞는 것은?

① 회복기 → 호황기 → 후퇴기 → 불황기
② 호황기 → 후퇴기 → 회복기 → 불황기
③ 호황기 → 회복기 → 후퇴기 → 불황기
④ 회복기 → 호황기 → 불황기 → 후퇴기

7. 다음 중 경기변동의 특징으로 볼 수 없는 것은?

① 경기변동은 반복적이며 비주기적이다.

② 경기변동은 지속적으로 일어난다.

③ 경기변동의 확장국면과 수축국면의 강도와 기간이 다르고 대칭성이다.

④ 경기변동은 특정분야나 경제변수에서만 발생하는 것이 아니라 경제활동 전반에서 동시에 발생한다.

8. 1998년의 IMF 경제위기와 2008년 글로벌 금융위기 때 정부의 신속한 대처로 우리나라는 경제 불황을 빨리 극복한 경우가 그 예인 형태는?

① U자형 ② V자형

③ L자형 ④ W자형

9. 경제가 10년, 20년 등의 장기에 걸쳐 일정한 경향을 가지고 변동하는 것은?

① 계절변동 ② 추세변동

③ 경기변동 ④ 우연적 변동

10. 다음 경기순환 중 약 8~10년의 주기를 갖는 것은?

① 키친순환 ② 쥬글라순환

③ 콘드라티에프순환 ④ 재고순환

11. 이자율의 변화에 따른 화폐량의 증감에 따라 설명하거나 상품재고량의 순환과도 일치하기 때문에 재고순환이라 하는 것은?

① 키친순환 ② 쥬글라순환

③ 콘드라티에프순환 ④ 추세순환

12. 다음 중 장기파동에 해당하는 것은?

① 키친순환 ② 쥬글라순환

③ 콘드라티에프순환 ④ 추세순환

13. 다음 중 경제성장을 설명한 것으로 알맞은 것은?
① 수입의 증대를 의미한다.
② 소비의 증대를 의미한다.
③ 저축의 증대를 의미한다.
④ 국민소득의 연증가율을 의미한다.

14. 다음 중 경제발전과 관계없는 것은?
① 자본의 증대 ② 인구의 증가
③ 기술의 발전 ④ 자연의 확충

15. 중세경제를 지배했던 그룹이 아닌 것은?
① 농민 ② 산업자본가
③ 지주 ④ 기사

16. 중세사회를 설명하는 데 적합하지 않은 것은?
① 지방분권적 사회
② 자급자족 및 물물교환이 중심인 사회
③ 영주와 농노와의 관계가 중심인 사회
④ 화폐가 중심인 사회

17. 중세사회에서 농노와 관련하여 설명한 내용이다. 해당되지 않는 것은?
① 농노는 거주와 이전의 자유가 있었다.
② 농노가 경작하는 토지를 장원이라 하였다.
③ 토지를 중심으로 한 중세사회가 붕괴된 가장 큰 이유는 기술변화이다.
④ 토지의 소유권은 봉건영주에게 있었다.

18. 봉건제도가 붕괴되고 나타난 현상을 설명한 것이다. 해당 사항이 없는 것은?
① 개인들에 대한 통제가 감소하였다.
② 시장을 통한 재화의 생산이 중요하게 되었다.

③ 생산요소는 시장을 매개로 하여 거래되기 시작하였다.
④ 자본가와 노동자의 계급대립이 심화되었다.

19. 생산방법과 주요한 산업을 기준으로 삼아 경제발전의 단계를 수렵단계-목축단계-농업단계-농·공업단계-농·공·상업단계의 5단계로 구분한 사람은?

① 리스트 ② 마르크스
③ 로스토우 ④ 클라크

20. 생산력과 생산관계를 기준으로 삼아 인류의 경제발전의 단계를 원시공산사회-고대노예사회-중세봉건사회-자본주의사회-공산주의사회로 나눈 사람은?

① 리스트 ② 마르크스
③ 로스토우 ④ 클라크

21. 슘페터의 주장과 관련이 없는 용어는?

① 경기주기론 ② 혁신(Innovation)
③ 독점죄악론 ④ 창조적 파괴

22. 경제발전단계설을 도약(take-off)을 기준으로 하여 경제발전이론을 주장한 학자는?

① 리스트 ② 로스토우
③ 클라크 ④ 페티

23. 슘페터가 주장하는 자본주의 사회발전의 원동력으로 보고 있는 것은?

① 창조적 파괴 ② 인구증가
③ 자본축적 ④ 교육

24. 다음 중 경제가 1년을 하나의 변동주기로 하고 약 3개월에 따라 규칙적으로 반복하는 변동을 의미하는 것은?

① 계절변동 ② 추세변동

③ 경기변동 ④ 우연적 변동

25. 다음 중 경제가 1년 이상의 기간에서 생산, 소득, 고용 등이 어느 정도 규칙적으로 반복되는 현상을 추적하는 것을 의미하는 것은?

① 계절변동 ② 추세변동
③ 경기변동 ④ 우연적 변동

26. 다음 중 전쟁, 질병 등과 자연적 조건의 예상하지 못하는 원인에 의하여 경제가 변동하는 것은?

① 계절변동 ② 추세변동
③ 경기변동 ④ 우연적 변동

27. 다음 중 국민소득을 기준으로 본 경제성장률은 약 20년의 주기를 가지고 있는데 이러한 순환을 무엇이라고 하는가?

① 키친순환 ② 쥬글라순환
③ 콘드라티에프순환 ④ 쿠즈네츠순환

28. 다음 중 슘페터와 관련이 없는 것은?

① 소순환 ② 주순환
③ 장기순환 ④ 건축순환

29. 다음 중 총생산량의 증가뿐만 아니라 생산구조의 변화, 생산요소배분의 변화, 생산의 환경 및 제도적 측면의 변화까지 포함하는 것은 어느 것인가?

① 경제발전 ② 경제성장
③ 경기변동 ④ 추세변동

30. 다음 중 장기파동의 원인 아닌 것은?

① 금광의 발견 ② 전쟁과 혁명
③ 기업의 혁신 ④ 산업자본가의 등장

31. 다음 중 생산능력의 향상의 원인 아닌 것은?

① 금광의 발견　　② 자본투입의 증가
③ 기술진보　　④ 노동의 투입증가

제 14 장

국제경제이론

제 1 절 국제경제이론의 기초개념

국제간에 상품, 서비스, 자본용역, 노동용역 등이 거래되는 경제관계의 총체를 국제경제라고 한다. 국제경제는 국제무역, 국제금융 및 국제경제관계로 분류된다.

국제경제이론과 각종 일반 경제이론이 구별되는 이유, 즉 국제경제와 국내경제의 차이점은 다음과 같다.

첫째, 국제간 거래에 있어서 당사자들이 서로 다른 화폐를 사용하지 않을 수 없기 때문에 국내 거래보다 더 복잡하다. 예를 들어, 국가간 거래에 있어서 상이한 화폐의 사용은 환율의 문제를 야기시키는데, 이것은 오직 국제경제의 이론에서만 논의될 수 있는 문제이다. 즉, 국내거래에 있어서는 단일 통화가 거래의 결제와 가치척도의 역할을 하지만 국제거래에 있어서는 상이한 가치를 가지는 화폐단위가 재화가치의 척도로서 역할을 하고 거래의 결제수단이 된다.

둘째, 국내의 생산물과 생산요소의 이동은 매우 자유롭고 적어도 법적 또는 제도적 제한은 별로 없다. 반면 국제간의 생산물 이동은 비교적 자유로울지 몰라도 생산요소의 이동은 매우 제한되어 있다. 그러므로 국제경제의 전통이론은 대체로 생산물의 국제간 이동은 완전하지만 생산요소의 이동성은 전혀 없다는 가정 하에 전개하고 있다. 근래에 와서 다국적기업이 국경을 넘어서 세계 각처에서 경영활동을 하고 서비스산업과 금융산업 등도 개방되는 추세에 있기 때문에 전통적 국제경제이론의 수정이 필요하다. 그러나 오늘날에도 생산요소의 국제간 이동은 국내에서만큼 자유롭지 못한 것은 사실이며, 이로 인해 특수이론의 전개가 필요하게 된다. 결국 생산요소이동의 제약성에 따라 생산요소의 가격인 이자, 임금, 지대 그리고 이윤에도 큰 차이가 있을 수 있다.

마지막으로 국제교류는 국민경제에 국제수지의 문제를 포함한다. 국제수지의 균형유지는 국민경제의 순조로운 발전을 위하여 필수적인 요건이 되므로 현재 국가의 주요 정책목표 중 하나가 되고 있다. 또한 국제경제에 있어서 각국이 자국의 경제실정을 고려하여 관세정책, 외환관리 및 환율조정 등을 수단으로 해서 무역업자들의 무역활동에 대한 제약을 가하게 된다.

제 2 절 국제무역이론

1. 절대우위론과 비교우위론

중상주의는 국부를 증대시키기 위해서는 수입을 제한하고 수출을 권장해서 금을 해외로부터 획득해야 한다고 주장하며 국가가 적극적으로 경제에 개입해야 한다는 통제주의를 강조하였다. 이에 반하여 스미스(A. Smith)와 리카도(D. Ricardo)는 그의 이론에서 부의 증가는 무역통제를 통한 귀금속의 획득을 통하여 이루어지는 것이 아니라 통제와 제한을 없애고 자유무역을 통해 이루어진다고 주장하였다.

(1) 절대우위론

스미스는 생산비의 절대적 차이가 있는 경우 무역이 성립되고 이를 통한 국제분업에 의한 특화로 무역이익이 발생한다고 주장하였다. 어떤 국가는 자국에 유리한 적성을 가진 재화의 생산에 특화하고 다른 국가는 그 나라에 유리한 적성을 가진 재화생산에 특화하여 각국이 재화를 상호 교환하게 된다면 국제분업의 이익을 얻을 수 있다는 것이 스미스의 절대생산비원리 또는 절대우위론이라 한다. 즉, 무역이 있으면 시장이 확대되

표 14-1 A·B 양국의 생산비비교표

구 분	노동투입량(생산비)	
	A국	B국
소 맥(1단위)	10인	15인
직 물(1단위)	20인	10인

고 이것은 분업을 촉진시켜 노동생산성을 증대시켜 무역의 이익이 발생한다는 것이다.

〈표 14-1〉에서와 같이 A·B 양국간에 생산비의 차이가 있다면 A국은 직물생산에 특화하고 B국은 소맥생산에 특화한다. A국은 직물을 수출하고 소맥을 수입하며 B국은 소맥을 수출하고 직물을 수입하는 거래를 하게 되면 양국은 노동량으로 따져서 생산비를 절감할 수 있다. 또 국제분업으로 숙련과 기술의 향상을 통해서 노동생산성을 올릴 수 있다고 하였다.

(2) 비교우위론

스미스의 절대우위론에서는 앞의 표에서 알 수 있는 바와 같이 A국은 직물생산에 절대우위를 가지고 B국은 소맥생산에 절대우위를 가짐으로써 양국간에 무역이 성립한다고 논하였다.

리카도는 한 국가가 모두 절대우위에 있다 하더라도 각국은 비교우위에 있는 재화를 특화하여 무역하면 이익이 증대된다고 주장하였다.

표 14-2 A·B 양국의 생산비비교표

구 분	노동투입량(생산비)	
	A국	B국
소 맥(1단위)	4인	2인
직 물(1단위)	8인	1인

위의 표에서와 같이 B국이 A국에 비해서 소맥생산뿐 아니라 직물생산에 있어서도 절대우위성을 가지고 있다. 그러나 그 우위성에 정도의 차이가 있기 때문에 양국 간에 무역이 이루어질 수 있고 또 무역을 할 경우 양국 모두가 이득을 볼 수 있다는 리카도의 학설을 비교생산비설 또는 비교우위론이라 한다.

B국의 생산비를 기준으로 하였을 때 A국의 직물생산비의 비는 4/2=2이고 소맥생산비의 비는 8/1=8이다. 그러므로 A국은 두 재화의 생산에 있어서 모두 절대적 열위에 있지만 직물생산에 있어서 열위의 정도가 더 낮다. 즉, 소맥생산보다 직물생산에서 비교우위에 있다. 따라서 A국은 직물생산에 특화하여 직물을 B국에 수출하고 소맥을 B국으로부터 수입하면 A·B 양국은 모두 이득을 얻을 수 있다.

(3) 무역의 이익

무역 이전에는 A국에서는 직물 1단위와 소맥 1/2단위가 교환될 것이다. 무역 이전에 B국에서는 직물 1단위와 소맥 2단위가 교환될 것이다.

두 나라가 무역을 한 결과로 직물과 소맥의 교환비율이 1:1로 낙찰되었다고 하자. 그러면 A국은 소맥소비를 무역 전과 동일하게 유지하면서 직물소비를 1단위 증가시킬 수 있다. B국도 직물소비를 무역 전과 동일하게 유지하면서 소맥소비를 1단위 증가시킬 수 있다. 이와 같이 양국이 각기 비교우위에 있는 재화생산에 특화해서 상호교역을 하게 되면 양국은 모두 이득을 얻을 수 있다.

2. 자유무역론과 보호무역론

자유무역론과 보호무역론 간의 논쟁은 오랫동안 계속되어 왔을 뿐만 아니라 경제정책의 실제문제로서도 중요한 과제가 되고 있다.

(1) 자유무역론

비교우위론에 의하면 각국이 비교우위의 원리에 따라 생산을 하고 무역을 할 경우 똑같은 생산요소를 가지고도 세계 전체로 볼 때 보다 많은 생산을 할 수 있어서 보다 많은 소비를 할 수 있다. 이 이론에 입각하여 국제무역은 아무런 장벽없이 이루어져야 한다고 주장하는 것이 자유무역론이다. 즉, 이는 국가권력이 무역활동에 개입해서 수입억제, 수출장려, 관세장벽의 구축, 외환관리 등을 하지 않고 무역활동을 자유롭게 장려하는 것이 국가적으로나 세계적으로나 다 같이 이익이 된다는 이론이다.

자유무역론은 정통 경제학의 가장 기본적인 내용 중 하나이며, 대부분의 경제학자들은 이 이론을 신봉하고 있다. 최근 적극적인 자유무역론자들은 비단 재화의 무역에서만 비교우위를 적용시킬 뿐만 아니라 서비스산업도 자유로이 개방되어야 하며 자본시장도 개방되어야 한다고 주장한다.

고전적 자유무역주의는 자유방임주의적 경제제도하에서 비교생산비의 원리에 입각하여 국제분업을 주장하였다. 반면 현대적 자유무역사상은 각국의 제한조치를 다수국들의 협정으로 완화시켜 세계시장을 더욱 확대시키고자 한다. 즉, 현대적 자유무역주의는 국제주의적인 개방성을 가지고 있다.

1) 관세 및 무역에 관한 일반협정

관세 및 무역에 관한 일반협정(General Agreement on Tariffs and Trade; GATT)은 관세, 보조금, 수입할당이나 기타의 보호무역장벽을 철폐하고 국제무역에서의 차별을 없애는 등 자유무역을 촉진하기 위하여 맺어진 다자간무역협정으로 제2차 세계대전 직후 1948년에 발효되었다.

GATT는 자유무역의 촉진을 위하여 최혜국대우원칙, 내국민대우원칙, 다자주의원칙 등 몇 가지 기본원칙을 추구하고 있다. 최혜국대우원칙(most-favored-nation treatment)이란 가맹국들이 관세인하협정을 맺을 때 협정당사자국들만의 특혜조치를 금지하는 조항이다. 다만 인접국간 관세동맹과 자유무역지대는 최혜국대우원칙을 위배하여 차별적 성격을 갖고 있으나 지역내의 자유무역을 촉진한다는 측면에서 예외로 인정하고 있다. 내국민대우원칙(national treatment)이란 가맹국이 관세 이외에 내국세, 정부규제 등에서 수입품을 국산품과 동등하게 취급해야 한다는 원칙이다. 다자주의원칙이란 GATT의 권리 · 의무와 관련하여 당사국간에 문제가 발생한 경우에 먼저 당사국간에 협의를 하고 만족한 결론에 도달하지 못한 경우에는 GATT 체약국이 참가하여 다각적인 면에서 해결을 위한 노력을 해야 한다는 내용을 규정하고 있다.

2) 국제통화기금

국제통화기금(International Monetary Fund; IMF)은 제2차 세계대전이 끝나가던 1944년 미국의 브레튼우즈(Bretton Woods)에서 극심하게 혼란에 빠진 국제통화질서를 바로잡기 위한 노력으로 탄생한 국제금융기구의 하나로서 국제무역의 균형적 발전과 다각적 결제제도의 확립을 목표로 하는 단기금융기구이다. IMF는 1930년대에 야기된 경쟁평가절하 등 국제통화의 외환의 혼란을 피하고 국제금융문제를 각국간 협력에 의하여 달성하려고 했다. 즉 IMF의 설립목적은 세계무역의 안정된 확대를 통하여 가맹국의 고용증대와 소득을 증가시키고 생산자원 개발에 기여하는 것을 궁극적인 목적으로 한다. 주요활동 내용은 외환시세의 안정과 외환제한의 철폐 및 가맹국에 대한 자금공여이다.

3) 국제부흥개발은행

일명 세계은행이라고 하는 IBRD(International Bank for Reconstruction and Development)는 1944년 브레튼우즈 협정(Bretton Woods Agreement)에 따라 유엔의 전문기관으로서 제2차 세계대전 후 각국의 전쟁피해 복구와 개발을 위해 설립되었다. 즉, IBRD는 전후 패전국을 포함하는 전쟁

피해국들의 경제부흥 및 후진국의 경제개발을 촉진시키기 위한 국제투자자금의 장기금융기구이다.

(2) 보호무역론

자본주의의 종주국인 영국은 19세기 초 유럽 사회의 가장 진보적인 자본주의국가로서 세계의 공장이었고, 영국상품은 세계시장을 석권하고 있었다. 이와 반대로 독일은 수많은 영주에 의하여 분할·통치되고 있었으며 경제발전은 뒤떨어져서 농업국의 지위를 벗어나지 못하였다. 나폴레옹의 대륙봉쇄령에 의하여 겨우 발전하기 시작한 공업은 봉쇄가 풀리자 영국의 상품이 물밀듯이 들어와 치명적인 타격을 입게 되었다. 이로 인하여 독일에서는 자유무역을 주장한 고전학파의 사상을 선진자본주의의 노골적인 이기주의가 깔려있는 사상이라고 보았으며, 그 결과 후진자본주의국가는 자유무역에 의해 손해를 보게 된다는 것을 인식하였다. 여기서 후진자본주의국가는 고전학파에 대항하는 새로운 경제사상을 수립하지 않을 수 없었는데, 그 일을 담당한 것이 후진국의 자본가와 국가권력을 매개하는 관료층이었다. 이러한 후진적인 경제구조를 개선시키고 영국의 영향으로부터 벗어나기 위해서 독일은 강력한 국가권력으로 경제생활의 모든 분야를 보호·육성하는 것이 필요하다고 인식하였다. 이와 같은 시대적 배경하에 등장한 것이 역사학파이다. 역사학파의 대표자인 리스트(F. List)는 각국의 경제발전단계가 서로 상이하므로 무역정책도 달라야 한다고 주장하였다. 독일이 공업화를 달성할 수 있을 때까지 관세와 같은 정책수단으로 독일의 유치산업을 보호해야 한다고 주장하였다. 이것이 보호무역정책의 가장 유력한 근거가 된 유치산업보호론(infant industry protection argument)이다. 또 다른 보호무역의 근거는 미국의 해밀턴(A. Hamilton)이 「제조업의 장려 및 보호에 관한보고서」에서 공업보호론을 주장한 것이다.

즉, 자유무역론에 대해 보호무역론에서는 국내의 시장이나 국내의 산업은 관세 또는 그 밖의 비관세장벽에 의해 보호되어야 할 필요가 있다고 주장한다. 보호무역론자들도 어떤 이상적인 조건만 충족된다면 자유무역이 좋다는 것에 대해서는 이의가 없으나 현실세계에서는 그러한 이상적인 조건이 충족될 수 없기 때문에 무조건 국내시장을 개방할 것이 아니라 어느 정도 그것을 보호해야 하는 경우가 생긴다고 주장한다.

그러므로 보호무역론은 국가가 적극적으로 무역활동에 간섭하여 국내산업을 보호해야 한다는 이론이다. 보호무역론은 국방 및 경제안정을 위한 국민생산력의 육성, 유치산업의 보호, 완전고용의 달성, 국제수지의 개선 등을 위하여 관세장벽을 높여서 국내산업을 보호해야 한다고 주장한다.

오늘날 보호무역주의는 무역제한의 수단으로서 전통적인 관세의 부과방법이 아니라 비관세수단이 사용되고 있다. 또한 19세기의 유치산업 보호가 아니라 정체산업의 보호라는 데 그 특징이 있다. 그래서 초기의 보호주의와는 성격을 달리하므로 이를 신보호무역주의라 부른다. 세계 여러 나라들이 자국산업의 현상유지를 위하여 비관세장벽을 설정하고 또 GATT의 규약을 위반하면서까지 수입제한조치를 취하는 소위 잔존수입 제한을 하고 있다.

1) 비관세장벽

산업보호의 수단으로서 관세 이외의 장벽, 즉 비관세장벽은 여러 형태를 취하고 있지만 가장 중요한 것으로는 ① 수입할당제, ② 수출자율 규제, ③ 수입과징금, ④ 수입부담금, ⑤ 국가무역 등이 있다.

2) 관세장벽과 그 경제적 효과

관세장벽이란 수입을 억제하려는 고율의 관세를 의미하는데, 이것은 저개발국가들이 소비억제를 위하여 사용하는 경우도 있지만, 대체로 국내산업의 보호를 위하여 수입을 억제하는 데 사용된다. 관세는 국내산업보호효과, 소비억제효과, 재정적 효과, 국제수지개선효과 등을 가지고 있다.

제 3 절 환율과 국제통화제도

1. 외환의 의의

국제간에 경제적 거래가 이루어지면 당연히 거래대금의 결제문제가 발생된다. 상품거래의 경우 수출업자는 수출한 상품의 대금을 받아야 하고 수입업자는 수입한 상품의 대금을 지급하지 않으면 안된다. 그러므로 국제경제거래는 국제지급의 결제가 수반된다.

외국환 또는 외환(foreign exchange)은 외국화폐를 의미하고 환율(exchange rate)은 두 나라의 화폐간 교환비율을 말한다. 환거래는 먼 지역간에 현금으로 채권, 채무관계를 결제하지 않고 일정한 신용수단에 의하여 결제하는 방법을 말한다. 그러므로 외환은 각각 먼 거리에 떨어져 있는 대차관계의 당사자들끼리 대차관계를 결제함에 있어 현금을 수송하지 않고 일정한 신용수단에 의하여 대차관계를 결제하는 방법을 말한다. 이와 같은 환거래는 내국인끼리뿐만 아니라 외국인과도 성립될 수 있다.

채권자와 채무자가 다같이 국내에 거주하고 있을 때 발행되는 환을 내국환이라고 하고 양자 중 한편이 외국에 거주하고 있을 경우 발행되는 환을 외국환이라 한다.

2. 고정환율제도와 변동환율제도

(1) 고정환율제도

금본위제 또는 정부 혹은 중앙은행이 개입하여 환율을 고정시키는 제도를 고정환율제도라고 한다.

고정환율제도(fixed exchange rate system)란 전면적인 외환관리 실시하에서 단일시세로 외환을 매매하면서 외환시세의 변동을 전혀 인정하지 않는 제도이다. 또한 외환관리가 철폐되어 외환시장이 존재하더라도 외환평가를 중심으로 상한과 하한이 설정되어 이 제한된 좁은 범위 내에서 외환 시세의 변동이 인정되는 제도이다.

고정환율제도의 장점은 첫째, 외환시세가 일일 변동성이 심할 경우 국제무역이나 국제투자에 종사하는 당사자는 항상 외환거래에 따른 위험을 면치 못한다. 그러므로 채산성 확보의 전망이 곤란하므로 국제무역이나 국제투자가 저해된다. 따라서 국제무역과 국제투자를 원활히 수행하기 위해서는 고정환율제도가 변동환율제도보다 유리하다고 볼 수 있다. 둘째, 변동환율제도에서는 대규모의 환투기가 발생하고 외환시세가 극히 불안정하기 때문에 외환투기를 예방하기 위해서는 고정환율제도가 유리하다.

반면 고정환율제도의 단점은 첫째, 국제수지의 불균형을 자동 조절하는 메커니즘이 결여되어 있다. 둘째, 고정환율제도에서 국제수지의 적자는 국내신용제한정책과 대외경제 통제 실시에 의해서 진행되기 때문에 국내경제에 지나치게 디플레적 압력이 가해져 경제성장이 저해된다. 또한 고정환율제도는 다각적인 자유무역 및 결제 수행을 저해할 수도 있다. 따라서 고정환율제도에서 국제수지 적자는 다른 방법으로 시정하여야 한다.

결국 고정환율제도는 환율변동에 따른 갑작스러운 위험을 당할 가능성은 없기 때문에 외환거래가 활발해질 수 있으나 이 제도의 큰 단점은 국제수지의 불균형을 자동적으로 조절할 능력이 없다는 것이다.

(2) 변동환율제도

변동환율제도(floating exchange rate system)란 외환시장에서 외환의 수요와 공급에 따라 외환시세의 변동이 자유롭게 인정되는 제도를 의미한다. 현실에서는 변동환율제도도 외환당국이나 외환안정기금이 외환시장에 개입해서 외환시세의 변동성을 조정하고 있다.

변동환율제도하에서는 고정환율제도의 국제수지 불균형을 조정하기 위한 신용제한정책과 대외경제 통제정책에 따른 여러 문제점을 제거할 수 있다. 또한 변동환율제도는 국제수지 불균형에 대하여 금융신용정책에 의한 국내경제의 부당한 압박을 사전적으로 제거할 수 있으며, 무역 및 외환에 대한 제한조치도 완화시킬 수 있다.

즉, 변동환율제도는 외환시장의 메커니즘에 의해 국제수지의 불균형을 자동적으로 조절할 수 있다는 점과 국내경제의 안정을 위협하거나 경제성장을 방해하는 정책에 하소연하지 않고 국제수지의 불균형을 조정할 수 있는 측면이 있다. 반면 문제점은 변동환율제도하에서는 잘못하면 무역이나 자본투자의 원활한 수행이 방해될 뿐 아니라 투기적 단기자본의 이동으로 외환투기가 발생할 수 있다.

3. 환율변동이 국민경제에 미치는 영향

달러를 기준으로 원화의 환율변동을 예로 들어 국민경제에 미치는 영향을 설명하면 다음과 같다.

(1) 환율이 상승하는 경우

① 수출상품의 가격이 떨어져 수출이 증가하게 된다. 반면 수입상품의 가격이 비싸져 수입이 감소한다. 결국 환율 상승은 무역수지 흑자요인이 된다.

② 여행비용이 증가하기 때문에 해외여행이 감소되는 요인이 된다. 반면 외국인들이 국내관광을 할 경우 국내 여행비용이 감소하여 외국인의 국내여행이 증가하는 원인이 된다. 즉, 환율 상승은 여행수지 흑자요인이 된다.

③ 주식시장에 미치는 영향은 다음과 같이 정리할 수 있다.

환율이 상승하면 국내기업의 주가의 변화는 두 가지로 정리할 수 있다. 수출 환경은 개선되므로 수출 기업의 주식을 매입하여야 이익을 볼 수 있지만, 수입에는 악영향을 미칠 수 있으므로 수입 기업의 주식을 매입할 경우 손해를 볼 수 있다. 우리나라의 산업구조는 수출기반의 산업구조로 되어 있다. 이로 인해 일반적으로 우리나라의 주가에 큰 영향을 미치는 기업은 수출기반기업이므로 환율이 상승하면 우리나라의 주식시장의 주가는 대체적으로 상승한다.

그리고 환율이 지속적으로 상승할 경우 외국인의 입장도 두 가지로 정리할 수 있다.

첫 번째, 국내주식을 보유하고 있는 외국인의 입장에서 보면 환율상승은 주가를 하락시키는 원인이 된다. 왜냐하면 환율 상승폭만큼 환차손은 종목과 상관없이 나타날 수 있기 때문이다. 즉, 환율이 지속적으로 상승할 경우 외국인들은 보유주식을 매도하고 달러를 보유하려고 할 것이다. 그래서 주가는 일반적으로 하락하게 된다. 예를 들어, 외국인이 A전자주식회사의 주식을 1억원어치 보유하고 있다고 하자. 환율이 1달러=1,000원일 때 이 주식을 매각하여 본국으로 송금할 경우 10만 달러이다. 만약 환율이 상승하여 1달러=2,000원일 때 이 주식을 매각하면 5만달러로 줄어들게 된다. 결국 환율이 상승하면 외국인들은 보유주식을 매도하고 달러를 보유하여 주가는 하락하게 될 것이다. 두 번째, 새로 주식을 사려는 외국인의 입장에서는 환율 상승은 국내주식을 매입하는 원인이 되어 주가 상승의 역할을 하게 된다. 예를 들어, 10만 달러를 가지고 있는 외국인이 있다 하자. 이 외국인은 1달러=1,000원일 경우 1주=10

만원하는 주식을 1,000주를 살 수 있다. 그런데 환율이 상승하여 1달러=2,000원이 되면 외국인은 10만 달러로 1주에 10만원하는 주식을 2,000주를 매입할 수 있다. 따라서 국내 주식시장의 입장에서 보면 환율이 상승할 경우 새로 주식을 사려는 외국인의 투자자는 국내주식을 매입하게 되므로 주가는 상승하게 된다. 즉 외국인 투자자들은 환율이 높을 때 주식을 산 다음 환율이 낮을 때 주식을 되팔아 환차익을 보려 한다.

④ 수입물가가 상승하여 국내물가는 상승하게 된다. 특히 우리나라는 석유, 곡물 등 주요 원자재를 수입에 의존하는 나라이므로 환율 상승이 물가상승에 미치는 영향은 크다.

⑤ 외채상환부담이 늘어난다. 즉, 환율이 상승하면 더 많은 원화를 주고 달러를 사서 원리금을 상환해야 하므로 그 만큼 외국에 진 빚을 갚는데 부담이 늘어난다.

⑥ 이자율과 환율의 관계는 환율의 변화로 이자율이 변동하기보다는 이자율변화로 환율이 변동한다고 볼 수 있다. 즉, 국내 이자율이 올라가면 달러가 국내 외환시장으로 유입하게 된다. 외환시장에서는 외국인이 달러를 매도하여 원화수요가 늘어나게 된다. 원화는 고금리를 주는 은행으로 이동하게 되어 원화가치는 오르고(=원화는 강세가 되고) 달러는 약세가 되어 환율은 내려가게 된다.

⑦ 통화량과 환율의 관계는 환율이 통화량을 변화시키기보다는 통화량의 변화로 환율이 변동된다고 볼 수 있다. 만약 우리나라의 경제 사정이 좋지 않아 우리 정부가 원화를 많이 푼다면 원화 가치가 하락할 것이다. 이 경우 상대적으로 달러의 가치가 올라가 환율은 상승할 것이다.

(2) 환율이 하락하는 경우

① 수출상품의 가격이 올라가 수출이 감소하게 된다. 반면 수입상품의 가격이 싸져 수입이 증가한다. 결국 환율 하락은 무역수지 적자요인

이 된다.

② 여행비용이 감소하기 때문에 해외여행이 증가하는 요인이 된다. 반면 외국인들이 국내관광을 할 경우 국내 여행비용이 증가하여 외국인의 국내여행이 감소하는 원인이 된다. 즉, 환율 하락은 여행수지 적자요인이 된다.

③ 주식시장에 미치는 영향은 다음과 같이 정리할 수 있다.

환율이 하락하면 국내기업의 주가의 변화는 두 가지로 정리할 수 있다. 수출 환경이 좋지 않게 되므로 수출 기업의 주식을 매입하면 손실을 볼 수 있으며, 수입에는 긍정적 영향을 미칠 수 있으므로 수입 기업의 주식을 매입하면 이익을 볼 수 있다. 그러나 우리나라의 산업구조는 수출기반의 산업구조로 되어 있다. 이로 인해 일반적으로 우리나라의 주가에 큰 영향을 미치는 기업은 수출기반기업이므로 환율이 하락하면 우리나라의 주식시장의 주가는 대체적으로 하락한다.

그리고 환율이 지속적으로 하락할 경우 외국인의 입장도 두 가지로 정리할 수 있다.

첫 번째, 국내주식을 보유하고 있는 외국인의 입장에서 보면 환율하락은 주가를 상승시키는 원인이 된다. 왜냐하면 환율 상승폭만큼 환차익은 종목과 상관없이 나타날 수 있기 때문이다. 즉, 환율이 지속적으로 하락할 경우 외국인들은 주식을 달러보다 선호하게 된다. 그래서 주가는 일반적으로 상승하게 된다. 예를 들어, 외국인이 A전자주식회사의 주식을 1억원어치 보유하고 있다 하자. 환율이 1달러=1,000원일 때 이 주식을 매각하여 본국으로 송금할 경우 10만 달러이다. 만약 환율이 하락하여 1달러=500원일 때 이 주식을 매각하면 20만 달러로 늘어나게 된다. 결국 환율이 하락하면 외국인들은 주식을 달러보다 선호하여 주가는 상승하게 될 것이다. 두 번째, 새로 주식을 사려는 외국인의 입장에서는 환율 하락은 주가 하락의 원인이 될 수 있다. 예를 들어, 10만 달러를 가지고 있는 외국인이 있다 하자. 이 외국인은 1달러=1,000원일 경우 1주=10만원 하는 주식을 1,000주를 살 수 있다. 그런데 환율이 하락하여 1달러=500원이 되면 외국인은 10만 달러로 1주에 10만원하는 주식을 500주밖에 매입할 수 없다. 따라서 환율이 하락하면 새로 주식을 사려는 외국인 투자자는 국내주식을 매입하지 않게 되므로 주가 상승의 제약 요인이 된다. 만약 한 외국인이 10만 달러로 1달러=500원일 때 1주에 10만원하는 주식 500주를 사서 급한 일로 1달러=1,000원일 때 본국으로 송금하기 위하여 달러로 교환하면 5만 달러가 되어 5만 달러의 환차손이 생긴다. 즉, 외국인의 투자자가 환율이 낮을 때 주식을 산 다음 환율이 높을 때 주식을 되팔면 환차손이 발생하므로 낮은 환율은 외국인의 신규 주식시장 진출을 제약하는 요인이 된다.

④ 환율이 하락하면 수입물가가 하락하여 국내물가는 하락하게 된다. 특히 우리나라는 석유, 곡물 등 주요 원자재를 수입에 의존하는 나라이므로 환율이 하락하면 물가도 하락하여 생활경제에는 긍정적 영향을 미친다.

⑤ 외채상환부담이 줄어든다. 즉, 환율이 하락하면 적은 원화를 주고 달러를 사서 원리금을 상환하므로 그만큼 외국에 진 빚을 갚는 부담이 줄어든다.

⑥ 국내 이자율이 내려가면 달러가 국내 외환시장에서 유출하게 된다. 외환시장에서는 외국인이 달러를 매입하여 원화수요가 줄어들게 된다. 원화는 은행으로 이탈하게 되어 원화가치는 내려가고(=원화는 약세가 되고) 달러는 강세가 되어 환율은 올라가게 된다.

⑦ 2008년 미국의 금융위기 때 미국 정부는 경기부양을 위하여 달러를 마구 찍어내었다. 이로 인해 달러는 흔해졌고 달러 가치가 하락하였다. 이 경우 달러의 가치가 내려가 환율은 하락하였다.

제 4 절 국제수지론

1. 국제수지와 국제대차

일정기간 동안 한 국가의 국제거래로 인하여 발생된 외국에 대한 화폐의 지불과 외국으로부터의 화폐의 수취를 대조시키는 것을 국제수지(balance of international payments or balance of payments)라 한다. 즉, 국제수지표란 일정기간 일국의 거주자와 여타 다른 나라 거주자 사이에 전개된 모든 경제적 거래를 체계적으로 분류한 것을 말한다.

국제수지를 구성하는 여러 가지 경제적 거래를 체계적으로 분류하여 하나의 표로 작성한 것을 국제수지표라 한다. 국제수지표는 다양하지만 일반적으로 IMF 방식이 표준분류방식이다. 반면 국제대차는 일정 시점에 있어서 한 나라의 대외적 채권과 채무의 현재잔고를 대조시킨 것을 의미한다.

국제수지는 일정기간에 걸쳐서 실제 결제된 화폐수지의 총액을 뜻하므로 유량[1](flow)의 개념이고 국제대차는 일정 시점에서 장래에 결제하게 될 채권과 채무의 총액을 의미하므로 저량[2](stock)의 개념이다.

2. 국제수지의 균형과 종류

(1) 국제수지균형의 개념

국제거래에 따라 수취와 지불이 일치하였을 때 국제수지 균형이라

1) 유량은 일정기간을 기준으로 파악된 경제변량의 흐름을 의미한다. 유량의 예로 부와 자본이 있다.

2) 저량은 어떤 특정시점을 기준으로 파악된 경제변량의 존재량을 의미한다. 저량의 예로 저축이나 투자가 있다.

하고, 수취가 지불보다 큰 경우를 국제수지 흑자라고 하며 수취가 지불보다 작을 경우를 국제수지 적자라고 한다.

국제수지는 복식부기의 원리에 의하여 작성되므로 수취와 지불의 합계는 사후적으로 항상 일치하여 균형을 이루나 사전적으로는 항상 균형을 유지한다고는 볼 수 없다. 따라서 어느 계정까지 포함하여 수취와 지불을 비교하느냐에 따라 국제거래의 상태판단기준이 달라진다. 국제수지 불균형을 문제시하는 이유는 한 나라의 국제거래활동 건전성 여부를 파악하는 데 사용하기 때문이다. 즉, 사후적 개념의 국제수지표에서 현실적 개념의 국제수지 상태를 파악한다.

(2) 자율거래와 조정거래

자율거래는 국제수지상의 다른 계정과 관계없이 이윤이나 효용의 증대와 같은 독자적인 동기에서 자발적으로 발생하는 거래이다. 여기에는 무역수지, 무역외수지, 자본거래 중 수익이나 투자를 목적으로 하는 것이 포함된다.

조정거래는 국제수지상의 다른 계정의 불균형이 발생하는 경우 이를 조정하기 위한 거래를 말한다. 여기에는 경상계정의 적자보전을 위해 도입되는 장기자본거래와 단기자본거래가 포함된다.

(3) 국제수지의 종류

한 나라의 국제거래의 건전성 여부를 판단하는 방법으로는 경상수지, 기초수지 및 종합수지 등이 있다.

① 경상수지는 무역수지와 무역외수지로 분류된다. 무역수지는 상품수지라고 하며, 무역외수지는 서비스수지, 소득수지 그리고 경상이전수지의 합이다.

무역수지인 상품수지는 일반상품, 가공용 재화, 운수조달 재화, 재화수리 및 비화폐용 금 다섯 가지로 분류된다.

무역외수지 중 서비스수지는 여행, 통신서비스, 운수, 보험서비스, 특허권 사용비용, 정부서비스, 사업서비스, 기타서비스 등으로 분류된다. 소득수지는 내외국인 근로자의 급료 및 임금항목과 이들의 투자소득수지로 양분된다. 경상이전수지는 증여, 원조 등이 주 내용으로 송금, 의약품 등의 무상원조, 구호를 위한 식량, 국제기구 출연금 등이 포함된다.

② 자본수지는 직접투자, 증권투자 그리고 이외의 기타투자의 합인 투자수지와 기타자본수지를 합한 개념이다. 직접투자는 해외에서 경영지배나 통제권을 행사함으로써 직접 사업을 수행하기 위하여 투자하는 것을 말하며, 투자자와 투자기업 간의 장기적인 관계가 설정되어야 한다. 증권투자는 투자수익을 목적으로 하는 대외투자로서 주식 및 채권에 투자하는 것을 말한다. 기타투자는 직접투자와 증권투자에 포함되지 않은 외국과의 모든 금융거래를 의미한다. 기타자본수지는 자본이전과 기타자산 거래를 말한다. 자본이전은 해외이주비, 투자보조금 등을 말하며 기타자산은 지적재산권 등 비생산무형자산 및 토지, 지하자원 등의 비생산유형자산의 거래를 의미한다.

③ 기초수지는 경상수지와 장기자본수지를 합계한 개념이다. 일반적으로 기초수지의 불균형을 바로 국제수지의 불균형으로 본다. 즉 장기자본이 경제발전에 기여하고 대외결제능력도 향상시킬 수 있기 때문에 장기자본의 도입은 국제거래에서 불건전하지 않다고 본다.

④ 기초수지와 단기자본의 거래를 합하여 종합수지라고 한다. 이 종합수지의 균형과 불균형에서 국제수지조정의 건전성 여부를 판단하며 이를 유동성수지라고 한다.

3. 국제수지의 안정화정책

국제수지의 안정화정책이란 국제수지의 누적적 적자에 대처하는 정부정책을 뜻한다. 국제수지가 적자일 때는 단기적으로 외화준비고를 보충하거나 단기자본의 차입으로 충당할 수 있다. 그러나 국제수지의 적자가 지속화될 때는 외화준비고가 계속 감소하고 외채는 증가하게 되어 국제신용을 추락시켜 국제경제로부터 고립화될 수 있다.

국제수지의 불균형 조정정책은 분야별로 경상수지정책, 자본수지정책, 국내정책 및 외환정책으로 분류할 수 있다.

(1) 경상수지정책

경상수지정책에는 무역수지정책과 무역외수지정책이 있다. 무역수지정책은 수입통제, 관세율인상 등 수입억제책과 수출보조금지급 등 수출촉진책이 있다. 무역외수지정책으로는 해외여행제한, 해외관광객유치 등의 정책이 있다.

(2) 자본수지정책

자본수지정책으로는 해외자본의 도입과 해외투자의 제한이 있다. 해외자본의 도입에는 공공차관의 도입과 외국민간자본의 도입이 있다.

(3) 국내정책

국내정책은 국내경제에 자극을 주어서 국제수지를 안정화시키고자 하는 정책이다. 국내정책으로는 수출산업육성정책, 총수급조절정책, 수입대체산업육성정책 등이 있다.

(4) 외환정책

외환정책에는 환율을 조정하는 가격조정과 외환의 수급을 조절하는 정책 등이 있다. 즉, 자국화폐의 가치를 떨어뜨려 수출을 촉진시키고 수입을 억제하려는 정책이다. 그러나 원자재의 수입의존도가 높은 우리나라의 경우 환율을 올려 무역수지를 개선하려고 하면 원자재 수입가격이 올라 국내물가 상승을 유발할 가능성이 있음을 유념해야 한다.

제 5 절 국제환경의 변화

오늘날 세계경제는 WTO를 근간으로 하는 다자간 무역제도와 EU · NAFTA 등의 지역경제협정(Regional Economic Arrangement) 혹은 지역적인 경제블록을 형성하고 서로 보완적이거나 때로는 상충되는 불안정한 질서에 따라 움직이고 있다. 그 동안 장기간의 협상과 난항을 거듭한 끝에 WTO가 출범하여 다자간 무역자유화와 세계경제의 통합이 추진되고 있으나 다른 한편에서는 새로운 경제블록이 계속해서 등장하고 있어 오히려 세계경제가 지역적으로 분할되는 느낌마저 갖게 된다.

모든 경제블록이 역내의 무역자유화는 물론 적어도 표면적으로는 신규가입의 문을 열어 놓고 있는 등 역외국가에 대해 개방적인 지역주의(Open Regionalism)를 표방하고 있어, 이들 블록 상호간의 협조와 조정이 원활하게 이루어질 수 있다면 범세계적인 무역자유화를 주도할 수 있는 주체가 될 수도 있다. 반면 지역경제협정은 배타적 블록으로 고착되어 무역자유화를 가로막으면서 세계경제를 분열시킬 우려도 있다.

1. 경제의 세계화

탈냉전시대의 국제경제질서의 첫번째 특징은 자본주의의 세계화이다. 세계화(globalization)란 보통 국제화(internationalization)와 혼용되어 쓰이지만 보다 새로운 의미를 지칭한다. 국제화란 경제활동이 국경을 넘어 지리적으로 확산되는 현상을 지칭하고 상당한 기간 지속되어온 현상이라면 세계화는 보다 진전되고 복잡한 국제화의 형태로서 경제활동이 지역적으로 확산될 뿐만 아니라 기능적으로도 서로 연결되고 통합되는 현상을 의미한다.

자본주의의 세계화를 촉진시킨 핵심요인은 과학기술혁명과 초국적 자본이다. 정보통신기술(telematics)의 발전과 극소전자(microelectronics) 혁명은 자본의 유동성을 증가시키고 경제활동의 세계화를 촉진시켰다. 또한 초국적기업의 경제활동 증대는 경제의 국가간 경계를 무너뜨리고 상호의존이 증가하는 지구적 생산체계(global production system)를 형성 시켰다.

한편 초국적 기업(transnational corporations)은 다국적 기업(multinational corporations)과 같은 의미로 쓰이고 있지만 다국적 기업보다 더 진전되고 세계화된 기업활동을 하는 형태로 구분할 필요가 있다. 다국적 기업은 모기업이 여러 지역에 자회사를 설치하고 생산활동을 확산하지만 그 자회사들이 대부분 투자한 나라의 국내시장을 목표로 영업을 하고 경영의 자율성을 가지고 운영된다. 초국적 기업은 세계경제 전체를 시장화와 동시에 생산기지화하면서 경제간의 상호연관을 높이고 국제분업을 촉진시키는 역할을 한다. 같은 산업내에서도 초국적 기업은 최종생산물을 위한 여러 단계의 생산과정을 여러 국가에 배치시켜서 국제분업을 심화시킨다.

이러한 경제의 세계화는 국가의 상대적 자율성을 감소시켜 국가는 세계화되는 자본에 대한 통제력과 영향력을 상실하게 되는 경향이 있다. 또한 경제의 세계화는 각국이 역사적으로 형성시킨 경제제도와 사회관계의 변화를 촉진시키고 있다. 즉, 경제의 세계화와 개방화의 추세가 분명하게 나타난 것이 우루과이라운드(UR)협상의 타결이다. 우루과이라운드 협상은 공산품뿐만 아니라 농산물, 서비스, 기술 등 모든 교역대상물의 자유화를 추진함으로써 새로운 세계경제의 변화에 대응하는 선진국 지배 자본과 국가의 요구에 따라 새로운 국제무역의 규범과 틀을 제공하려는 시도이다.

2. 다극체제의 형성과 경쟁의 심화

제2차 세계대전 이후 미국의 주도하에 형성되었던 패권적 안정의 경제질서는 현재 사회주의체제의 붕괴와 더불어 그 구조적 변화를 보이고 있다. 아직 형성단계에 있는 탈냉전의 신경제질서는 미국·EU·일본 등이 경쟁하는 다극관리체계의 특징을 보여주고 있다. 이러한 다극체제의 형성유지 근거로는 첫째, 탈냉전시대의 도래, 둘째, 국제적 힘의 불균형 완화, 셋째, 세계경제의 통합과 국가간 상호의존의 증가 등이다.

주권국가의 자율성과 국제질서의 안정 사이에는 근본적 갈등이 존재한다. 이러한 국가자율성과 국제질서 사이의 갈등관계가 조정될 수 있는 방안 중의 하나가 제2차 세계대전 이후 80년대 말까지의 양극화체제였다. 즉, 미·소 초강대국이 세계를 양분하고 국제관계를 그들의 주도하에 관리하는 방법이었다. 동맹관계는 적대적 관계에서의 승리를 위한 수단으로 작용하며 동맹국들 사이의 군사적·안보적 협력이 강조된다.

따라서 각 동맹국의 발전과 권력증대는 동맹전체로 보아도 좋을 것으로 간주되고 권장된다. 전후 각 진영의 동맹국들 사이에 고도의 상호의존과 경제적 통합이 발전될 수 있었던 것은 바로 이 양극화체제의 작동원리 덕분이었다. 그러나 오늘날 양극화체제는 종식되고 미국의 상대적 쇠퇴와 유럽, 중국 및 일본의 상승으로 힘의 집중이 완화되었다. 이것이 국제질서의 재편과 새로운 질서에 대한 모색을 활발히 논의하게 되는 중요한 이유이다.

세계화와 다극화된 국제질서는 국가간 대립을 줄이고 평화로운 국제정치적 질서에 기여하기보다는 오히려 이들간의 경쟁과 대립을 심화시키고 있다. 냉전시대에 서방세계는 공동의 적인 사회주의의 위협하에서 군사안보적인 협조체제를 이루어왔고 경제적 이해관계를 조정해 왔다. 그러나 공동의 적이 없어진 탈냉전시대에 강대국은 각국의 경제적 이익을 챙기기 위해 무한경쟁에 돌입한 상태이다.

3. 지역경제의 강화

세계무역은 공업국과 공업국 간의 수직적 성격의 무역이 지배적이다. 특히 1930년대의 세계무역은 극단적인 수직적 분업체제의 양상을 띠고 있었다. 이는 세계경제를 폐쇄적인 블록경제 사이의 대립을 유도함으로써 세계무역 자체를 축소시키고 세계경제의 정체와 국제정치의 혼란을 초래시켜 제2차 세계대전의 유력한 원인으로까지 발전되었던 것이다. 전후 신생독립국가의 등장과 사회주의 경제블록의 확대에 따라 수직적 분업체제를 지지하고 있던 정치·경제적 기반이 무너지기 시작하였다.

제2차 대전 이후 국제경제 변화의 특징적인 경향 중 하나는 미국을 주축으로 하는 광범위한 자유화의 전개이었다. 즉, 전후 자본주의 세계경제체제 재건의 기초를 자유주의 경제권의 확장과 자유무역정책의 확충에 두었으며, 이를 실현하기 위한 구체적 노력은 브레튼우즈체제를 중심으로 한 IMF, IBRD, GATT의 등장으로 이어졌다.

그러나 1960년대 풍요의 시대를 넘기면서 미국경제력의 절대적 우위의 상실과 국제경제관계의 다극화 등으로 세계경제는 구조적 변화를 겪게 되고 1980년대 접어들어 보호주의는 더욱 심화되고 그 결과 GATT체제가 더욱 약화되어 그 신뢰도도 또한 저하되었다.

GATT의 기본적인 다자주의에 입각한 개방적 국제경제체제가 최근 인접국들 사이에 공동이익의 증진을 도모하기 위한 경제블록화 움직임으로 나타났다. 그 결과 마스트리히트조약에 의해 결성된 유럽연합(EU; European Union), 미국-멕시코-캐나다협정(USMCA; United States-Mexico-Canada Agreement:

NAFTA를 대체하는 새로운 무역협정), 아세안자유무역지대(AFTA; Asean Free Trade Area) 등 지역주의 움직임은 전세계적으로 확산되는 양상을 보이고 있다.

이와 같이 세계경제질서가 지역주의 양상을 띠는 이유는 다음과 같다.

첫째, GATT를 중심으로 한 다자간 무역질서가 약화되고 보호무역주의가 팽배하게 되므로 지역적으로 인접하고 이해를 같이 하는 나라끼리 자유무역을 실천함으로써 공동의 번영을 추구하고자 하는 노력이 증대되고 있기 때문이다.

둘째, EU의 부상으로 미국, 일본은 경제적 위협을 느끼게 되었고 그 결과 이에 대응하는 세력으로 USMCA, APEC 등을 결성하는 등 다양한 움직임을 나타내고 있다.

셋째, 범세계적인 자유무역주의는 우루과이라운드 협상에서 보는 바와 같이 그 실현이 용이하지만은 않았다. 그 결과 이해를 같이 하는 소수 국가간에 자유무역을 실천하는 것이 쉬울 뿐 아니라 이는 다자간 자유무역질서 구축에도 크게 도움이 된다는 인식이 제고되고 있기 때문이다.

또한 지역경제협정의 가장 보편적인 형태인 자유무역지대(FTA; Free Trade Area)가 형성된 배경은 EU와 USMCA의 폐쇄성이 중요한 이유로 작용했다. 그러나 EU와 USMCA의 경험에 비추어 볼 때 경제블록 회원국간의 정치적 통합의 가능성은 그렇게 높아 보이지는 않는다. 물론 경제적 이익이 분명한 경우라면 대부분의 회원국은 경제정책 운영의 독자성을 어느 정도 포기할 수 있을 것이다. 그러나 외교·안보 등의 자주권을 양보할 가능성은 거의 없을 것이다. 이는 최근 신생국가들의 탄생한 사실을 비추어 볼 때 정치적 통합의 어려움을 알 수 있다.

경제통합이란 근본적으로 역외국가에 대한 추가적 보호장벽을 쌓지 않는 경우라도 무역전환효과로 인하여 역외국가의 후생수준을 감소시킬 뿐만 아니라 역내 경제가 악화될 경우에는 언제든지 배타적 보호무역정책을 실시할 가능성을 내포하고 있는 것이다. 그러므로 최근 추세를 감안하면 우루과이라운드 등 자유무역과 공정거래를 위한 범세계적 노력에도 불구하고 보호주의적 사고방식은 좀처럼 쉽게 사라질 것 같지는 않다.

4. 국제경제기구와 그 기능

(1) WTO의 의의

1993년 12월 15일 GATT본부에서 117개국이 참가한 가운데 열린 우루과이라운드 협상이 7년 반 만에 극적으로 타결됨에 따라 전후 약 50년 동안 국제무역질서를 지배해온 GATT체제가 세계무역기구(WTO; World Trade Organization)체제로 대체되었다. WTO는 모든 국제무역규범을 관장하는 다자간 무역기구이다.

WTO가 탄생되어 그것이 갖는 의의는 첫째, 세계무역질서가 전면적으로 재편되고 있다. GATT체제는 주로 공산품 교역을 중심으로 세계무역질서를 주도해 왔다. 그러나 WTO체제는 공산품뿐만 아니라 농산물, 금융 및 자본을 비롯한 서비스와 지적 재산권, 해외투자 등 모든 산업에 걸친 모든 형태의 교역을 포괄하고 있다. 따라서 WTO체제는 GATT체제보다 그 범위가 훨씬 넓다고 할 수 있다. 둘째, 기업간의 국제경쟁을 그

표 14-3 GATT의 다자간협상 경과

라운드	별 칭	협상기간	참가국수	개 최 지
1		1947. 4.~10.	23	제네바
2		1949. 4.~10.	32	프랑스 엔시
3	관세교섭	1950. 9.~1951. 4.	34	영국 톨키
4		1956. 1.~5.	22	제네바
5	딜론 라운드	1961. 5.~1962. 7.	23	제네바
6	케네디 라운드	1964. 5.~1967. 6.	54	제네바
7	도쿄 라운드	1973. 9.~1979. 4.	102	일본 도쿄
8	우루과이 라운드	1986. 9.~1993. 12.	117	우루과이 푼타델에스테

야말로 범세계적인 시장경쟁으로 전환하게 될 것이다. WTO체제는 범세계화 현상을 예상보다 빨리 촉진시키고 있다. 그래서 WTO체제의 탄생과 더불어 세계경제가 그야말로 무한경쟁시대로 돌입하게 되었다.

WTO가 기존의 GATT와 크게 다른 특징은 첫째, 분쟁해결기구를 통해 준사법적 기능을 갖는다는 점, 둘째, 단순한 협정이 아닌 정식의 국제기구로서 실무적 하위기구를 두어 일관성을 갖고 국제무역에 대한 모든 규범을 관장한다는 점, 셋째, 의사결정방식이 GATT의 전원합의제가 아닌 다수결원칙이 도입되어 신속한 합의도출이 가능하다는 점 등이다.

이상과 같은 특징을 갖고 있는 WTO는 지금까지 GATT에 주어지지 않았던 세계무역분쟁에 관한 조정, 관세인하의 요구, 반덤핑규제 등 막강한 법적 권한과 구속력을 행사하고 있다.

한편 WTO의 출범과 동시에 현재 진행되고 있는 새로운 다자간 협상으로는 그린라운드(GR; Green Round), 기술라운드(TR; Technical Round), 블루라운드(BR; Blue Round), 경쟁라운드(CR; Competition Round) 등이 최대통상 이슈로 등장했다.

이로써 환경과 무역을 연계하는 GR 태풍으로 인하여, WTO가입국은 환경보호 의무화가 규정되어 세계는 총성없는 무역전쟁에 돌입하게 되었다. 즉, 환경파괴제품에 대한 제재가 이루어지는 GR, 노동환경과 관련된 무역연계인 BR, 기술개발정책의 일원화인 TR, 시장구조-관행 평준화인 CR 등 4개의 다자간 협상이 일반화하기 시작한 것이다.

(2) OECD

경제협력개발기구(OECD; Organization for Economic Cooperation and Development)는 제2차 세계대전 직후 유럽의 경제부흥을 위한 미국의 마샬플랜에 따라 1948년 결성된 유럽경제협력기구(OEEC; Organization for European Economic Cooperation)를 모태로 1961년 9월 30일 발족했다.

표 14-4 다자간 협상의 실례와 대응

라운드	주요내용	영 향
GR	• 수출입 제한 또는 금지 • 제품규격, 공정 및 생산방식 규제 • 포장재 규제 및 환경라벨링제도 도입 • 환경상계관세부과	• 수출품 생산비 증가 • 재활용 원자재 수급차질 • 철강금속 석유화학 업종 타격
BR	• 급격한 경제발전을 이루었으나 초보적인 사회보장제도만 유지하는 국가에 대한 대응 • 아동노동과 강제노동금지 등 ILO규범 적용 • 노동관련법을 제정하고도 적용치 않는 국가에 대한 대책 • 저임금에 대한 대책	• 아시아 후발개도국과 중남미 현지 투자업체에 악영향
TR	• 국가간 과학기술정책의 조화를 위한 규범 • 과학기술인력의 자유로운 이동 및 거주를 제한하는 국내 규제 정비를 위한 규범 제정 • 산업기술 및 전략산업 정부지원에 대한 규범 제정 • 국제기술표준화 등 국제협력관련 7개 규범제정	• OECD가입시 신국제기술규범 제정에 따른 직접적인 영향
CR	• 수평협정(카르텔) • 수직협정 • 유통체계에 영향을 미치는 정부 규제 • 독점지배력 남용 등	• 외국상품 및 기업의 국내시장 접근 용이

OECD 설립 당시 18개 유럽국가와 미국 및 캐나다 등 20개국이 회원국으로 참여하였다. 설립 후 일본과 호주를 비롯하여 멕시코, 폴란드 등 8개국이 가입한 후 한국은 29번째 OECD회원국으로 참여하게 되었다. 현재 OECD 회원국은 36개국이다.

회원국 전체 인구가 전세계 인구의 20% 내외이나 GDP는 전세계의 85% 수준이고 무역액은 70% 이상을 차지하며 1인당 평균 GDP는 4만달러 정도로 세계경제를 좌지우지하는 선진국 클럽이다.

OECD는 회원국간 정부차원의 정책협조와 개도국에 대한 경제지원을 강화하기 위하여 그리고 세계경제발전과 개도국의 건전한 경제성장에 기여하기 위하여 발족된 정책협의기구의 성격을 갖는다. 즉, OECD는 주로 통상문제에 국한하고 있는 WTO와 달리 경제성장과 고용 등 거시경제 문제에 관심을 가지고 경제의 흐름을 분석평가하고 국가간의 경제정책 조화를 모색하고 있다. 이 기구는 1960년대 비관세장벽 철폐 및 반덤핑관세 인정, 1970년대 일반특혜관세(GSP), 서비스·금융부문 자유화 등의 개념을 주창하는 등 자본주의 시장경제체제를 위한 국제규약 제정을 선도해 왔다.

반면 세계무역질서를 관장하는 WTO 출범으로 두 기구 사이의 역할조정 문제가 새롭게 제기되고 있으며, 개도국과 협력관계를 유지하면서 최근 확산되는 지역주의가 배타적인 경제블록으로 발전하지 않도록 조화시켜야 하는 과제도 안고 있다.

OECD의 주요조직으로는 이사회를 비롯한 집행위원회, 특별집행위원회 및 26개의 각종 전문위원회 그리고 이들을 지원하는 사무국 등으로 구성되어 있다. 그리고 4개의 반독립적인 부속기구와 2개의 민간자문기관이 있다.

이밖에 2백 여개의 크고 작은 전문가그룹이 구성되어 있고, 매년 8백여 회 이상의 관련회의가 열리고 있다. 이들 회의에는 민간전문가와 정부공무원들이 함께 참여하여 각 분야의 정책이슈를 논의한다.

이사회는 최고의사결정기구로서 각료이사회(연 1회 개최)와 상주대표이사회(주 1회 개회)로 구성된다. 집행위원회와 특별위원회는 이사회활동을 보좌하기 위한 기구이며 특별위원회는 주로 무역자유화와 통화제도 등의 분야를 다루고 있다.

26개로 나누어진 전문위원회는 OECD 회원국 대표들의 실질적인 논의기구로 산하 실무작업반과 전문가그룹이 있다. 이와는 별도로 산하 반독립적인 부속기구로 국제에너지기구와 핵에너지기구 개발센터, 교육연구혁신센터가 있으며 민간자문기구로 기업·산업자문위원회와 노동조합자문위원회가 조직되어 있다.

보론 16 리스트(Friedrich List, 1789~1846)

리스트

독일 국민경제학의 아버지로 명명될 뿐 아니라 경제학자 · 정책론자 · 역사학파의 선구자로 활동하였으며 당시 후진국 독일의 산업자본의 이데올로기적 역할을 하였다. 독일 남서부 바덴뷔르템베르크주의 로이틀링겐(Reutlingen)에서 피혁제조업 집안에서 태어나 독학으로 관리 채용시험에 합격하여 공무원이 된다. 진보적 관료로서 뷔르템베르크 왕국의 헌법투쟁에 참가하고 1817년부터 튀빙겐대학의 행정학 교수로 재직한다. 1819년에 전독일 상공업동맹을 결성하고 법률고문이 된다. 1820년 영방의회 의원으로 선출되지만 전독일적 관세동맹의 설립을 둘러싸고 그의 급진적 사상이 정부와 대립하여 1825년 추방되어 미국으로 망명한다.

리스트는 미국에서는 탄광경영에 성공하였고 저널리스트로 활동한다. 그는 미국 체제 옹호 진영에 가담해 미국경제의 발전에 대해 잉거솔(C. J. Ingersoll)의 보호무역론에 동조하여 1827년 『미국 경제학강요(Outline of American Political Economy)』를 저술하였다. 그리고 미국 생활의 경험을 바탕으로 독일의 국가철도제도의 실현을 위해 노력하고 파리의 도덕 · 정치과학 아카데미 현상논문에 응모한다.

리스트는 라이프치히(Leipzig) 주재 영사로 귀국한 후 독일의 통일 · 보호관세 · 철도건설 등의 실현을 목적으로 하는 정치활동을 한다. 그는 정치활동 중 독일 국민들의 오해를 받자 저술활동에만 종사한다. 1841년 『정치경제학의 국민적 체계(Das nationale System der politischen Ökonomie)』를 저술한다. 이 책에서 리스트는 영국에 대응하는 후진국 독일 산업자본의 방향을 이론화한다. 그는 스미스(Adam Smith)의 자유주의경제 비판을 통해 국민생산력 이론과 유치산업보호를 위한 보호무역론을 제창한다. 그리고 경제발전단계설을 주장하는 등 구역사학파 창시자로서 선구적 구실을 한다. 리스트는 독일철도망의 보급을 통한 국내시장의 완성을 위하여 노력하였고, 영국과 동맹을 통해 프랑스와 러시아 등에 대항하는 정책 실현에 전력을 하였으나 모두 실패한 후 1846년 11월 자살하였다. 그 밖의 저서로는 1842년에 발간한 『농지제도론(Die Ackerverfassung, die Zwergwirtschaft und die Auswanderung)』과 유고로 1845~1846년에 쓴 『독일인의 정치적 · 경제적 국민통일(Die politische ökonomische Nationaleinheit der Deutschen)』 등이 있다.

연 | 습 | 문 | 제

1. 다음 중 국내경제와 국제경제의 차이점이 아닌 것은?

① 생산요소이동의 제약이다.

② 언어의 상이성이다.

③ 국가에 의한 의식적 조정이다.

④ 상이한 통화의 단위이다.

2. 국제무역이 생기는 원인은?

① 비교생산비의 차이에 의해서

② 국제간의 임금의 차이가 존재하기 때문에

③ 환율의 차이가 존재하기 때문에

④ 국제간의 지대가 틀리기 때문에

3. 다음 중 스미스(A. Smith)의 무역이론에 해당하는 것은?

① 절대생산비설 ② 비교생산비설

③ 보호무역론 ④ 신보호무역주의론

4. 다음 중 비교우위론의 배경이 되는 것은?

① 원료의 이동이 가능 ② 노동강도의 강화

③ 국제분업의 이익 ④ 경제규모의 대형화

5. 비교우위론과 관계가 없는 것은?

① 비교생산비

② 재화의 생산비비율의 차이

③ 국제분업의 이익

④ 생산원료의 국제간의 이동

6. 다음 ( )안에 알맞은 용어는?

> ( )이라 함은 외국화폐를 의미하고 ( )는(은) 두 나라의 화폐 사이의 교환비율을 말한다.

① 환어음, 이자 ② 외국환, 환율
③ 국제채권, 환율 ④ 외환, 이자

7. 외국환어음의 시세를 결정하는 가장 큰 요인인 것은?

① 원자재의 가격 ② 국제운임
③ 해외부채의 양 ④ 국제무역

8. 1$=1,200원으로 표시된 방법을 무엇이라 하는가?

① 수취인환율표시방법 ② 외국화폐기준표시법
③ 자국화폐기준표시법 ④ 혼합표시방법

9. 환율이 떨어지면 어떤 효과가 나타나는가?

① 수입이 용이해지고 수출은 어려워진다.
② 수출입 모두 용이해진다.
③ 수출입 모두 어려워진다.
④ 수입은 어려워지고 수출은 쉬워진다.

10. 환율이 올라가면 나타나는 효과로 보기 어려운 것은?

① 수출증가 ② 국제수지 상태가 양호
③ 국내물가상승 ④ 외국차입금의 부담 감소

11. 환시세가 떨어지면 어떻게 되나?

① 무역역조 ② 수출증가
③ 외국차입금의 부담 증가 ④ 수입증가

12. 보호무역주의를 주장한 경제학파는?

① 고전학파 ② 역사학파
③ 마르크스학파 ④ 한계효용학파

13. 다음 중 역사학파의 특징을 설명한 내용이 아닌 것은?

① 수확체감의 법칙을 중요시하였다.
② 국가와 개인은 별개의 조직으로서 개인의 이기심은 사회의 이익의 밑에 두어야 한다고 주장하였다.
③ 이론의 일반적인 연구 대신에 구체적인 역사자료의 분석에 중점을 두었다.
④ 경제현상을 일반문화현상과 대등한 위치에서 그 유기적인 측면을 중시하였다.

14. 다음 중 비교생산비설을 주장한 대표적인 학자는?

① 케인즈(J. M. Keynes) ② 하이에크(H. A. v. Hayek)
③ 마샬(A. Marshall) ④ 리카도(D. Ricardo)

15. 다음 용어 중 자유무역론과 관계없는 용어는?

① 비관세장벽 ② GATT
③ IMF ④ 국제주의적 개방성

16. 다음 중 외환의 공급곡선과 수요곡선을 이동시키는 요인이 아닌 것은?

① 수출과 수입 ② 이자율의 변동
③ 외국환시세의 변동 ④ 노동자의 임금수준 변화

17. 다음 중 고정환율제도의 장점이 아닌 것은?

① 리스크 거래가 없다.
② 채산성 확보에 안정적이다.
③ 국제수지 불균형을 자동적으로 조정한다.
④ 외환투기가 이루어지지 않아 안정적으로 외환을 관리할 수 있다.

18. 자유무역의 원리에 따르면 가장 불리한 위치에 있는 국가는?

① 후진국 ② 선진국
③ 공업중심국가 ④ 농업중심국가

19. 다음 중 브레튼우즈(Bretton-Woods)협정의 결과 생긴 기구는?

① GATT ② ILO
③ WTO ④ IMF

20. 다음 중 기초수지개선 항목에 포함되지 않는 것은?

① 장기차관의 도입 ② 단기차관의 도입
③ 수입축소 ④ 관광수입의 확대

21. 다음은 국제수지를 표현한 내용이다. 틀린 것은?

① 경상수지는 무역수지와 무역외수지 그리고 이전수지를 합한 것이다.
② 경상수지와 장기자본수지의 합계를 기초수지라 하고 기초수지의 불균형이 곧 국제수지의 불균형이다.
③ 기초수지는 경상수지와 단기자본수지의 합계이다.
④ 기초수지와 비금융부분의 단기자본의 거래를 합하여 종합수지라 한다.

22. 국제수지표에서 국제수지의 균형을 이루게 하는 조정항목에 해당하는 것은?

① 장기자본수지
② 화폐로 사용하는 금의 보유와 외환보유액증감분
③ 이전수지
④ 단기자본수지

23. 다음 중 보호무역정책과 관계가 없는 것은?

① 수입과징금 ② 소비억제
③ 유치산업보호 ④ GATT

24. 다음 중 이전수지에 속하는 것은?

① 차관의 원금상환
② 외국여행자의 서비스구매
③ 유학생에게 보내는 송금
④ 해외투자에 따른 배당금수입

25. 다음 중 환율(자국화폐의 대외가치의 상승)이 인하되면 유리한 사람은?

① 수입업자
② 수출업자
③ 외화보유자
④ 차관제공자

26. 국제수지의 균형이 의미하는 것은?

① 수출입균형이 이루어짐을 의미
② 회계적 잔고가 균형임을 의미
③ 기초수지가 균형을 의미
④ 자본수지가 균형임을 의미

27. 국제수지와 국제대차의 차이점은 무엇인가?

① 국제수지는 항상 균형인 반면 국제대차는 불균형이다.
② 국제수지는 불균형이지만 국제대차는 항상 균형이다.
③ 국제수지는 유량의 개념이고 국제대차는 저량의 개념이다.
④ 국제수지는 저량이지만 국제수지는 유량이다.

28. 고정환율제도하에서 외환과 외화의 유입을 증대시키기 위한 정책은?

① 통화량은 감소시키고 이자율은 인상시킨다.
② 통화량만 감소시키면 된다.
③ 이자율만 인상시키면 된다.
④ 통화량은 증가시키고 이자율은 하락시킨다.

29. 완전고용상태에서 물가가 안정적인 상태에서 국제수지의 개선을 위하여 어떤 조치를 취하면 좋겠는가?

① 환율만 인상하면 된다.
② 환율만 하락시키면 된다.

③ 환율인상과 이자율인상이 동시에 일어나야 한다.
④ 환율인하와 이자율인하가 동시에 일어나야 한다.

30. 변동환율제도의 장점이 아닌 것은?
① 국제수지의 자율적 균형화
② 국내경제정책의 독립성 유지
③ 국제수지조정작용의 계속성확보
④ 경쟁적 평가절하의 방지

31. 변동환율제도하에서 수출이 감소하면 외환의 상황은 어떻게 되나?
① 환율의 변동이 없다.
② 환율이 하락한다.
③ 환율이 상승한다.
④ 환율이 일시적으로 하락하다가 상승한다.

32. IMF와 IBRD의 설명 중 옳은 것은?
① IMF는 단기금융기구인 반면 IBRD는 장기금융기구이다.
② IMF는 장기금융기구인 반면 IBRD는 단기금융기구이다.
③ IMF와 IBRD 모두 단기금융기구이다.
④ IMF와 IBRD 모두 장기금융기구이다.

33. 자본주의의 세계화를 촉진시킨 요인이 아닌 것은?
① 국제분업의 안정화 ② 초국적 자본형성
③ 정보통신혁명 ④ 극소전자의 혁명

34. 세계경제의 세계화와 개방화의 추세가 가장 분명하게 나타나게 된 것은?
① 도쿄라운드 ② 케네디라운드
③ 우루과이라운드 ④ 딜론라운드

35. 세계경제가 다극화 체제를 형성하게 된 배경이 아닌 것은?

① 탈냉전시대의 도래
② 국제적 힘의 불균형 완화
③ 세계경제의 기술력 동등화
④ 세계경제의 통합과 국가간 상호의존성의 증가

36. 다음 중 경제블록화 현상으로 볼 수 없는 것은?

① EU　　② GATT
③ USMCA　　④ AFTA

37. 세계경제가 지역주의의 양상을 띠는 이유가 아닌 것은?

① 인접국가간의 공동번영 추구
② EU에 대응하는 세력의 형성
③ 우루과이라운드의 실천에 도움
④ 세계경제의 기술력 동등화

38. 국제무역규범을 관장하는 다자간 무역기구는?

① WTO　　② GATT
③ IMF　　④ IBRD

39. 다음 중 WTO를 설명하는 내용이 아닌 것은?

① 모든 형태의 교역을 포괄화하고 있다.
② 범세계적 경쟁을 의미한다.
③ 우루과이라운드의 정신을 기본으로 하여 출범하였다.
④ 예외조치는 전혀 인정하지 않는다.

40. WTO가 GATT와 구분되는 내용을 정리하였다. 해당 사항이 아닌 것은?

① 준사법적 성격을 갖는 분쟁해결기구를 가지고 있다.
② 전원합의제이다.
③ 정식의 국제기구로서 실무적 하위기구를 두어 일관성을 갖고 모든

규범을 관장하고 있다.
④ 모든 산업에 대한 모든 형태의 교역을 포괄화하고 있다.

41. 다음 중 WTO체제의 출범과 동시에 현재 논란의 대상이 되고 있는 새로운 다자간 협상이 아닌 것은?

① 그린라운드 ② 기술라운드
③ 블루라운드 ④ 서비스라운드

42. 회원국간 정부차원의 정책협조와 개도국에 대한 경제지원을 강화하기 위하여 그리고 세계경제발전과 개도국의 건전한 경제성장에 기여하기 위한 목적으로 발족한 경제기구는?

① OECD ② WTO
③ GATT ④ IMF

43. 우리나라는 OECD의 몇 번째 회원국인가?

① 28번째 ② 29번째
③ 30번째 ④ 31번째

44. OECD는 자본주의 시장경제체제를 위한 국제규약제정을 선도하여 왔다. 그 주요 내용이 아닌 것은?

① 다자간 무역협상
② 비관세장벽철폐 및 반덤핑관세 인정
③ 일반특혜관세의 개념 주창
④ 서비스·금융부문 자유화를 주창

찾아보기

인명

[저자 약력]

이 상 직(李相直)

- 영남대학교에서 경제학 학사 · 석사 · 박사학위를 받음.
  박사학위논문: 한국 고용보험제도의 개편방안 연구 – 독일 고용촉진제도와의 비교를 중심으로 –
- 경력: 학교법인 중앙학원 기획실장, 대경대학교와 수성대학교 교수, (사)경북 · 대구정보통신협의회 운영위원, 대구생명의 숲가꾸기 국민운동 이사, 대구광역시 수성구 고용심의위원, 제17대 대통령직 인수위원회 경제 1 분과 전문위원, 한국조폐공사 경영자문위원, 한국장애인고용공단 비상임이사, 한일산업기술협력재단 정책자문위원, 재외동포재단 자문위원, 민주평화통일자문회의 사무처장, 사회복지공동모금회 인선위원, (사)전국아파트입주자대표연합회 자문위원장, 중국 대련대학 한국학연구원 객좌교수, (사)한국청년유권자연맹 운영위원, (사)한국부패학회 부회장 등 역임 (사)글로벌 경영학회 부회장, 주택관리공단 자문위원, 호서대학교 대외협력 부총장, 중국 복단대학 한국연구소 객좌연구원 역임.
- 현, 호서대학교 벤처대학원 정보경영학과 교수, (사)한반도미래정책포럼 상임대표

경제의 기초와 생활(제2판)

2024년 2월 15일 제2판 3쇄
2019년 3월 4일 제2판 발행
2013년 8월 20일 초 판 발행

저 자 이 상 직
발행인 이 구 만
발행처

04091 서울특별시 마포구 토정로 222, 416호
(신수동, 한국출판콘텐츠센터)
전화 (02)593-1800 FAX (02)6455-1809
등록 2011. 9. 6. 제25100-2012-3호

www.uwonbooks.com uwbooks@daum.net

정 가 25,000원 ISBN 979-11-6288-040-1

이 도서의 국립중앙도서관 출판시도서목록(CIP)은 서지정보유통지원시스템 홈페이지(http://seoji.nl.go.kr)와 국가자료공동목록시스템(http://www.nl.go.kr/kolisnet)에서 이용하실 수 있습니다.
(CIP제어번호: CIP2019005871)